悲喜同源

陈其钢自述

陈其钢 著

生活·讀書·新知 三联书店

Copyright © 2023 by SDX Joint Publishing Company.
All Rights Reserved.

本作品版权由生活·读书·新知三联书店所有。
未经许可，不得翻印。

图书在版编目（CIP）数据

悲喜同源：陈其钢自述 / 陈其钢著．—北京：生活·读书·新知三联书店，2023.9（2025.2 重印）
 ISBN 978-7-108-05849-2

Ⅰ.①悲⋯　Ⅱ.①陈⋯　Ⅲ.①陈其钢－自传
Ⅳ.① K835.655.76

中国国家版本馆 CIP 数据核字 (2023) 第 037396 号

责任编辑	唐明星
装帧设计	康　健
责任校对	陈　明
责任印制	卢　岳
出版发行	生活·讀書·新知 三联书店
	（北京市东城区美术馆东街 22 号　100010）
网　　址	www.sdxjpc.com
经　　销	新华书店
制　　作	北京金舵手世纪图文设计有限公司
印　　刷	北京隆昌伟业印刷有限公司
版　　次	2023 年 9 月北京第 1 版
	2025 年 2 月北京第 8 次印刷
开　　本	635 毫米 × 965 毫米　1/16　印张 28.5
字　　数	279 千字　图 156 幅
印　　数	78,001 – 88,000 册
定　　价	79.00 元

（印装查询：01064002715；邮购查询：01084010542）

目 录

代序　我和陈其钢的奇妙缘分　　　汤　唯
自　序　　　1

一　缘　起　　　1
二　温暖的家　　　11
三　无拘无束少年狂　　　28
四　闯入中央音乐学院附中　　　42
五　风雷激荡那些年　　　50
六　炼　狱
　　——军营的日子　　　61
七　韬光养晦
　　——浙江歌舞团　　　68
八　特殊年代的中央音乐学院作曲系　　　79
九　初到法兰西　　　97
十　全新的音乐世界　　　117
十一　四十而不立
　　　——家庭与生存之路　　　143
十二　走出巴黎看世界　　　158

十三　风雨过后见彩虹　　　185

十四　笼子里的野牛
　　　——2008奥运及电影音乐　　　205

十五　病中随想　　　238

十六　告别雨黎　　　268

十七　我的世外桃源
　　　——躬耕书院—陈其钢音乐工作坊　　　276

十八　《青年作曲家计划》圆梦　　　285

十九　创作与人生的所思所想　　　293

后　记　　　347

代序　我和陈其钢的奇妙缘分

与陈老师的相识是在雨黎去世之后。我想彼时的陈老师已经变成另外一个陈其钢了……

书，读毕。我也终于明白了陈其钢为什么会成为陈其钢！他的性格、眼神、表情、为人处事的态度、小缺点、大优点等等，一切都有了原由。书中强烈的独特的艺术家性格的表述方式使这本自传的可读性极高，不管认不认识这个人，看这些文字应该也都会如我这般，时不时会心一笑。

不得不感慨，陈老师的童年，可谓是艺术生天花板级别的成长环境，想不成艺术家都难！当然，这么说绝没有抹煞陈老师自身努力拼搏的意思。

书中让我印象尤其深刻同时也很感兴趣的一点，是他聊到现在年轻人学习音乐是从西方音乐入门，而他们那时，由于学校只采用国内音乐教材，所以是从中国作曲家的作品开始，那种中国调式、和声与旋律的影响也成了陈老师后来音乐创作的起始地。

由此联想到我家的氛围也是以中国传统艺术形式为主——父亲的国画、母亲的越剧，是我从小的耳濡目染，古诗词、古文更是一种骨子里的亲近。虽然我没有专门深入学习过，但中国传统艺术的精神与气韵确实在我心中根深蒂固，这与我后来接触到的外面的文化产生了碰撞，成了我理解艺术的混血底色。而这一点自我认知，是在看了陈老师对自己的分析之后才得到更清晰的领悟。

读书，读的是别人的生活、别人的故事、别人的思考，写书人用自己的人生照亮了别人的旅途，虽然这光明抑或是灰暗可能因人而异，但消化之后都可以成为自己成长的营养。我以为，这样便是读了一本有用的书。

《悲喜同源》不但完整立体地呈现了陈老师的人生，更使我们可以从侧面对他所生活的时代略窥一斑。陈老师那种满怀赤子之心的执着，令我想起了我的父母，那一代人的纯粹、拼搏、无畏、野生的能量，我觉得是艺术家的必需，那样的追寻方式也是唯一的路，更是我们后辈应走的路。

啰嗦至此，回想起与陈老师的一则往事：有一次在陈老师工作室，他放了几首不同类型的曲子给我听，让我聊一下感受。听到其中一首时我很喜欢，聊了聊感受，我意犹未尽，便说："还挺想见见这位作曲家，很好奇他是个什么样的人。"你们能猜到这位作曲家是谁吗？

这也许就是我与陈老师的缘分吧。

汤　唯

2023年7月3日于飞机上

2015年秋，陈其钢和汤唯在躬耕书院湖畔

自　序

今年，我已走进了人生的第七十个春秋，不知道命运还留给我多少时间。

原本我总认为一个作曲者不将时间和精力全部投入创作是一种放纵，但现在这个执念不再那么强烈，特别是从生病以来，更感受到生命本身的可贵。过去之所以认为不作曲是一种放纵，还是将事业的价值放得过大了。这个世界没有我，没有我的音乐，不会有什么不同！因此，我想随意一些，做喜欢的事，而不是"重要"的事。当下想做的，首先是珍惜和家人、朋友在一起的每一寸光阴，再就是想总结过去的七十年，回顾我这起伏多舛的一生。

2019年10月，我突然检查出癌症，自那以后，情绪波动和免疫力低下致使疾病摞疾病，很长一段时间是在医院和病榻上度过的。躺在床上回想年轻时自信满满，总有女孩追随，即使到了六十多岁，脸上堆了皱纹，心却仍然年轻。突如其来的疾病将自己从"青年"直接扔进老年，瞬息，残酷，没有过渡。躺在床上百无聊赖，逝去的父亲、母亲和儿子像走马灯般如影随形，若干个清晨，模模糊糊梦见他们，还未睁眼，已抑制不住悲伤。

去年5月，让阿姨把母亲生前所记的十几本日记搬到床头，开始浏览。自母亲2010年去世之后，这些日记一直被束之高阁，既没有时间也没有心境翻看,这一刻打开,好似与母亲久别之后的重逢。母亲的日记事无巨细,天天不落,记录了她从20世纪80年代末到去世之前近20年间的所思所想、社会活动及她所经历的家庭琐事和世态人情。除此之外,还夹有一些非日记体的文字,其中一篇记述她和父亲的病历;一篇记录曾经对她有过帮助的人;还有一篇题为《没想到》,专门述说她对我"成功"的意外,回忆我从小到大的成长历程,以及对我小时教育的漫不经心和"无心插柳"的自责,对我"柳成行"的惊讶与自豪。在日记中,我看到一个既熟悉又陌生的母亲,感受到父母与孩子之间扯不断理还乱的那股情感纽带,感慨父母与我之间的因果甚至起始于他们相遇之前。在我懵懂无知的少年时期以及成人后的岁月里,我的命运一直与他们波澜起伏的人生紧密相连。

我生于1951年,几乎与共和国同龄。那时父母刚刚随着解放军第三野战军的队伍进驻上海,接管上海。我恰巧生于这个政权交替、瞬息万变的时代,我身上发生的一切,离开那个时代,是不可能的。

20世纪五六十年代,几乎都是多子女的大家庭,放学以后,我可以无拘无束地与一大群伙伴玩耍。这为我开启独立思考、产生竞争意识和合作意识提供了巨大的空间。

六七十年代"文化大革命"时期,在磨难中的种种人生经历,让我学会独立观察和思考,并在喧哗与骚动的岁月中收获了独特的音乐启蒙,培养起我对音乐创作的兴趣。

1977年,学校的大门重新打开,使我这个没有机会上大学的青年,在千军万马过独木桥般的竞争中,幸运地挤进大学之门。

1983年,中国改革开放带来的第三次留学潮,让我有机会凭借学习成绩而不是"政治条件"走出国门,并遇到了我的贵人——梅西安。

我初到法国的80年代正值西欧社会从第二次世界大战后30年

的辉煌逐渐开始走向困惑，原本近于理想的民主制度暴露出越来越多的矛盾，这恰好与先锋音乐领域开始滑坡同步。它为我提供了质疑与反思西方先锋艺术的社会条件，并驱使我有胆量创作出一系列不同于西方主流音乐的作品。

2008年的我，一个自由作曲家，被选为北京奥运会音乐总监，这毫无疑问也是综合上述历史条件以及中国进一步开放的结果。

我的人生前30多年在中国，后30多年在法国，但无论是前30年的起伏跌宕，还是后30年西方文化的影响和冲击，我都深感庆幸地从中吸收到巨大而丰富的文化滋养。我对自己经历的时代备感亲切，因为它哺育了我、磨炼了我，我与它浑然一体。我感恩这个丰富多彩、大起大落的时代，尽管它曾经那样无情。

我的经历与千千万万同代人的经历一起，构成了我们那个不可复制的、可歌可泣的特殊年代的见证。

一 缘 起

　　我一边读母亲的日记，一边回忆，一边感慨。回忆与父母在一起时的点点滴滴，感慨我身上有太多他们的影子：父亲的清高、孤寂、坚韧，母亲的敏感、浪漫与多情。年纪越大越发现，尽管父亲在我40岁的时候就已去世，但他对我的成长和发展所起的作用，让我受益终生。母亲是我至今每天都要念叨的最亲最亲的人，我常在吃饭、洗脸、聊天时情不自禁地喃喃自语："想妈妈了，想妈妈了……"就像个老年痴呆。

　　回顾人生，虽然绕了一大圈，但似乎仍需回归原点从我的父母讲起，他们的经历、性格、追求、爱好、学养、成就以及朋友圈，无形中预示了我的方向和航程。父母都是浙江人，所以我祖籍浙江，但出生在上海，成长于北京，中年移居法国，现在叶落归根，又回到浙江，在遂昌山村躬耕书院生活。尽管七十年辗转，但每一个地方对我都很重要，让我从迥异的风土人情与文化土壤中吸收营养，并构成我的音乐和思维的一部分。我庆幸自己拥有这些经历，使我在不断比较中看待和接受差异，也庆幸自己拥有一个如此超越世俗的职业。多样的阅历又让我有机会发现，几乎每一个地方的人群都会对自己所属的、生活于其中的一切情有独钟，抱有只见树木不见森林、只见自己不见他人的偏见，容易以自己的标准衡量一切行为和准则,甚至认为只有自己的才是正确的、高级的、有价值的、不容置疑的。而在这一切的背后,教育和大众传播潜移默化地起着洗脑的作用。我的这些经历和思考,时刻提醒我不要成为某一种意识形态或某一个群体的狭隘附庸。

父亲——多才擅艺的反叛者

父亲陈叔亮,生于1901年,那时为清朝末期。我生于1951年,已是共产党的天下。我们之间隔了半个世纪的岁月,所以从我记事时起他已年近60岁,永远是一个比我年长很多的人。

父亲生长于浙江黄岩一个贫寒之家,年轻时苦苦求学。所谓苦,先是生活困苦,没钱读书而想尽办法学习;其次是精神苦闷,因家贫在学堂被同学鄙视,受尽屈辱。但终因学习刻苦,成绩优秀,以至于小学毕业就被聘为家乡小学的教书先生。后又因酷爱美术,冒名顶替到上海刘海粟办的美术专科学校深造,学成之后回到家乡教中学。他的家庭和经历使他很早就有了追求革命和民主的自觉意识,并于1928年在黄岩加入中国共产党。抗日战争爆发后,他带着三个学生奔赴延安。那时的父亲,已经成家多年,并有了三个孩子。像父亲这样,在国难当头的1938年选择抛下妻子儿女投奔延安的,不是一个两个。父亲曾说,在那个年代,人的命运被时代的大潮裹挟向前,去延安不是去巴黎,不是去游学,而是一场生死赌博。一旦离开家乡,何时能回,能否活着回来都是未知。果真,这一别,与他的发妻竟是永诀,她于1942年在家乡病逝,家中的三个孩子因丧母与穷困只能乞讨为生。这一别,也彻底改变了父亲的命运,他直到1981年才得以第一次回乡,但故园已是沧海桑田。

照理说一个生长于浙江沿海的南方人,到延安那个贫瘠的土山沟怎么受得了？而父亲的适应力极强，非常能吃苦，在不少人受不了苦、动摇离队的情况下，他在延安窑洞一住就是八年，直至抗战胜利。

延安当时创办了鲁迅艺术学院，简称"鲁艺"，开设了音乐、美术、戏剧等专业。他在鲁艺教美术课。那段时间，他常到陕西、甘肃、宁夏交界处采风，画了很多速写。毛泽东为他的速写专辑题名《西行漫画》，并手书了一首诗赠给他，一时成为轰动鲁艺的佳话。父亲在延安经历了著名的延安整风，参加了毛泽东主持召开的延安文艺座谈会，结交了一批后来执掌中国文艺界大权的同路人。1945年日本投降，父亲被派去山东解放区。在那里，他遇到了我的母亲。

母亲——乐善聚友的音乐人

母亲肖远，祖籍浙江绍兴，1920年秋出生在杭州。外祖父开了一家酒馆，曾经生意红火，后来衰败了。由于经济拮据，家庭氛围紧张。母亲告诉我，几乎每顿饭的饭桌上她父亲都会责骂孩子，说他们是没用的吃货。为了逃避这样的环境，母亲经常课后在学校逗留，参加课外活动，这使老师发现了她的音乐天赋，并埋下了她日后走上音乐之路的种子。

初中毕业以后，家里没钱供她继续上学，她从报纸广告上得知杭州附近的萧山湘湖乡村师范学校（湘湖师范）招生，学费全免，但毕业后要到农村担任教师。母亲毅然报考。1937年夏天，她渡过钱塘江，到萧山上学。这一去，随着全面抗战爆发，她再也没有机会回家，直到解放以后。

湘湖师范是著名教育家陶行知创办的，学校除了教授文化课，还教授各种生活实用技能，师生们跟农民打成一片。母亲到湘湖报到时，学校的老师挑着担子来码头迎接，她感觉一切都是新鲜的。母亲进入了音乐科，第一次接触到了钢琴。由于她从小喜爱音乐，与钢琴一见如故，每天疯狂练习，进步非常快。母亲性格开朗，乐于助人，无论是同学还是老师，都喜欢她。尽管抗日战争时期生活动荡艰苦，但对于母亲来说，学校的生活是愉快的。

青年时期的母亲很招男性喜爱，到湘湖师范的第二年，她的音乐老师就狂热追求她，并提出让她留校当助教作为恋爱的交换条件，这让母亲陷入两难。一方面她喜爱音乐，希望继续学习；另一方面她不爱这位老师，不愿以身相许。但如果不答应，她在学校的前途堪忧，可她没钱到其他地方继续求学。最终，同学陶爱凤将她自己的学费和私房钱，全部给了母亲，并帮助她于1942年脱离湘湖师范，投奔国立福建音乐专科学校（福建音专）。那年母亲22岁。

福建音专由蔡继琨创立，缪天瑞任教务主任。那里聚集着一批二战期间避难到中国的犹太音乐家和国内的优秀教师。母亲的老师叫曼杰克，是一位白俄犹太人，他为母亲打开了新的音乐视野。母亲如饥似渴地学习，每天练习八个小时钢琴，学业突飞猛进。同时，在福建音专，母亲又遇到了一批终生志同道合的朋友，他们中的大多数是倾向左翼的革命青年和中共地下党员。

母亲虽然个性很开朗，但更专注于音乐学习，对政治并不关心。可以说，母亲后来参加革命，首先是因为她受福建音专时期的男友何为的影响。何是中共地下党员，也是她的同学。1944年，中共地下党员金村田、何为和陈宗谷为了躲避特务追捕，来到福建音专上学，他们的革命思想和革命热情深深感染了母亲。后来特务到学校来抓人，母亲跟着他们一起逃离学校，躲到一处废弃的民居中。同学黄飞立（后来的中央音乐学院指挥系主任）化装成富商，给她送钱送物和通风报信，并告知学校情况危急，不能再回。那时结下的友情，就是一辈子。母亲和黄飞立、赵方幸、金村田、何为、缪天瑞等一直到死都是好朋友。缪天瑞活到106岁，黄飞立100岁，赵方幸现在还健在。母亲算是去世早的，90岁。

母亲逃离福建音专之后，何为加入了抗日游击队，之后两人就失去了联系。1945年抗战胜利后，母亲听说何为去了山东解放区。为了找何为，母亲与另外几个同学结伴投奔解放区。这一去，改变了她后半生的命运。

这里抄录一段母亲1989年谈她奔赴山东解放区的口述录音：

> 我们在连云港的旅馆住了一个晚上，第二天坐船到了青岛。在青岛，我们住在朝鲜的领事馆里（因为同行的同学有一位朝鲜人），在那儿打听怎样去解放区。打听到胶济铁路沿线有一站叫南村，下车走多少里路就可以到解放区。我们到了南村，下车走了十几里路，走到一个地方住下来。当天晚上说好，明天就过封锁线了，大家分散各自走，谁要是丢了，就丢了，不要出卖别人，大家自己负责。形势很紧张，我是比较怕的，因为从来没有经历过这些。第二天，天蒙蒙亮，我们把箱子背在背上就出发了。那个时候铁路线上还有岗楼，里面国民党士兵、日本鬼子都还在站岗。我们就一鼓作气往前走，特别快。我们十几个人分散走，走了很多路，看到一个戴帽子穿便装的人推着一辆独轮车，我们就问他到南村还有多远。那个人看样子就不是搞买卖的，大概就是政工部派在那儿迎接国统区投奔过去的人。他就说好好好，我带你去。哎呀，我们高兴得不得了。我们把东西放在他的车上，就跟着他走。走了一段路以后，路边有很多老乡在那儿鼓掌欢迎。看到墙上写有"中国共产党万岁"。当我们看到标语，看到老百姓鼓掌，简直高兴得眼泪都掉下来了，终于看到希望了。

南阳地委给我们每人发一套棉袄，穿上棉袄和棉裤，转眼我们都成了真正的"土八路"。在南阳城，我们穿着八路军的棉衣在照相馆里照了相，这照片现在还有一张在我的照相簿里。那天是1945年12月25号，从这天起我们就算正式参加了革命。在南阳我们吃到了北方风味的山东饭，比方说玉米做的饽饽、麦子做的煎饼。

当时从烟台来了很多人，也是青年学生到解放区的，我们都在那儿集中，每天吃公家的饭。当时吃共产党的饭就觉得很好，我们原来不知道到解放区要苦成什么样子，以为会吃不饱。到了那儿后，我们几个人端一盆熬大白菜、一盆饽饽，吃得还是很饱的，吃得也很痛快。当然这种方式是很土的，很简陋的。

千里姻缘

母亲从杭州北上，到了山东解放区，但在那里没有找到何为，却偶遇了陈叔亮。

1947年春，国民党30万军队进攻山东解放区。母亲带领山东大学滨海公学支前服务团到前线，在滨海支前司令部遇到了宣传科长陈叔亮。两个浙江人，一个从福建来，一个从延安来，在山东沿海邂逅，一个学音乐的，一个学美术的，在"土八路"的地方见面，不得了，嚓嚓打出耀眼的火花。

母亲在她1989年的口述录音中说：

> 我这个人是非常爱才的，那时我在好多报纸上都看到他（父亲）画的漫画，街头上都有他的漫画，实时漫画。那些漫画的照片现在都还留在他的本子里面。这些

东西平时都印在我脑子里，所以当我见到他的时候，就好像见到了我想找的人。至于他年纪多大，我不愿意问，也不想问。他是延安来的，又是搞教育的，又是搞美术的，我觉得跟我有很多共同的话题。另外他这个人样子还比较说得过去，看他觉得很高大，又黑又高，还很有风度，在解放区看到这样的人还是不太多的。

母亲与父亲从相遇到结婚只有三个月时间。她虽然知道父亲是再婚，但不知道父亲比她大19岁，只觉得情投意合，其他的都无所谓。战争时期，双方驻地相距很远，平时没有机会见面。为了见到父亲，1947年6月19日，一个好不容易批准的假日，母亲背着背包一大早出发，走了整整一天的山路，直到傍晚，远远看见父亲站在路口等她。他们只有一夜，这一夜母亲将自己的处女之身给了父亲。从此，她与父亲相伴直至先后离开这个世界。也就是这一次，母亲怀上了姐姐。

听到母亲讲述的这个场景，想象着27岁的母亲背着背包走一天山路为见恋人一面，有说不出的怜惜，忍不住想，双方都还不了解，怎么就献身了？处于情感高峰的恋人真是疯！这场婚姻毫无疑问是冲动的产物，是壮美的，但也肯定是鲁莽的，是本能的，而非审慎的。如果不是战时，如果有条件多些时间了解和考虑，他们还会结婚吗？如果没有结婚，也就没有我，但没有我又如何？

他们婚姻前后的生活，在母亲1989年的录音中有所描述，每次我听后都感触良多，忍不住也抄录几段：

结婚当天，画报社的同志们一起来参加，大概坐了一桌子人吧，有七八个比较好的朋友。桌子上摆了点花生啊、白薯啊，可能也还有红枣，这些东西都是自己凑钱买的。弄了一张图画纸，在上面画了一点画，大家在上面签名，这个东西现在还保留着（竟然！）。我在那儿住了五天。那五天我们过得很愉快。他给我看了很多他的作品以及在延安发表的文章。白天他还得去上班。他上班，我就看他的作品。我是非常爱才的，有才、有作品我就非常爱慕。

在解放区的夫妻生活，不像现在两人结婚后就一直在一起。事实上经常是他跟他的单位，我跟我的单位，他在报社，我在滨海公学，有的时候相隔几十里路，一般规定两个礼拜能过一次家庭生活。新婚不久有一次，我算好了他晚上来，因为难得见一次，总是盼望着，但是到晚上八九点、十点、十一点多没听见打门的声音，我这一晚上就睡不着了，想怎么回事儿呢？到第二天才知道国民党军来了，他跟着部队已经转移了，我第二天也要行军走了。这样的事儿是经常的。过了一段时间，战争平静了，他那儿又可以通信了，他写信告诉我什么时候他在什么地方住。他是团级干部，是有勤务员的。所以白天到了驻地以后，他叫勤务员来接我到他那儿去住。勤务员来接我的时候都带着长枪，怕路上遇到特殊情况，遇到土匪啊什么的。我们每见一次面，驻地都换一个地方，通常是另外一个老百姓家里……

到1948年秋天，滨滨（**我姐姐**）没有奶吃，正在这个时候，听说华东保育院建立，李敬一（**华东局秘书长魏文伯的夫人，保育院院长**）专门来找我，希望我去搞搞儿童教育。她知道我是懂教育懂音乐的。到保育院工作能够安定一点，孩子也能有奶吃，我就同意了。

1949年七届二中全会以后形势已经很明朗了，我们就要准备南下。记得南下之前我们还到齐鲁大学（山东）

住了一段时间。齐鲁大学有很多人对我们解放区来的人看不起,好像我们什么都不懂,没有什么文化。一晚,我在学校弹琴,后来有一个人告诉我,我的演奏给他们震了一下。哦!你们解放区的人还会弹琴呢。我当时弹了一首莫扎特的变奏曲。

华东保育院是第三野战军为随军干部子弟办的学校,学生都是部队首长的孩子。相比战争年代的平均生活状况,学校的条件非常好。

保育院坐落在一处旧式的地主宅院里,孩子并不多,我们要负责孩子们生活上所有的问题,连鞋子都是保育院自己纳鞋底,做鞋帮、上鞋,衣服自己做自己洗,喝的牛奶是自己养的牛产的,马车班什么班多得不得了。平均两个老师负责一个孩子,所以老师很多。

母亲担任音乐教学的同时,还负责歌咏和宣传活动。如同在湘湖师范与福建音专一样,在这里,母亲很快与孩子们建立了感情,并又结交了一批一辈子的好朋友,他们中不乏改革开放后的国家栋梁甚至领导人。

1949年6月,华东保育院在第三野战军攻占上海后,由一列专车从山东青州运送至上海,被安置在陕西南路25号,过去是陈璧君(汪精卫的老婆)的公馆,为一座小洋楼。当孩子们涌入室内,看到一尘不染的光亮地板,都纷纷在地上打滚。山东的阿姨们惊叹说,这里的马桶都比我们的饭桶干净!

同年7月，母亲重返自己的专业领域，被调去华东军管会文艺处音乐组。报到后，与桑桐和罗忠镕一起被委派为军管会联络员到上海江湾接管上海音专（上海音乐学院）。人生中有些事似乎是冥冥中的安排，28年后，我考取中央音乐学院作曲系，罗忠镕是我的作曲老师。

二　温暖的家

1951年8月28日中午12点，上海第六人民医院，我出生了。这时母亲恰好感染肺结核，这病根也就埋在我身上，直到我30岁后发作，并引出各种故事。

同年，父亲调到北京中央文化部艺术局，紧接着，母亲调北京中央新闻纪录电影制片厂音乐工作室。1951年12月，我出生后的三个月，全家从上海搬到北京。

大　娘

搬到北京后，我们先后住在东四头条11号和74号的文化部家属院中。父母工作都很忙，所以找了一位北京通州农村的阿姨来带我，叫金姜淑琴，我们都叫她大娘。大娘是寡妇，出嫁一年后丈夫就去世了，有一个女儿，终生没有再嫁。她到我家时37岁，一直在我们家待了40年，直到77岁去世。

大娘身上保有中国传统农村妇女的许多特质：小脚，用篦子梳头，用麻线绞脸，用牙粉擦牙，用铜刮子刮舌头，每天早上第一件事就是缠裹脚布。因为从小裹脚，她的脚趾和前脚掌不能发育，扭曲变形，走路时只能用脚跟往前挪。即便这样，家里买菜买粮、做饭、打扫卫生、照顾我等等一大堆活，她都一丝不苟。

大娘是一个要强、自尊、爱面子的人，虽然是保姆，却特别注意自己的形象，我很少看到她穿打了补丁的衣服，从未见她有过邋里邋遢、衣冠不整的样子。出门前，一定会专门换一身干净笔挺的衣裤，更别说当她走亲戚的时候，那是真正"里外三新"（包括内衣内裤），绝对不穿一件旧衣服的。母亲在这方面远不能与大娘比。

尽管大娘是个文盲，但她品性正派、待人接物分寸把握得当，体现了她的不一般。她也是旧时家庭妇女的典范，精于女红，裁衣、绣花、做鞋，样样都会。我和爸爸穿的布鞋都出自她的手。

她对我在中国传统文化方面的影响远超一个"老妈子"的范畴，特别是北方的风土人情：北京的戏曲、曲艺，北京的方言、饮食和传统习俗，等等。她常一边做针线活一边哼唱评剧、乐亭大鼓、京韵大鼓之类的调子。作为一个农民，她对解放初期共产党的农村土地改革发自内心地拥护，也特别能理解妇女解放的意义，口里经常唱表现农村妇女翻身的评剧《刘巧儿》和一些宣传农民翻身的歌曲，如："旧社会，好比是，黑咕隆咚的枯井万丈深。井底下，压着咱们老百姓，妇女在最底层……"

大娘除了一口北京方言给我们这个江南之家开了另一扇语言之窗外，她形象生动的语言表达也是超凡脱俗的，而且都百分之百是她本人的原创。比如：春节前从拥挤的菜市场买菜回来，她会说市场里"挤得蚂蚁滚成蛋"；形容用不干净的湿拖把拖完的地面是"画了一地大花儿缎子"；形容冬天长时间站在外面排队冻得脚生疼，说她的脚"疼得滴溜滴溜的"，这象声词用得多生动！有时她从窗户里看见院子里正跟人谈话的张仃夫人陈布文的曼妙身姿，说："瞅瞅人家站的那个姿势，风摆杨柳三道弯儿！"传神！

几乎可以说我是大娘一手带大的。她对我爱如己出，我与她相依为命，直到小学快毕业还与她睡一个被窝。记得有一次，还在西郊白堆子住的时候，早饭只剩两个馒头，一个新鲜，一个有点发霉，大娘毫不犹豫地将那个好馒头给了我，发霉的馒头舍不得扔，自己吃，结果严重食物中毒，被送去医院抢救。如果我在院子里挨了别的孩子欺负，大娘绝对是如同睁眼瞎般地"护犊子"，让我永远有恃无恐。

大娘性格内敛，诚实本分，勤勉，克己让人，逆来顺受，富于同情心。她泪点很低，我每次出远门，她都会哭得稀里哗啦，为此我和姐姐称她为"及时雨"。

关于大娘给我的影响，姐姐有一段生动的描述，我摘录如下：

> 老实说，一般人家的孩子在妈妈怀里顶多滚上个两年就完了。可是你，直到10岁还要跟大娘挤一个被窝。也就是说，从你几个月起直到10岁这么长的时间段里，大娘这个"温柔乡"一直是你身心满足感的获取地。之所以会这样，一个原因，是打从你出生起妈妈就几乎没带你睡过觉——夜晚带你的人从来都是大娘。因为首先妈妈跟爸爸要在一起睡，况且，她是个"职业妇女"，并且还是个领导，晚上若带孩子白天就干不了她的事业了。再有，不知道你是否知道（或记得），妈妈曾经有过两度较长时间地离开家出去"工作"，1960年那次你知道——她被下放吉林劳动改造，还有一次是1956年至1957年，她被送去天津音乐学院（当时的中央音乐学院）进修作曲。由于"母亲"角色的无法到位，大娘就成了你的"妈"——所有与你相关的事都由她具体负责，其中自然包括带着你睡觉。所以不妨说，从你还是个"小动物"的懵懂时期到你逐渐成了"人"有了自觉意识的时候，你是在大娘怀里滚大的男孩子。这在我们这样的家境条

件下，恐怕也算得上是独一份儿了！正是大娘，给了你温暖的母爱，也恰恰是大娘，给了你这个从小就"心事重重"的男孩身心慰藉所需的臂弯。

其实我想，大娘应当也是很享受你温暖的小身躯带给她心灵慰藉的——这个遭到命运绑架的不幸女人心里有多苦、情感有多寂寞是不言而喻的。你的出现和存在让她尝到了某种快乐：当母亲的快乐？与他人同枕的快乐？幻想中有了"依靠"的快乐？……我记得在白堆子居住的时候，1957—1958年，家里住的平房，不大，两室一厅。两室中的大间是爸爸妈妈的卧室，小的一间是我、姐姐和你住的房间。大娘于是不得不在另外一排平房中的一间库房安置了一张床，就睡在那个地方。那间库房里当然是没有炉子的，冬天外边有多冷屋里就有多冷，真的可以用滴水成冰来形容。妈妈本来是不希望她去那个屋子睡的，让她跟我们三个孩子挤一起——把三张单人床连成通铺。可是大娘不愿意，她渴望有自己的小空间——哪怕是个冰窟窿。我清楚记得，每晚当大娘要去她的"卧室"睡觉的时候，你就会吵着非要跟她一起过去睡不可。妈妈劝你说那个屋子冷而且黑，但你不听，你总是要赖就要跟大娘过去。于是妈妈也只好答应你。我永远都忘不了在那种时候大娘脸上的表情——先是隐隐约约的一种期盼，等看到妈妈点了头，你高兴得一蹦三尺高时，大娘尽管嘴上说着"看你这孩子，那个破屋子有啥好的"，可脸上却分明漾起"欢迎欢迎"的笑纹，然后心满意足地牵着你的手走了。而你从来都不需要另带被子，因为你就是要去跟大娘钻一个被窝的！后来到了白家庄，房间比较大了，我们住的屋子里，明明可以摆下三张单人床，可属于你的那张床经常是个"样子货"，因为你还是要去钻大娘的被窝。这事儿是到什么时候为止的？我印象中，应当是到了你的身体忽然开始发生某种变化的时候，莫名其妙地你就开始懂得害羞了（换裤衩时，忽然要躲到储藏室里去避人了）。但无论如何，自婴幼儿时代直到最初的少年期，你一直（除去幼儿园的时候）都在与大娘"同床共枕"，这就是那时你生活的重要组成部分，而这无疑是会对你的心理有所影响的。

我不懂心理学，但是现在回过头去想，你从小的极度恋家、恋母以及异性对你的巨大吸引力，究其心理起源，都可能来自你幼年时代的这段特殊经历和体验。就以恋家来说，不愿意去幼儿园是多数小朋友的共同点，但你的表现却超乎寻常地突出、极端、情绪化，为什么？因为你早已习惯了那样一个特别的"温柔乡"，离不开夜晚你所熟悉的味道及体温的陪伴……唯有它们，才让你感到舒服、放松、踏实和满足，否则就会惶恐不安，苦不堪言。这颗由上帝之手播在你命运中的不知道是什么的"种子"，其实一直都根植在你的心里，不曾消失，几乎可以确定是它，给了你所特有的那种忧郁气质和缠绵性格。说不上是好还是坏，我想说的不过是，别忘了，它，也是形成你之所以是"你"的特质的一大因素。

印象父母

我们家共五兄妹，我是家里最小的，所以大家都觉得父母偏向我，在家里是"小霸王"。可我当时太小，浑然不觉。我长大后，在与哥哥姐姐聊天时才渐渐了解这些事。

我和同父异母的哥哥姐姐们关系融洽，大姐（陈慧子）、哥哥

（陈岱子）比我大很多，对我很是照顾和宽容，那种疼爱与善良令我每每想起，就心生愧意。

父亲于1957年底从中央文化部教育司调至中央工艺美术学院，当时是为了充实反右运动之后被整得残缺不全的领导班子，没想在工艺美院一干就是25年，直至他离休。

他朋友很少，单打独斗，但善良宽厚、不欺负人、不做坏事、不搞阴谋、不阿谀奉承，没有官场上的油滑，就像唐僧，善哉善哉，但绝不主动跟人套近乎。在政治风浪的各种关头，对诸如庞薰琹等一众在运动中遭受冤屈的老先生以及中青年教师，他都给予了力所能及的照顾与温暖，而没有像当时很多领导干部那样对他们避之不及。家里经常有"右派"老师来与父亲倾诉，往往一坐就是几个小时，我从没见过父亲表现出任何不耐烦，且经常让老师留下吃午饭。这也是父亲最终在工艺美院留下清誉的重要原因之一。

父亲绝少在家中谈论工作，也从未听他与母亲聊过诸如跑关系、送礼求领导之类的话题，即便是在最困难的1959年"反右倾"、1962年整风，他被批判得四面楚歌，也不例外。常听他说的一句口头禅是："一辈子不求人。"可见他对自己能在各种风雨中独立奋争、屹立不倒并有所成是自豪的。

他真正喜欢的是画画、写字，除此之外，就是音乐和戏曲，只要有闲，他就听唱片、吹（笛子）、拉（二胡）、弹（古琴）、唱（昆曲），吟诵古诗词并赋诗。我经常给他做书童，帮他研墨、裁纸、牵纸。

他白天上班，下班回来后稍打个盹，睡一两个小时，然后开始工作到很晚。有一段时期，我早晨都准备上学了，他房间的灯还亮着，为了写文章，他似乎不需要睡觉。父亲60多岁的时候，精力还极好，70岁还在湖北养猪干农活。他身体硬朗，母亲说，真受不了他一夜一夜地工作，最长的一次是1963年，一个月不睡觉！

父亲写文章跟我作曲一样笨拙。他在稿纸上写满一页后，用红笔这儿画一下，那儿画一下，最后面目全非，再誊写一遍，又用红笔画来画去……绝对没有一气呵成这一说。于丹曾跟我说，她坐飞机两个小时，从北京到上海，一篇3000字的文章就写好了。我如果见到莫扎特的话，也一定无法理解人家是怎么作曲的。他定会对我说："就你这样，还是作曲家？！别闹了！你看我，闭着眼睛就划拉出来了！"

在我写好以上段落之后，请姐姐阅读，她对我如此囫囵吞枣地将父亲一带而过，表示异议与不满。我接受她的意见，但又不能将她的说法变成我的，怕有王婆卖瓜之嫌，于是将她的意见抄录于此：

> 实际上从我这个第三者的角度看，父亲性格和行为举止在许许多多方面对你的影响都太大大大了，其影响在你身上的表现要比母亲对你的影响多得多，也大得多，甚至意义深远得多。
>
> 首先就说你的内向性格，跟父亲像不像？！再往下摆：他的沉稳、踏实、能钻能啃能扛，他超乎常人的自我教育自我学习能力，他的坐得住，他的埋头苦干、坚韧不拔、不做墙头草，他的思维严谨、心中有数、高度条理性、做事高度细致、对任何事情都持有自己的看法却含而不露，另外，他的含蓄、他的极其喜欢并享受独处，而不喜欢扎堆不喜欢热闹（他如果像母亲那样爱热闹，爱管身边所有的事，爱交一大堆朋友，乐在其中忙在其中……那他就不是他了！），他的虽温厚却不苟言笑在某些人眼中的所谓"有架子"（大娘的评价），以及虽做事慢却很少"无用功"，你说你像不像他？再往下，他对自己人生以及自己所做的事情从来都不盲目，他的心里一直持有一个明确的大目标，并一步一个脚印踏踏实

实地走向它，实现它，你说这难道不像你？最后，父亲骨子里那种对美的高度敏感与反应，难道跟你不像？！

好吧，我不知我是否像姐姐形容的那样，但父亲确实是这样的人，不得不服。我也承认，父亲在精神思想与艺术修养方面给我的影响是巨大的，而且不苟言传、只重身教，我的音乐细胞中潜藏着他留给我的基因。

说回母亲。她每天早上天没亮就去上班，晚上大概八九点才回到家，我几乎总也见不到她。虽为领导，她却最早一个到单位，打扫卫生、为大家打开水，都安排好了，其他人才来。母亲之所以有很多朋友，不是偶然的，付出是她最大的乐趣，别人有难，无论是工作方面、经济方面、身体方面、家庭方面，她都会帮忙，花很多时间在别人身上。母亲对他人的关爱，可以说是出自天性。她的学生肖扬评价：

> 她爱人助人的品德形成在她接触和接受"阶级友爱"概念以前，而且她的所作所为已经大大超越了许多人在"阶级友爱"方面的表现。她不是佛教徒，不是基督徒，不能用宗教教义解释她的品行。也许只能说，这是人类社会中最优秀的品质经历长期历史积累，世代相传，经过她所上的小学（教师对她无微不至的关爱）、湘湖师范的大爱教育，承传和结晶在她身上的结果。总之，在她身上闪耀着人性中最善良、最纯真的光。

她总是有求必应，无论对方是朋友、同事还是下属，无论是朋友的孩子、自家的阿姨，在他们需要的时候，都会毫不保留地伸出援手，从来不求回报。听她学生讲，抗日战争时期，在浙江景宁山里办学，学生尿床，头天夜里尿湿了，第二天晚上还得睡在湿被褥上。母亲看不过去,就让学生与自己同睡,半夜不断叫她起夜。学生患痢疾,每夜跑厕所无数次,但厕所在楼下很远来不及,母亲就在自己房间摆上马桶,将房间让出来给学生住。50年代,母亲老师的女儿由于失恋导致神经失常,来北京治疗,母亲就接她住在我家。后来母亲联系到了北京神经病院,将女孩送进去之后每个周末都去医院看她,持续了很多年,风雨无阻。其实母亲周末与我在一起的时间也很难得,即便如此,她宁愿带上我去病院看望病人,也不愿将女孩弃之不顾。我那时五六岁,从此对神经病院有了深刻的印象。

母亲每个月薪水发下来后,第一件事就是给需要接济的亲友寄钱。她的工资120元,给这个寄5元,那个寄10元或20元,父亲对此曾经多次提出意见,但不管用。长此以往,父亲给母亲起了一个绰号——"忘我"。母亲一辈子付出的爱,在中年以后逐渐有了收获,她的人脉变得越来越宽广,但这些人脉并没有被她拿来作为自己享受的资本,反而让她更多更好地帮助他人。仅我所知,她通过那些在机构内有影响力的学生,先后为作曲家金湘、王立平、王西麟等提供信息和实际帮助,支持他们事业的发展,尽心尽力到连我这个搞作曲的都有点嫉妒。她退休以后,免费为院子里的孩子上钢琴课。我在她的日记里看到,她常常因为孩子钢琴进步不大而自责。她每天还抽出半个小时教家里的阿姨读书写字,并鼓励她出去学习缝纫和理发,最终支持阿姨开了理发店。我们家就像是一个阿姨培训班,一个一个小阿姨带着学到的新技能相继走出我家,去独立打拼,母亲不但没有因此而感到失落,反而很是欣慰。

"文化大革命"后期,母亲去葛沽、张家口部队农场招聘了一批在那里接受改造的中央音乐学院和中国音乐学院作曲系毕业生,作为骨干充实到她主管的电影音乐部门。自此,她开启了引以为豪和心情舒畅的30年,这些年轻人给了她很多愉快时光。母亲年纪大了以后，主动退出了她亲手创办的中国电影音乐学会。但退休在家的她也没闲着，家里变成了朋友会聚的俱乐部，热闹异常。有一次正赶上我在家，她要请朋友吃饭，她一请客，我就要与所有客人打招呼，这是我最不喜欢和最不擅长的，但会给母亲带来巨大的乐趣。我的存在与她的请客计划发生了矛盾，我们争论起来，她虽然生气，但为了我，她妥协了。为此，我至今还心存愧疚。

从我很小开始，就爱和母亲聊天，天南地北。记得在"文化大革命"最困难的时候，父亲在接受审查，姐姐在农场改造，家里只剩我和母亲，我们经常躺在床上聊通宵，把心中的无望和希望讲给对方听，互相慰藉，这是那个时代难得的温暖。父亲去世以后，我怕她孤独，在距离原来家不远的地方买了房子将她接过来，这样既不会离她熟悉的环境和朋友太远，又可以与我在一起。我们两人常会在客厅里来回走，一边走一边聊，我也会搂着她的肩膀唱一首我顺嘴编的儿歌，"亲爱的小妈妈，亲爱的小妈妈……"只有这两句词，反复唱，我一唱她就笑得合不拢嘴。

母亲是一个能看透我心思的人。她看出来以后会直接说出来，搞得我经常很尴尬。所以，我对她什么都不隐瞒，反正也隐瞒不了。

她太喜欢儿子了，为了让我高兴，她甚至体现出无人能比的忘我，"爱屋及乌"这个词用在她身上再合适不过，只要我喜欢的事，我喜欢的人，即便她打心底里不喜欢，甚至当我为了对方而牺牲母亲的利益，她都会欣然接受。

中西兼容的氛围

四位工艺美术学院院长的家都在白家庄的同一栋楼里。我家楼上是张仃家。张家的家教体现为"法国风"，唱的是法语歌，孩子上外语学校法语专业,崇拜的是毕加索、莫奈,写的是白话现代诗。而我们家整天感受到的是中国绘画、书法、古典诗词、昆曲、京剧、梆子戏,欣赏的是顾恺之、八大山人、唐寅、王羲之、怀素。父亲可以说是集老共产党员和中国传统知识分子于一身之人。我家对门是雷圭元,他是民盟中央理事,早年赴法勤工俭学,学习染织和图案设计。雷家夫妇都出身江浙豪门,是一对非常和善的老人。从他们身上,可以感受到中国传统世家谦恭、含蓄、温和、谨慎但不油滑的品质。小的时候,我最喜欢去雷伯伯家,主要是因为他家总有好吃的,其次他家是我们楼里最早拥有电视机的,只要有什么好节目或比赛,楼上楼下的人都会齐聚他家。雷伯母很好客,也很喜欢我,常给我买一些新鲜玩意儿。

我和姐姐都跟父亲学京戏、昆曲。姐姐唱昆曲的旦角,我唱武生、花脸或老生。我们唱的时候,爸爸就拉京胡或者吹笛子伴奏,这个时候的他是最愉快的。他对戏曲音乐非常熟悉,闲暇时,跟我们玩戏曲、听唱片、教我们唱戏,简直其乐无穷。那时的我也无所谓喜欢不喜欢,只是作为一门能够炫耀和献艺的技能,还有也是看到父亲高兴,所以学得投入。逢年过节,到楼上张家聚会,他们的孩子都铿锵锵地唱《马赛曲》,我则唱京戏、昆曲,不但要唱,还伴随着各种动作。在别人眼中,这可能很土吧,但当时的我不懂,有什么本事亮什么本事。总之我们家跟"法国"一点儿也不沾边。

在我10岁上下,由于母亲被下放劳动,父亲更多地承担起教育孩子的任务。他作为分管学院图书馆工作的院长,申请了一大笔经费充实馆藏文物、绘画和图书。有一段时间,他上班的主要工作就是走访文物专家和收购古字画、古代家具等文博物品。他去的时候经常将我带在身边。寻访古董本就是父亲的爱好,初到北京他就开始搞收藏了。6岁那会儿,我家还住在西郊白堆子,有一次,我突然注意到书架上有一个古瓷瓶,想看看里面有没有好吃的，爬上去够，一不小心，瓶子跌落打碎。父亲下班回家见此情景，一下失去了平常的温和，将我臭揍了一顿，打得我终生难忘！

父亲带我去的最多的地方是琉璃厂的荣宝斋、中国书店和宝古斋。有时还会有其他专家同行，父亲后来经常提起的专家有徐邦达和谢稚柳。记得那时的荣宝斋不在现在的琉璃厂路西而在路东，既没有今天这样大的规模，也没有现在的烟火气，比今天更有书画古玩店的气息，店主也是穿长袍戴瓜皮帽的老派模样，见了我父亲这样的大买家，自然是非常客气。我们在那里往往一待就是好几个小时，画轴一卷一卷地打开，看得仔细，边看边说。而我一个孩子，自然是有些耐不住性子，父亲就像全然没看见。

父亲还爱去故宫，只要有什么藏品展出，他场场必到，去的时候也经常不忘记拉上我。我其实宁愿在家里玩也不愿意去看古画，什么仇英、陈洪绶、任伯年的画，黑漆漆的一团，他看得津津有味，我却在旁边拉着他不停地催促：快点嘛，快点嘛！看陈洪绶那次应该是我已上小学六年级了，正好碰上邓拓，他们在一起边看边聊。回家时我们搭邓拓的车，在车上他们谈有关美术教育的话题，我至今记忆犹新。也是因为那次，知道了邓拓这个人，对他那超凡脱俗的书法佩服有加。父亲常形容艺术家有两类：才气与功夫。看邓拓的字，不得不叹服他才气横溢、力透纸背。

父亲带我参观博物馆和古玩店，虽然给予我幼小的心灵以艺术熏陶，使我在面对历史与艺术时深怀敬畏之心，但也让我从那时起就对博物馆这几个字谈虎色变。陈丹青说，他一进博物馆就挪不动步，流连忘返，而我至今还保留着对博物馆的厌烦与恐惧之心。我不知道很多人参观博物馆，在一幅什么都没有的大白板面前惊叹叫绝，或者在一个被称为喷泉的小便池面前认认真真地五体投地，到底意味着什么。总之，社会共识告诉人们，一个有教养的人，必须喜爱博物馆，喜爱读书，喜爱大自然，活在当下，喜爱已经被千万人推崇的"真理"……而我对"共识"常常无感。

1929年,陈叔亮在阮氏小学教音乐

1937年,陈叔亮在东山中学教美术

1937年，母亲肖远（右一）考入浙江湘湖师范音乐班

1938年，抗战时期，陈叔亮（前排左一）在浙江温岭组建抗战"怒吼化装宣传队"。大姐陈慧子（前排左六），大哥陈岱子（前排左七）

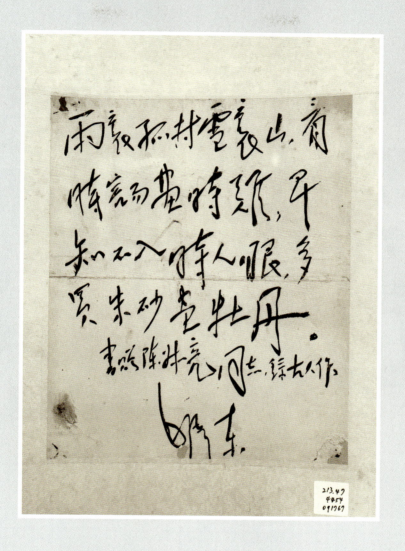

1939年5月，毛泽东为陈叔亮的《西行漫画》速写集题诗

1942年5月,延安文艺座谈会。第四排左起第八人为陈叔亮

1945年10月，母亲肖远（一排右二）在浙江景宁山区与省联合初中的学生们

1947年，陈叔亮、肖远在山东解放区

1951年上海，母亲抱着满月的陈其钢。后排右一为二姐陈芝子，前排右一为三姐陈滨滨

1952年北京,陈其钢一周岁时的全家合影

1954年的陈牛牛，三岁看老

1955年，陈牛牛（前排正中）与幼儿园小伙伴们，后排是齐阿姨（齐白石的孙女）

1962年，懵懂少年

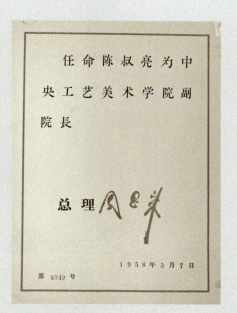

1958年，国务院总理给陈叔亮的任命书

1959年10月1日，中央直属艺术院校领导在国庆十周年观礼合影。左起：吴印咸、赵沨、李伯钊、沙可夫、章泯、钟敬之、陈叔亮、齐速、张仃、雷圭元

1960年，北京家中。左起：二姐陈芝子、陈其钢、父亲陈叔亮、母亲肖远、三姐陈滨滨。两个姐姐穿的都是蓝印花布上衣

1963年5月，与父亲和姐姐们。刚刚脱下长袖衣服，对比白皙的胳膊，成天在外面摸爬滚打的陈牛牛的双手像戴了黑皮手套

1963年初夏,北京家中。从左至右:母亲肖远、陈其钢、父亲陈叔亮、姐姐陈滨滨

1964年，中央音乐学院附中学生证照

1967年，吹小号

1965年，在家中吹奏单簧管，钢琴伴奏是姐姐陈滨滨

1965年，京棉三厂告别演出，右起第二人是陈其钢

1966年,六一儿童节在景山公园演出,乐队后排左起第三人是陈其钢

对孩子的教育无须说教，耳濡目染足矣。环境、氛围、对话在孩子心中留下痕迹，假以时日，自会慢慢发酵。经常大人之间的谈话被我听在耳朵里，之后时不时随口"反刍"出来，让以为我什么都不懂的大人吓一跳。久而久之，父亲给我取了个外号——"心中有数"。更有甚者，经过种种耳濡目染之后的我，在很小的时候（小学六年级左右），就开始对父亲的书法作品提出质疑，虽然想法很是幼稚且表达方式简单粗暴，比如北京方言"真柴""太柴了"（意为不怎么样），但父亲听后总会哈哈大笑，并反问："怎么柴？"但从来不会生气或批评我。

如果说父亲的"土"教育是身教，母亲的"洋"教育则是润物细无声。我五六岁的时候，家里买了钢琴，这在50年代的中国，简直可以说是稀有物品！我经常是在姐姐的琴声中进进出出，到处捣乱，实施我的"闲不住"运动：在父母的双人弹簧床上翻筋斗，前滚翻完了后滚翻，对着墙打乒乓球……姐姐大我三岁，小学五年级就考入中央音乐学院附小，后升入附中。我的童年始终伴随她弹奏的莫扎特、巴赫和老柴等人的乐曲，以至于我经常满嘴do sol不分地乱哼着她弹奏的曲子。客人来家，父母会让姐姐演奏给客人听，时不时我也参与其中，与她一起演奏四手联弹。周末，有时姐姐还会邀请她的好同学徐芳芳、滑冰等女生到家里来，我对姐姐的所有同学都有莫名的好感和好奇，她们竟然都是音乐家！本事也太大了。

除了戏曲、绘画、书法、音乐之外，不得不说的还有我们的居住环境，一个工艺美术教育家的环境。家里不仅有墙上挂的山水、书法，不仅有满架的图书和工艺品，还有充满了父亲对民间美术由衷的喜爱而精心定制的蓝印花土布窗帘、桌布和沙发套。在音乐学院附中，全校只有姐姐一个人总是穿着蓝印花布中式衣服弹钢琴，书包里还经常带着类似《水浒传》这样不合时宜的书；就连家里使用的餐具也常常是工艺美院陶瓷系师生实验烧制出来的粗陶盘盏……隔三岔五，家里会有工艺美院的老师与父亲讨论陶瓷器皿的釉彩花纹、书籍封面的装帧设计、图案形态的对称与平衡、流行色的趋势等与美有关的各种话题。这一切，都不经意地被我听进耳中、看入眼中。而这其中我不太明白的是，那些最被父亲看重的专家，往往就是那些"右派"老先生。他们的孩子也多是我那时的玩伴，诸如柳维和的儿子柳大西、郑乃衡的儿子郑岳、袁迈的儿子袁冲、祝大年的儿子祝崇寿、何燕铭的儿子何群……

我身处这片富得流油的精神和文化土壤之中，却又毫无所知毫无所感。等意识到它的可贵时，已是几十年之后的事了。

1962年至1966年"文化大革命"爆发前，中国社会进入了一个难得的安定平和期，北京文艺界活动很多，有不少类似沙龙的场所。父亲经常带我去南长街南口的一处会所，那里每逢周末会请一些昆曲、京剧名角为社会名流表演清唱，那时的京剧、昆曲名演员在社会上享有很高声誉。父亲每次都兴致极高，听完了仍旧兴趣盎然，一路回家都在回味与感慨之中。他对传统戏曲如醉如痴的爱，源自他青年时代在上海学习阶段的熏陶和学习，这种情愫深深感染了我。

当时的洋派在中国知识界是大多数，但多少有些附庸风雅，实际上对洋为何物，还停留在崇拜的层面，有不少人又是因为对自己的文化和历史的某种自卑。他们中的不少人虽然去了法国学习，但思维和兴趣却驻留在19世纪末的欧洲，对他们留学的那个时代的西方正在发生的艺术倾向虽有关注，但谈不上深入。

待命运让我在法国生活了30多年之后，想起父亲和那时我们家庭的这种存在，越发觉得神奇和可贵。父亲对中国传统文化有着亲情般的爱，有很深的了解，他的传授是货真价实的，之后再到法国接受熏陶，对比之后，更感中国文化之特色，体会良多。如果只单纯接受中国传统教育或者只接受西方影响，我的音乐表达必然会缺少东西文化交织的切身体会。

不讲"道理"的家教

经常自问,家庭对我那种"放任"式的教育,为什么没有将我变成一个骄横跋扈、好吃懒做、任性无礼的人,而无论在我那个时代还是现时生活中却随处可见由于父母的放任骄纵而培育出的"熊孩子"?我姐姐作为旁观者,给了我她的答案:

> 父母(包括大娘),都是地地道道的正派人,不会耍心眼、跟风、窝里斗,不会两面派说一套做一套,更不会把人分为三六九等,这些看起来理所应当的做人原则,在现实中却是少见的。我们家庭的"和谐"也是百里挑一,父母之间、父母与子女之间、子女之间、主人与"仆人"之间相处得非常融洽,无论社会上多么"风雨交加",内部都没有发生过剧烈冲突。加上母亲那份少见的爱心——她是我所了解的母亲当中最具爱心、最为无私、对子女最有培养意愿的母亲(我指的是对自己孩子的无私)。说这话是因为我看到很多父母的"对孩子好"是带有个人目的的或强加于人的(父母认为某门知识对孩子好,孩子就必须学;父母认为这个对象好,孩子就必须嫁/娶;父母认为这个职业好,孩子就必须选;父母认为义务劳动光荣,孩子就必须干……)。不少家长望子成龙,或者养儿为防老,有求于孩子。而我们的父母当中没有哪一个、在任何时候对我们提出过"为他们做什么"的要求,一辈子都没有!
>
> 特别重要的是,父母在孩子面前那种少见的不以

"老子"自居的宽容、开放的态度，这使你能在完全自由的空气下长大。作为一个淘气的男孩，从小到大没挨过几次打，甚至很少挨骂。而放眼那时的中国，在父母的巴掌拳头棍棒鞋底笤帚铁铲之下长大的孩子太多太多了。即便我们周围那些知识分子和干部家庭的孩子，有几个不是见父母如同耗子见了猫，甚至越是高级干部的孩子在父母面前表现得越夙，我们家楼上隔三岔五就能听到一场哭爹叫娘的大战或骂战，有些孩子简直被当作家里的勤杂工。相比之下，父亲带着我们玩音乐玩戏曲，没有任何功利目的，仅是娱乐而已，那是他本人的兴趣、爱好与专业，正因如此这些"教育"不会造成心灵的痛苦和挣扎，无形之中对孩子产生了深远的影响。

我们家的另一特点是，没有说教。父母从来不会将你叫到跟前立正站好一通数落，就连坐着说教也没有过一分钟。父亲母亲都有丰富的人生经历，但从不将这些东西作为经验或资本"传授"给我们，绝不像很多老人那样，将自己的"光辉历史"在饭桌上说了一百遍还没完没了，像第一次一样滔滔不绝。更不会对我们谆谆教导，让我们应该怎样或必须怎样才能怎样……

在这种环境中，如果父母对我进行劝诫，可以想象其效果会如何出奇。在我印象中，父亲只有一次警示我，仅四个字，让我终生难忘。是这样，我从小学三四年级开始集邮，这个兴趣随着年龄的增长越来越大，一开始是从信封上剪邮票，后来是与同学交换邮票，70年代末国内兴起集邮热，到处都建立了商业性的集邮公司，中国邮政每次发行新邮票，集邮公司门口都会排大队购买。无论是社会上还是学校里，都将集邮说成是一项健康有益的爱好，我也受此影响，投身其中。父母知道我有这个爱好并不干涉。但在上大学期间,我投入集邮的精力有所增加,有一次我买邮票钱不够,问父亲要,他掏出钱来给我,温和地告诫我不要"玩物丧志"。这四个字,让我猛醒。之所以有此功效,就是因为父亲平时从不说教,一旦说出,分量极重。用"玩物丧志"来警示我有些忘乎所以的集邮热情,无须大声,又准又狠,一把将这个"高雅爱好"从神坛扯下,暴露了背后商业诱惑的本质。从那以后,我不但限制自己集邮,而且限制自己一切可能上瘾的行为,比如抽烟、喝酒与可乐、打牌、追剧……只要出现上瘾的苗头,"玩物丧志"这四个字立即会浮现在眼前。

  我认为,无论社会环境是好是坏,只要家庭小环境好,人就不会形成内伤或埋下病根。我这一辈子之所以总会有那些别人不敢想不敢说的"不正确"思想,都因为自幼成长环境中从不存在想法的、观点的"禁区","陈其钢"从很小就已成型,自然会在人生的任何时候做我认为该做的事——无论别人怎样看、怎样说、怎样做。

三 无拘无束少年狂

笨牛牛

据母亲说，我都6岁了，还只会在纸上胡乱画道道，问我画什么，我指着竖道道说是下雨，横道道是面条。但我经常在纸上画圆圈，只要不圆就不停止，直到画出一个完美的圆圈才住手。我虽然有些愚钝，但长得虎头虎脑，父母便给我取名叫陈牛牛。

在我四岁的时候，父母决定送我这个调皮的家伙进幼儿园。

我去的是文化部托儿所，坐落在复兴门外成方街一座四合院中，过去应该是清代官宦人家的大宅子。那时的幼儿园孩子不像现在早送晚接，可以天天回家，而是一进去就是两周不能回家。每次被母亲或姐姐送去幼儿园的过程，都是一场撕心裂肺的生离死别。从家里到幼儿园的路程大约一个多小时，越接近幼儿园，我的心就越疼，眼泪从上路时的点点滴滴，逐渐转为倾盆大雨，最后到滔天巨浪，当到达幼儿园那扇红漆大门前，阿姨领我走上高高的台阶进园，我哭天抢地打滚耍赖，直到阿姨抱着我转过照壁，再也看不见妈妈，那种被抛弃的无奈、无助和恐惧完全笼罩了我。每次这样被"抛弃"之后，我都要整整两天时间闷闷不语。

每逢周日，能够回到母亲身边度过短暂的一天是我最幸福的时光。为了不让我太过想家，妈妈用家里唯一的一瓶香水喷在我幼儿园的枕头上，想妈妈，我就使劲闻带有香味的枕头，好似妈妈就在身边。这是我第一次体会到味道的神奇。几十年后，当我读到普鲁斯特在《追忆似水年华》中形容味道的段落时，才意识到，味道也在我人生中扮演那么重要的角色。人的味道、城市的味道、季节的味道、物件的味道……无一不是记忆和经历的标志物。无论时间过去多么久远，每当闻到或尝到一种熟悉的味道都可以将我瞬间拉回逝去的时光和过往的人事，回味无穷。

如果不谈离家带来的创伤，幼儿园给我留下的记忆还是美好的。我们班有两位老师，一位是从上海来的郑美老师，另一位齐阿姨是齐白石的孙女。给我印象最深的是郑美老师，她对我特别好，我也很喜欢她。正如她的名字，在我眼中她很美，高挑身材，白皙皮肤，大眼睛。离开父母时间长了，郑美老师变成了我在幼儿园的依靠，以至于从幼儿园毕业后的那些年，每年都要妈妈带我回幼儿园看望郑美老师。我不知道其他孩子是否也像我一样，四五岁就对"美"，尤其是人的美有天然的感觉。记得我在三四岁时就与常来我家玩的九岁大姐姐肖敏形影不离。她身材挺拔苗条，一张充满灵气的俏丽脸庞，一双会说话的眼睛，虽然长大后再也没有见过她，但对她的好感却足足持续了几十年，直到50多岁才渐渐淡去。

我小时候除了父母认为我愚钝之外，由于我五官端正，大眼睛，双眼皮，通鼻梁，嘟嘟脸，几乎人见人爱，叔叔阿姨，甚至路人见了都要抱我。姐姐也以我长得好看为荣，到哪儿玩都要带着我炫耀，搞得我有点烦。但又因为被众星捧月，我的性格从小就清高中带着忧郁。

白家庄小学的愣头青

　　1958年，我家随中央工艺美术学院从北京西郊（现在的海淀区）白堆子，搬到东郊白家庄。白家庄地处今天朝阳区东三环路兆龙饭店和京广大厦之间。那时的东三环，还是一条土路，即便是白天也没什么车，偶尔有大卡车通过，尘土飞扬，路两边都是庄稼地。我家紧挨着现在的团结湖公园，那时是团结湖人民公社。所谓"团结湖"，其实是公社养鸭场的水塘，水塘边坡地上有一大片清代的坟地，林林总总立着很多王八驮墓碑。

　　我家搬进了一个没有院墙的大院——轻工业部设计院宿舍，中央工艺美术学院受轻工业部与文化部双重管理。我家所住的甲楼是院长楼，最初是为援建的苏联专家盖的，苏联专家撤走后空了出来。楼里每家都有独立的卫生间、厨房和自来水，这在那个年代是很不错的住宅。

　　我在白家庄小学度过了5年时光，一段初见小社会的时光。对于"努力做个学习好的孩子"，我不太有概念，父母也没有给我压力。所以我的学习完全出自本能，不甘放任、天生自尊，也从未奢望成为优等生。最好的功课是体育和音乐，其他都平平，特别是算术较差。

　　我是小学二年级从白堆子小学转学到白家庄小学的，此时正值全国搞"大跃进"，国家提出"15年赶上英国，20年超过美国"的口号，而其中最重要的一项内容就是在这一年要炼出1070万吨钢。各个学校、机关、单位和居民区都被动员起来，用砖头搭起炼铁炉。但是有了炉子没有原料，为了完成上级交下的指标，单位动员人们将自己家的铁锅拿出来熔化，熔化成一坨坨黑乎乎像屎一样的铁疙瘩，结果是锅没有了，炼出来的铁也都是废铁。我们白家庄小学也不例外，要求全体同学课余时间捡废铁交给学校炼钢。一天早晨，我和同学马连升同路上学，一边走一边在地上寻找废铁，结果收获颇丰，我们兴奋得忘记了时间，到学校时已经迟到了。当我们兴冲冲每人怀里抱着几坨"屎疙瘩"走进教室，满心希望得到老师的表扬时，得到的却是老师冷冷的质问："你们干什么去了！"我热切地说："捡到废铁了。"老师不但没有表扬，反而问："你们知道几点上课吗？"她竟然看也不看一眼我们怀抱着的铁疙瘩。这件事虽然不大，但那种热脸贴在冷屁股上的感受，那种将孩子的忠诚随意践踏的屈辱，让我至今不能忘。

  白家庄小学是走读，下午两节课后放学，家庭作业很少，经常就抄一页生字或算一两道算术题之类，不一会儿就完成了，没有如今的各种课外补习班。做好作业之后，我们最常做的，就是跑到院子里结伴玩耍。男孩子的最爱，是组队对抗游戏。其中印象最深的是"官兵捉贼"，游戏规则是：双方都选择一根电线杆作为大本营，一方面要守住自己的大本营，不能让对方触摸到；另一方面要想方设法攻入对方大本营，触摸到对方的电线杆就是胜利。这是一项拼速度、技巧和力量的对抗赛，无论是攻还是守都要全力完成。一旦玩起来，双方都兴奋万分。孩子们佩服那些既灵活又神速且有力量的孩子，他们自然而然就成为孩子们的老大。五六十年代的中国，鼓励多生育，每家都有好几个孩子，我们大院里最多的一家有十个孩子，最大的十四五岁，最小的还抱在手上，大哥叫于法昌，个子高、跑得快、跳得高、长得帅，自然是老大，还有一位叫发子，极为灵活勇猛，也是老大类型的人物，我岁数没有他们那么大，但也属于混不吝类，自觉也算得上是个干将。一个大院，男孩子们一出来玩就近百人，院子里立马喧嚣沸腾。在那个年代，只有到饭点时，家长才会叫孩子，平常看不到家长的影子，绝对没见过一个孩子背后跟着个大人的情景，如果谁这样，会被伙伴看不起。

  由于这样的环境，孩子们互相之间的人际关系、价值观、对危险的评估，在相当程度上受群体影响，而家长并不知道，也不

三　无拘无束少年狂

介入。管教的缺失，使我们对很多事情的选择完全靠本能，有时几乎是毫无底线。也因此，孩子们之间崇尚武力，看谁的拳头硬，动不动就打架，简直是家常便饭。一次放学回家途中，穿过纺织部宿舍大院，见到一群孩子在扎堆围观，我挤进去，看到一个个子很高很壮实的孩子正在打一个小男孩，围观的孩子们只是看热闹，没一个拉架的。我当时一股热血冲上头来，想都不想，就从那个大孩子背后扑上去，照着他的右后侧头部，狠狠一拳抡上去，打完扭头就跑。那个大个子一下被我打蒙了，待他反应过来我已跑出两丈远。他开始一边高声叫骂，一边追来。我知道，如果被他追上会被他打个半死，所以使出吃奶的力气飞奔。那回我头一次感受到人在绝境中，可以爆发出的潜能之惊人，离家还有将近一千米，我竟然一口气飞奔到家。那孩子紧随其后，居然没追上。我一旦进了楼，他不敢进入，只是在楼门外叫骂，惊动整个大院。我被吓得躲在家里，不敢出来。在之后的很长时间，出门上学一直提心吊胆，随时注意着前后方，生怕再碰见冤家。这件事在我幼小的心中留下了永远的记忆，一方面自认做了一次见义勇为的英雄，另一方面又很后悔自找了一个冤家。

冲动失控几乎是我儿时一股摆脱不了的魔咒，一言不合就出拳相向，而每次打架之后又会因为与对方总会低头不见抬头见而备感后悔。同班的男孩，即便关系再好，也几乎没有不打架的。可以说，老子就是打遍天下无敌手，但同时又与各位好伙伴是不打不成交，没有哪位同学因为与我打架或被我打而成为敌人的。有一个阶段，我和班上的郭维安玩得来，结果不知因为什么打起来了，我出了重拳，将他肋骨打伤住了院。他奶奶不干了，找到我家，后来妈妈领着我到他家登门道歉。我其实后悔得不得了，但是没办法，下次还会打。

除了打架没轻没重，对自己的生命安危也没概念，各种疯狂行为也是家常便饭，男孩子心底可能天生潜藏着一种失控的豪情和野性。有一天我们同院的几个男孩聊天，不知怎么就聊到了看谁胆子大不怕死的话题，为了证明谁最英雄，想出一个主意，夜里躺到马路中央，汽车来了看谁不走，压死就压死。结果我们五六个男孩，晚上9点多在马路（现在三环路）中央躺成一排。那时路上没有路灯，车也很少，我们大概躺了十几分钟，远处来了一辆大卡车，开得飞快。我们静静地躺着，没有一个动弹的。直到车距离我们还有十几米远，司机发现了躺在地上的孩子们，猛刹车，跳下车来像疯了一样吼叫着向我们扑来。我们几个爬起来一哄而散，消失在夜幕中。之后伙伴们为我们之中没有一个孬种而得意，好像完成了一件人生大事。之后看待其他孩子时，不免带上了一丝不屑。

  由于我的这种斗狠好勇的性格，令我的头上、腿上、胳膊上、手上、脚上伤痕累累，直到今天伤疤还清晰可见。经常是旧伤还没好，又落新伤。最大的几个疤：一个在头上，是被人从背后用铁块砸的；一个在脸上，是自己横冲直撞，撞在火红的炉子上留下的；腿上的那个最可怕，是自己爬上玻璃搭建的蔬菜暖房，一脚踩破玻璃房顶，跌落下来，房顶玻璃深深割裂小腿，我眼见腿肉向两边翻开，一开始是雪白色，很快变成殷红，之后鲜血涌出。

  小学五年级时，我梦想着学自行车，妈妈问同事借了一辆女式车。没人教，我就自己摸索，由于不会用手刹，每次遇到情况就直接跳下车，脚后跟自然会撞在脚蹬子上使车停下来。但几次下来，后脚踝就被撞得鲜血淋淋。即便如此，也阻挡不住那飘逸自由的飞车诱惑，仍旧接着骑。我和同班同学胡昌之，一人一辆车，晃晃悠悠骑行在傍晚昏暗的马路上，路上没有行人也没有车辆，微风拂面而过，飘飘欲仙，世界好像变了个样子，从未体验过的速度让我如醉如痴。那些日子晚上回家，爸爸看到我后脚脖子上鲜血淋淋、一瘸一拐的样子，会感慨地说："牛牛真有毅力！"他从来没说过太危险了、今后注意之类的话。今天我自问，这算不算是一种家庭教育和影响呢？

我被人家用铁块打破头那次，是1960年底，我9岁，妈妈被定性为"右倾机会主义分子"，已被停职下放到吉林省通化农场劳动改造。听到我受伤，爸爸赶回家，既没有安慰，也没有责备，带我去附近的朝阳医院。待医院处理包扎好伤口，我们一起往家走。爸爸身穿一件呢大衣，我拉着他的手，两人都不说话。路经纺织部宿舍门口有一家小店，我胆怯地问父亲，能给我买糖吗？他不置可否，带我进去，货架上的东西屈指可数。爸爸问糖果怎么卖，售货员说，糖果限量供应，要凭糖票（当时每家一个月大概限购三两糖），爸爸不懂这些，也没有糖票，我在旁边只能眼巴巴地看着柜台里包装简易的糖果，非常失望。爸爸想了想问，有没有不要票的东西，售货员说，哈密瓜干不要票。爸爸问我要吗？我赶紧说，要！爸爸对售货员说，买二两。售货员称好，用粗马粪纸包好递给我。在那个粮油菜肉糖布匹棉花毛线都限量、凭票供应的年代，那些哈密瓜干成了我记忆中永远无法比拟的美味。我不但记住了哈密瓜干的香甜，记住了爸爸内心深处的温暖，记住了那时远在吉林劳改的妈妈，也记住了那个特殊年代赋予爸爸的落寞和我远离母亲的孤独感。我长大成人之后，为了回味那特殊的时光，经常寻找哈密瓜干，但再也没能找到可以与那个小店的哈密瓜干媲美的味道了。

那个将我的头开瓢儿（北京话，打破头的意思）的孩子叫龙龙，后来我也用铁块将他的头开了瓢儿。

孩子们之间的战斗有单打独斗的，也有成群结伙的，比如我们设计院宿舍的孩子，与马路对面"联合大楼"的孩子之间的战争。至于说为什么打，其实也没什么理由，有可能是时代氛围使然，也有可能就是顽劣好斗。学校里没有"爱"和"善"的教育，课本上都是阶级仇、民族恨、压迫与反抗、战争与和平；唯一提到的爱是阶级友爱，"对同志像春风一样温暖，对敌人像严冬一样冷酷无情"，连谈恋爱都不说爱，而要说"志同道合的革命伴侣"。"爱心"这个词，在字典里根本不存在，属于小资情调，不能提的。在我们的院子里，时常见到孩子们将小猫吊在晾衣绳上打，互相比着谁打得更狠、更无情，直到把猫打死为止，不会有大人出来干涉。上学路上，甚至可以看到男主人在自家阳台上，倒提着两只白兔的后腿，狠狠在阳台沿上摔打，为了摔死吃肉。爱动物这个概念纯属20世纪90年代之后渐渐出现的，至今吃狗肉的和保护狗的不是还在打仗吗？这是传统留下的痕迹。

  当时三环路两边没有现在的排水系统，排水就靠马路两边各挖一条约半米多深的水沟。我们大院的孩子和联合大楼的孩子就是以马路为战场进行阵地战，以排水沟为战壕，地上的砖头、土块就是互相投掷的武器。为了不妨碍行人，我们的战斗经常在晚饭之后天一黑就进行。由于看不清对方，我们经常实行的是枪林弹雨式的密集投掷，投掷后立即卧倒，紧紧趴在水沟里以缩小被对方飞来的砖头击中的可能。有一次，我卧倒以后抓了一手黏糊糊的东西，一闻，竟是一泡屎，恶心得我也顾不上打仗，连滚带爬跑回家让大娘给我洗手，但怎么洗臭味都洗不掉，终生难忘。

  说到洗手，想起那时的冬天，无论天多冷风多大，都照样要在外面疯玩，在地上打滚，弄得两只手又黑又皴，大娘给我怎么洗都洗不出来。初夏穿短袖之后，对比捂了一冬天的白胳膊，我的手就像戴了一双黑手套。

管不住的野性

  第一个目标是附近的庄稼地，我们在收获季节偷摘玉米、西红柿、茄子或者挖红薯、萝卜，那时的孩子们没有一个不饿的。在收割季节，晚上潜入公社的庄稼地，摸到能吃的，无论茄子、西红柿还是玉米秆，就地啃，那个香甜就别提了。有一次，秋收季节，我们趁天黑坐在地里嘬玉米秆的甜水，被看场地的农妇抓了个正着。我们一个个低头不语，她对我们的训话很特别：

"玉米秆甜不甜？！"

"甜。"

"你们还想不想吃？"

"嗯。"

"那你们以后还说不说'磨剪子磨刀，磨老太太后腰了'？！"

我们弱弱地回："不说了。"

"吃吧！"她就走了。

第二个目标是大院边上的团结湖灯泡厂。这个厂将玻璃加热液化，然后由工人将玻璃吹成灯泡形状，制成半成品。为了好玩，我们几个孩子商量着潜入工厂偷灯泡。一天晚上天黑下来以后，厂内没有灯光，我们按计划将工厂临街的窗户撬开，一个个从窗户爬进去，室内数十个大筐里堆着灯泡，我们各自把灯泡往口袋里揣。此时，突然灯光大亮，几个工人冲进来大喊："都别动！"孩子们面面相觑。我心想，难道出内奸了？这下坏了，要进监狱了。工人让我们站成一排训话，我们一个个灰头土脸。"你们为什么偷东西？"没人说话。"你们是哪儿的？"没人说话。"你们家住哪儿？"还是没人说话。"如果不说，今天就关在这儿，谁也别想走！"我一想，关这儿太恐怖了，不如去见家长。大家互相看了看，就吞吞吐吐说出了住址。一个工人不由分说拖着我向家走。趁走路的声音掩护，我将口袋里的灯泡一个个扔在地上，消除罪证。那时都是沙土地，没有水泥地，灯泡掉在地上听不见什么声音。就这样我被拖到家，爸爸开的门。门一开，那工人就大声说："这是你们家孩子吗？"不等确认，他接着说："他到我们厂偷灯泡，你们就是这样管教孩子的吗？"我当时恨不得钻地缝儿，太丢脸了。可出乎意料，爸爸听了工人的话，不但没发火，反而哈哈大笑起来，闹得在场的人都有点尴尬。工人走了之后，爸爸什么都没说，就像什么都没发生一样。直到今天我也不明白当时爸爸为什么会笑。

游泳池里的逻辑

1959—1961年，正值我生长发育时期，作为一个孩子，除了经常感到饿以外，生活照样无忧无虑。游泳是那个娱乐贫乏年代里，孩子们最热门的户外活动。暑假期间，泳池天天都像煮饺子一样拥挤。我从8岁开始每年暑假天天必游，去得多了，泳池的教练见我健壮匀称机能好，将我收进了游泳训练队，每天开馆之前跟着教练上课。当时的男孩子们以将自己晒黑为时髦，黑得几乎像非洲人那样。为了晒黑，每次游泳我总要在夏日骄阳下趴上两个小时，实在太热就下水游一会儿。当年没有防紫外线的常识，也没有防晒霜之类的护肤品，晒脱了皮接着晒，直到皮肤适应为止。

哪里有男孩子哪里就有战争，游泳池里打架经常是成群结伙。一次，与几个小伙伴游完泳更衣，将换下的泳裤放在长条凳上。突然，一伙比我们大很多的孩子走过来，其中一个抄起我的泳裤就走。我立即跑过去说："是我的！"大孩子说："明明是我的，怎么是你的？"我冲过去就抢，那几个孩子上来就打，我的几个同伴也上来帮我打。但他们实在太强大了。拳脚之下，我们毫无还手之力，只能抱着头自保。回家路上，那种自尊心受辱的不甘和在"强拳"之下丢了泳裤的无奈交织在一起，第一次体会到自己的弱小。我一边走一边哭，一边脑子里还想象着各种报复回去的可能。

写到这里，禁不住穿越到10年后，我已是18岁的中学生，游泳仍旧是我夏日的最爱。那时的我已然是中央音乐学院游泳速度最快的人,能够与我媲美的,只有大学声乐系的钟敬鹏。时处"文化大革命"中期,同学们每天中午骑车到军事博物馆西面的八一湖游泳。那里不是人工泳池,而是自然水域,没有更衣室,有人在岸边用帆布搭建了临时更衣间。那次,我的泳裤虽然没有被抢,但有人趁我游泳时,将我的衣服全部偷走。致使我一个已然非常"君子"的翩翩青年,不得不穿着三角泳裤,沿着长安街"裸奔"回学校宿舍。

"美女"吴老师

由于我总在家里调皮捣蛋,四年级时,父亲决心给我找个寄宿学校管教一下,将我送进了轻工业部子弟学校——右安门大街小学。入学第一天的中午饭,吃那种切成丁儿的炒芹菜,芹菜是我从小就不喜欢的东西,觉得那个怪味儿太难吃,可是学校规定必须吃光,不许浪费,我顿时觉得没了亲切感。加上我从四年级插班,一个同学都不认识,老师对我也冷冰冰的。一开始,我强忍着不让幼儿园时的悲惨记忆侵扰我,后来实在忍不住了,就要求母亲每天晚上都来看我。母亲心软,每天下班以后就从新街口大老远骑车到右安门来看我。学校里面靠院墙有个大煤堆,我每天下午下课以后,也不跟同学们玩,就爬到煤堆顶上翘首等妈妈,每天如此。母亲看到我这副样子,心里难受。好不容易熬到星期六回家,我死也不去了。父亲起初对我的任性不妥协,但架不住妈妈心软,于是我只在右安门大街小学待了一周,就又回到了白家庄小学。回去以后同学们都很吃惊我这个被隆重欢送走的伙伴,怎么又回来了。我顾不了那么多,即便在他们眼中是个大傻子,也不愿离开熟悉的朋友和家人。

应该是在小学四年级以后,吴辉老师到我们班担任语文老师兼班主任。那一年（1962年）她刚刚从师范学校毕业，想来也就是二十一二岁吧。她方方的脸，有一个朝天鼻，穿一身浅色的布拉吉（从苏联传入的连衣裙款式）。初到我们班的时候，我觉得她不好看，所以照常我行我素，该认真的时候认真，该打架的时候打架，总之是我天生的一副跩样儿。但是，随着时间的推移，我渐渐发现吴老师走路有一种特别的样貌（我那个年纪当然还不知道风情为何物）：身材挺拔，两手摆动起来飘逸洒脱。特别是，有一次我打了架，她到我家来家访，坐在那里丝毫没有因为父亲是领导干部而显出任何局促，还是那样落落大方。从那之后每当她走进教室，她的方脸和朝天鼻渐渐被我无视了，再后来她在我心中变成了美女。这个神奇的变化，我并不懂为什么，直到上中学之后，才听说了"相由心生"这个词。我发现，这个词不但指内心的变化引起自身的不同，也是说外部世界会随着自己的心境和情感而变化，她/他/它从来不是客观事实，而是地地道道的"由我心生"。

对白家庄小学，我有莫名的感情。我没有回访自己上过的中学、大学的渴望，却对重回白家庄小学充满热情。我在那里记忆了友谊、幻想、欢乐和初恋，在那里没有被扭曲和被虐待。2002年，毕业近40年后，我与几位同学再回白家庄，小学举行了全校集合的欢迎仪式，给我们献上红领巾，物是人非，感慨万千。

与我一起返校的还有三位同班同学——黄强祖、贾华和孔德京，都是小学时的好友，也都是当年班上的佼佼者，我与他们关系不错，但成绩却完全不在一个档次上。与校长谈话间，我提起吴辉老师，她已经退休了，学校立即通知她，当见到出现在门口的吴老师时，我特别激动。但惊人的一幕是，吴老师不记得我！她清楚地记得我的三位同学的名字，历数他们在班上如何优秀，却不知道我是谁，即便我们告诉他我是陈牛牛，她也毫无印象。我表面没有任何异样，终归这些年闯荡江湖，喜怒不形于色是起码的功夫，但心里还是非常失望，心中的女神竟然不认识我！这从另一个侧面证明了我当年的平庸，既不让老师骄傲，也引不起老师的注意。这么多年纯属"单相思"！

懵懂初恋

少年时期没有性教育。我第一次感到异样大约是小学五年级，有时跑步会勃起，觉得很奇怪也很害羞。快上中学时开始有梦遗，每次都让我这个稍有洁癖的人觉得狼狈不堪。

对于性完全没有概念的我，当不期而遇的初恋来临时，完全被奔腾的情感激流裹挟而下，无力也不想抗拒那神奇的力量，一切变得奇美无比。

她叫Z，因为笨，留级到我们班，比我们都大一岁。即便如此，她的功课仍旧是我们班倒数第一。但她丝毫没有因为留级而有任何忧郁与自卑。她歌唱得好，有一副无可比拟的好嗓子，全校合唱队她是领唱。还有，必须要说的是，她在我眼中长得实在好看，比一般孩子高挑一些，身体瘦削，稍显骨感，眼睛灵动有光，五官非常端正。虽然功课不好，但为人却羞涩中显得善解人意。凡此种种，我觉得她太可爱了。她与我分到一个学习小组，放学后到我家来做小组作业。在那之前，爱谁来谁来，我从来无所谓，可自从她来我家参加小组活动后，我就扫地、擦桌子、往地上洒消毒水，大娘说我"怎么疯魔了？"，我也不说，总之就是以最高礼遇接待她。正常情况下，我每天早上叫不起来，自从心中有了她，突然一下每天早上6点钟就蹦起来，囫囵洗漱一下就上学，我妈说这是怎么了，连饭都不吃。外面天还黑着呢，我背着书包急走，就为了赶在上学之前，到她家窗户底下蹲着，大冬天的冷风嗖嗖，也不管，大概是荷尔蒙爆表不觉得冷，就蹲在那儿，听她在里面和家人说话，能听到一点她的声音就行。那时候哪有什么眼神啊，没到这个段位，平时连看都不敢互相看一眼。但从互相间不可言说的好感和接触中表现出的腼腆与羞涩，心灵的相通不言而喻，只是不会表达而已。这段没有下文的初恋，至今想起还是特别温馨，人生初见的美好，太过珍贵，不可复制。

小学毕业后，再也没有见过她，也没有联系。非常想见，她是不是想见我，不知道。那时男女之间，没有那么大胆，连问她要联系方式的勇气都没有。离开以后，我经常骑着自行车到她家所在的纺织部宿舍穿行，想也许能碰见她，但再也没有碰到。今年她71岁了，如果再碰见，当然是老太太了，是吧？原来的美好印象干吗要去破坏呢！从其他同学处得知，她始终在基层，后来在河南一个工厂当工人，一直到退休。

1964年暑假，我小学毕业要上中学了。一天，我突然跟父母提出，上中学不想再叫陈牛牛，要改一个大人的名字。他们问我想改什么，我不知道。于是爸爸想出一个办法，他在词典里找了几十个单字，都写在家里的小黑板上，让我自己选。我毫不犹豫地选了一个"其"，又选了一个"钢"。就这样，我告别了自己的童年，告别了陈牛牛，跨入了新的人生历程，带着这个陌生但属于我的名字，变成了一个不一样的人。

四　闯入中央音乐学院附中

最高音乐学府里的白丁

1964年初夏，小升初，要填报志愿。我知道自己成绩平平，于是报考了三所比较一般的学校，结果三个志愿都没考上，我被分配到没人愿意去的北京120中学（这所中学"文化大革命"后停办）。

我正在为中学考试受挫而郁闷的时候，听说中央音乐学院附中招生，我眼前一亮，向母亲表示我想去！母亲说，最一般的中学你都没考上，中央音乐学院附中怎么可能。但我的态度非常坚决。我之所以兴趣这么大，是因为暑假前妈妈带我去北海公园听中央音乐学院附中的周末普及音乐会，在台上演奏的两位学生吸引了我，他们都是姐姐的同班同学，一位是拉小提琴的嵇曼丽，一位是吹大管的向兵兵。在我眼中，他们简直是金童玉女，当时心中就萌生了要与他们成为同学的梦想。

妈妈看我意愿坚决，就帮我准备考试。准备的内容很简单：听音高、听节奏、模唱和演唱。虽然我没有受过严格的音乐训练，但姐姐经常在家练琴，我从小耳濡目染，有时我与姐姐还为客人表演钢琴四手联弹，以至于我对音高、节奏都不陌生，加上我对儿童歌曲、电影歌曲和戏曲音乐都很有兴趣，所以歌唱对我来说完全没问题。恰巧这一年音乐学院附中头一次招收低年级管乐学生，对音乐基础的要求相对较低。在考试的时候，我模仿节奏、音高都不费吹灰之力，然后再唱两首我自己准备的歌，记得其中一首是电影《红日》的插曲《谁不说俺家乡好》，"一座座青山紧相连，一朵朵白云绕山间……"，这是我当时唱得最拿手的一首歌，加上我长得虎头虎脑，负责招生的戴云华老师特别喜欢，结果专业课就通过了。至于文化课，那时的专业学校与普通中学没有统一标准，音乐学院本就不太重视文化课，我这个普通中学考试的劣等生，在音乐学院能排到中等偏上。于是，"英雄"挺胸阔步走进中国最高音乐学府，从此踏上音乐的征途。

在这里想不文雅都难

入学以后，戴云华老师力主我跟她学大管儿（巴松），每个同学都发了新乐器，我第一次吹大管，感觉声音像老人喉咙发出的嘶哑摩擦声，我不喜欢，回家就跟父母说不想学这个乐器。父亲破天荒为我的事去找附中校长张芳春，说孩子不喜欢大管，学校能否考虑其他乐器。这样，我改学了后半辈子给我带来好运的乐器——单簧管。

中央音乐学院附中地处西城区国会街（现佟麟阁路62号院内），是袁世凯任民国大总统时期的国会所在地，而中央音乐学院大学部则在不远处的鲍家街43号原清醇亲王府中。我们的宿舍在一座特别有品位的两层木质小楼里，过去是国会议员办公的地方。

音乐学院大学加附中一共400多名学生，却有500多位教职员工，老师的数量比学生还多，学校配备的琴房和钢琴、提琴、管乐器的数量更是惊人。为了保证学生营养，学校每天早餐还为学习管乐器的学生提供半磅牛奶。都说音乐学院是贵族学校，一点不假。说一句题外话：那个时代新鲜牛奶的香甜，无法用语言来形容。我曾经为了当年那种鲜牛奶的味道，找遍中国和所到欧洲国家的超市，但无论全脂、半脱脂还是脱脂牛奶，也无论什么品牌，都淡而无味了，更不用说国产品牌那种掺了大量的水和不知是什么甜味的被称作"奶"的水。

学校不接受走读生，所有学生必须住校。入学之前母亲觉得我可能又会像小学住校那样恋家，但我一进学校就被同班一个女生吸引，一点也不想回家。她是班里（甚至全校）钢琴弹得最好的学生，个子不高，皮肤白皙细腻，说一口稍带广东味儿的普通话，总之她的一切都吸引我。为此，每个周末我很早就回学校，一到学校就找她打乒乓球。学校的乒乓球台摆放在当年的国会图书馆大厅里，拱形的天花板非常高，二层楼上围着一圈被改作琴房用的图书室，周日下午没什么人练琴，学校里很安静，乒乓球的弹跳声在大厅的穹顶回荡。打完球，就跟她聊天，可从小天不怕地不怕的我，却不知如何与女孩说话，显得笨嘴笨舌。青春期的男孩，像是传统马车上的公马，前边一匹母马，后边两匹公马，为了追上前面的母马，公马使劲跑，但由于被马辔套牢，永远也追不上。其实我这匹无脑小公马到底要干什么，自己也不清楚，只管追。

音乐学院附中不同于普通中学，我们的同学来自五湖四海，不同地方的习俗和文化汇集于此，大家在不自觉中互相影响和吸收不同的文化营养。学生大多数出身知识分子家庭或干部家庭，没有北京普通中学所具有的那种市井气和权贵子弟学校的特权氛围。

音乐学习既是一门文化课程又是一项技能训练，不仅心里要明白，还要有大量的练习时间，以达到大脑与心、手、臂膀、气息的协调。所以，与一般学校教育不同，我们的专业课是在老师与学生之间一对一进行的，学生练习也是一人一间琴房，无形中培养了学生的独立意识。

附中这种特殊的环境氛围将我身上原有的野性渐渐融化，不到一学期时间，当我回家见到楼上的邻居们时，他们说牛牛一下子变得白净文雅了。

神奇的音乐世界

音乐学院的主课从本质来说，就是培养和训练听觉的控制力和理解力，是一门抓不住、摸不着、看不见、只可意会不可言传的"玄学"。我在这门学问中浸泡了几十年，至今仍旧会感到玄而又玄，经常恍惚觉得音乐可以脱离人的因素而独立存在。一次好的演奏或一首好作品，那种神奇，有就有，没有的话，无论怎样努力都不会有。而且，即便获得了，也不可能被留住，有时通过录音，看似留住了，实则留住的只是外壳，灵魂永远留不住。

对于音乐的评价与理解也是一样。一开始，听老师或高班同学议论音乐的好坏时，会惭愧于自己的无感。但越是入不了门，就越好奇，越想寻找入门的钥匙。很多年后我才意识到，对音乐的理解是一个潜移默化的过程，需要时间、努力，更需要环境，而音乐学院的环境（不谈教学和个人努力）就对学生起到潜移默化的作用，它的重要性甚至大于课程的内容。第一天踏入附中校园，我就被校园里钢琴、提琴、管乐、声乐混杂在一起的没有调性、没有节奏、无法形容的声音世界震撼，这种声音是世界上其他任何地方都听不到的。由校园进入走廊，那些声音由远及近变得具体，变得有大小、有主次，最后走进琴房，音乐变得单纯而清晰。同学们学习不同的乐器，谈论一个或多个具体的技术问题，互相聆听对方的演奏，共同欣赏音乐作品。在过程中，每一次发现心仪的作品或演奏时，我都会欣喜若狂，都会以为我发现了无可超越的最爱,以为我入了门。比如,在附中时偶尔从唱片中听到小提琴协奏曲《梁山伯与祝英台》,感觉惊艳无比,在彼时彼刻,对我来说《梁祝》就是绝对的最佳音乐。如果我不是一个音乐学院的学生,这个"最佳"有可能就会停留在我心中,一辈子不变。但环境推我向前,随着时间的推移,我与这个"最佳"渐行渐远,由新的最佳替代,层次也不断提升。而这些,年轻时的我,甚至中年的我,都并没有意识到,直到有一天我有能力以宏观的视角回看人生,纵观历史,远眺世界,才发现替代永无止境。而这一切演变和提升,缘起于中央音乐学院附中。音乐从我进附中那一刻起就不再是玩耍,而是一种训练和工作。我从笨手笨脚地安装哨片,到正确手持单簧管、吹响第一个音,开始踽踽走上这条崎岖不平的路。

我的第一个单簧管老师是张梧。他人如其名,高大胖硕,为人和气但不苟言笑,每次上课总坐在那里呼呼喘粗气,单簧管在他手上显得像小玩意儿。但开学时间不长,张梧老师就离开学校去农村参加"四清运动",由刚从捷克留学回来的陶纯孝担任我的主科老师。她教我演奏的曲子,是根据歌曲《唱得幸福落满坡》改编的。这是我吹奏的第一首乐曲,终生难忘。除了主修专业课,每个学生都必修钢琴。钢琴是多声乐器,它为我打开的是一个比单簧管广阔得多的音响天地。相比与姐姐一起弹奏四手联弹,不再是只弹奏单旋律,而是十个手指并用。第一次经由自己的手弹奏出丰富的声音和节奏的那种享受,在过去的经历中找不到任何参照物。我的第一个钢琴老师是蒲以穆,一位特别温和有耐心的老师。那时钢琴教学禁用西方教材,所以我们的基本练习都是老师自己编的,所弹的乐曲也都是中国作曲家的作品,比如杜鸣心、吴祖强、瞿维、储望华、陈培勋、刘庄、黎英海、罗忠镕、施万春、王立平等等。这种教学方式看似比较封闭,但却在我这张白纸上打下深深的中国调式和声与旋律的烙印。对比之下,也就明白为什么现在的青年作曲家在音乐思维方面与我们那一代人那么不同。他们从初学音乐开始练习的是车尔尼,然后是莫什科夫斯基、肖邦、李斯特、帕格尼尼……满脑子充斥着欧洲浪漫时期的和声、调式、旋律和音响,想挣脱出来都不再可能。音乐教育忽视了初学基础教材的选择对一个人可能造成的终生影响!同时我也有点明白了,为什么那些没有受过音乐基本教育的很多先锋音乐作曲家会创作出那些违背人类听觉逻辑的作品而不以为忤!(这个问题是不是可以作为一篇有意思的博士学位论文题目?)

在附中,所有学习管弦乐器的同学必须上乐队课。当时附中的学生乐团叫红领巾乐队,由徐新老师指挥。徐新老师非常严厉,上课时动不动就发火摔指挥棒,爆发前没有任何征兆,一发起来那双眼睛都好像要爆出眼眶,学生都很怕他。我们这些新生,要音准没音准,要节奏没节奏,大家合在一起演奏,发出乱七八糟的声音,对我们来说是无法形容的激动人心的事,但对徐新老师来说,肯定是一种非常大的折磨。徐新老师在"文化大革命"之后变成了一个特别温和的人,没有任何过渡期,带着这突然改变的性格直到他离开这个世界,对此我始终没搞明白原因。

特殊年代的教育

我们入学的这一年,正赶上贯彻革命化、民族化、大众化的艺术教育方针,所以学校要求每一位学习西洋乐器的学生选修一件民族乐器。我选择了二胡。一方面我觉得自己正在学钢琴和管乐器,可以学一件弦乐器;另一方面父亲喜爱京胡,对我多少有些影响。除此之外,每学期学校都组织师生到北京郊区农村参加春种夏收劳动,还要组织一次较长时间的下厂下乡。我记得入学的第一学年,我们一二年级去了北京畜牧场,还去了北京外文印刷厂。第二学年，我们去了北京第三棉纺织厂。这几次劳动给我留下了深刻印象，我不但体验了劳动者的生活和工作，也感受到无论哪一门手艺，要学好都不容易。在离开京棉三厂前，我们为那里的工人准备了一台节目，管乐的同学演奏了管乐合奏，大提琴老师王连三专门创作了一首管弦乐曲，由我们这支残缺不全的乐队献艺，王老师指挥。这些活动看起来没什么特别的，但无论是行为本身还是那些简单的作品都在我年少的心灵中留下了深刻的印象，并为我将来走上作曲之路埋下了伏笔。

作为音乐学生，我们还参与了一些国家级的外事活动。1965年，我们在京西宾馆为来访的柬埔寨西哈努克亲王演出；1966年初夏，我们赴北京机场配合国家领导人刘少奇、周恩来欢迎阿尔巴尼亚部长会议主席谢胡的来访，演唱了反美大合唱"拉呀拉，绞呀绞，绞索套住美国佬……"。在所有这些活动中，我都是红领巾乐队的乐手。

我的音乐学习就在这样的时代背景下起步，虽然不那么严谨，但却丰富多彩，生气勃勃，与那时的我没有丝毫违和感。

1966年6月1日，我们全体附中同学在景山公园参加六一儿童节演出，邓小平观看了演出。但谁也没想到，这是短暂的两年附中学习中的最后一次。"文化大革命"开始了。

附录：

在中央音乐学院附中时期的同班同学：

北京：吴冰（小提琴），吴乐（钢琴），陈其钢（单簧管），刘久光（大提琴），王强（大提琴），栾美玲（钢琴），金小明（钢琴），夏三多（小提琴），付小红（小提琴），何学东（圆号），季凯荣（小提琴）；

青岛：陆子苹（小号），宋美川（小提琴），梁汉祥（大提琴）；

广州：余婵英（大提琴），车松松（大提琴），陈敏（钢琴），顾小梅（小提琴），伍卫平（钢琴）；

邯郸：王昭明（长笛）；

沈阳：蒋淳（钢琴）；

天津：高继强（双簧管），丁小立（钢琴）；

上海：黎耘（钢琴），张家珉（小号），陆中放（小提琴），陈莉（钢琴）。

五 风雷激荡那些年

崛起的乌合之众最"勇猛"

1966年5月,"文化大革命"的序幕拉开。6月中旬,很多学校开始出现大字报,音乐学院也不例外,附中的院子里很快就贴满了。一开始主要是针对领导和老师,后来逐渐漫无边际起来,想写什么写什么,想写谁写谁,纸张大小不限,内容不限,室内室外,墙上、布告栏上、窗户上、晾衣绳上到处都是,没有任何组织,也不受任何监督。今天网络自媒体出现的乌合之众一窝蜂,也让我想起当年那种景象,虽然不是贴得满院子满墙,但却是满世界地胡说乱喷。

1966年"文化大革命"开始时的初一、初二、初三和高一、高二、高三,由于不再有正常的上课和升学,"文化大革命"之后被称为"老三届",意即人都老了也不升学毕业。那时,我正处在初中二年级的最后一个月,一直到1973年毕业分配,我们都被称为二年级。

时代让"老三届"成为"文化大革命"的先锋和生力军。由于他们当时年少无知、幼稚、天不怕地不怕,"文化大革命"一开始他们冲在前面。红卫兵运动由他们发起,造反、"破四旧"、烧毁文物古董、批斗领导老师、打砸抢，后来"上山下乡"、当兵、被抓被关等等，是他们；最后，醒悟、反思、上大学、出国、经商、从政也是他们。或者更确切地说，是我们。

乌合之众的面目

一天早晨，还没吃早饭，我被告知，有人贴了我的大字报。那时的我只有14岁，还是一个未经世事的孩子。当我走到院子里看到大字报上赫然写着的黑体大标题"揪出反动言论家陈其钢！"我的心都颤抖了。大字报上所说的是我平时与同学聊天时的话，比如"我发现报纸上说的怎么总是和实际情况不一样"之类的疑问，这样的话，对于一个爱问问题的少年，纯属半懂不懂的发问，尤其是我这种从小不受拘束的孩子。大字报的落款写的是"二年级革命群众"，至今我也不知道究竟是谁。面对大字报的公开批判，我不知所措，不明白为什么被攻击和伤害。当时学校里有文化部派来的工作组，当天，工作组就组织全班同学对我进行了"批判和帮助"。平时的同学和朋友，一瞬间变为冷冰冰的路人。批判会上没有同学敢为我说话，好像有一把无形的尺子衡量着每个人，为了证明自己是革命的，同学们都与我撇清关系。

劈头盖脸的批判，没有组织、没有标准，平时自己做的事都被随意拿出来夸大演绎，黑白颠倒。这样的经历，让我提前走进"人"的社会，体验人类社会的五味杂陈，在风浪中学习生存。也由于这么年轻被无端批判，并在之后那些年不断被拉出来作为批判典型，我逐渐对社会上任何形式、对任何人的群起而攻之，产生了警惕，再也不会轻信那些站在政治制高点上，无论针对个人、团体、民族、宗教还是国家的批判和侃侃而谈。

"文化大革命"使原来知书达理的年轻人变得面目狰狞。给我印象尤其深刻的是，平时温文尔雅的女生，瞬间学会了振臂吼叫那些不可思议的肤浅口号。大学作曲系和音乐学系的有些女生，甚至手持铜头皮带抽打没有任何反抗能力的老师和院长，显得那样自豪和不可一世。是什么力量将人心中深藏的丑恶彰显而不感到羞耻？又是什么力量，让人们变得千人一面，千篇一律？

站在人群中跟着别人高喊口号，让我感到滑稽也很失态，可如果不喊又恐被他人扣帽子，我心里觉得冷飕飕的。

这时我的父母与中央直属文艺团体和院校的所有领导已被送进社会主义学院集中学习。如何应对这样的局面，我一无所知。后来有机会才从父亲那里了解到，老一代人早已经历过这样的风雨，对于"文化大革命"他们不像我们这般陌生。1942年延安整风时，和父亲同住一个窑洞的庄言，半夜睡着睡着就没了，父亲以为他上厕所，实际上已经被抓走，不知道关在了什么地方。后来就轮到了他，他说还好自己没有被关押，但是也被审讯了。审讯他的是江丰，跟父亲拍桌子，说他是特务。审讯完以后不久江丰自己也被审讯了，而且被关了起来。江丰在新中国成立后任中国美协主席，1957年被打成"右派"，为此父亲想不通，给上级写信，认为江丰是好人，是正直的人，不可能是"右派"。幸亏母亲及时看到了，阻止他上交这封信，否则他也就是"右派"了。1959年"反右倾"，父亲被认为有"右倾思想"，受到公开批判，但没有被下放，母亲却被停职，下放到吉林通化农场改造。父亲之后刻了一方印章，自称"不倒翁"，时不时印在他的书画作品上，自以为得意，结果为此在"文化大革命"中大受批判。

8月的一天，上级决定文化部系统在社会主义学院集训的所有干部回原单位，母亲回了新影，父亲回到中央工艺美术学院，等待他们的是大型批斗会。

我听说父亲出来了，从中央音乐学院专门跑到工艺美术学院，急切地想知道父亲到底怎么了。结果看到从学院门口进来的领导干部都被红卫兵扣上纸做的高帽子，上面写着各种罪名，胸前还挂一个巨大的牌子，写着名字。在众人的口号声中由红卫兵押解着往前走。夹道两边的人手里拿着装满墨汁的盆，往他们的身上泼墨。他们被押到操场的体操台上，撅着屁股"坐飞机"。老人们根本连弯腰都困难，两个红卫兵押着，朝着膝盖后面狠狠踢，让人跪下接受批斗。批斗会之后，父亲被直接关进"牛棚"。当年他65岁。

　　站在人群中看着这一幕，心里的滋味难以言说。作为院长的儿子，以前去这个学校的时候，叔叔阿姨对我都很好的，但是那天，只感到周围的冷漠、无视，甚至嘲讽。

　　父母接受批斗的同时，北京进入了"红八月"，后来也被称为"红色恐怖"。大街小巷到处都在抄家，城中心区的胡同里（中央音乐学院和附中正处在这样的区域），鱼龙混杂，各种人都在以"革命"的名义闯进"黑七类"（地富反坏右资黑）的家中抄家。他们或将家中所有"封资修"的文物抄走，或当场砸碎和烧毁。街道的"黑七类"被戴上高帽子批斗和游街，很多人被剃成阴阳头（将头发剃一半留一半，以示侮辱）。那些没有工作单位的"黑七类"最惨，常常被红卫兵带到自己学校"审讯"。走进附中在国会街的大门，右侧的大教室里关押着从附近街道抓来的老人，里面传出拷打的皮鞭声和闷棍声。第二天听同学讲，两个据说是地主的老太太被打死了，是五年级的两个男生干的，他们一个是弹钢琴的，一个是吹长笛的。直到今天我还经常想起这件事，想到死者的家属和后代，想象这些杀人者会不会在之后的几十年因为自己的罪过而内心受到谴责。

　　那天看完父亲的批斗会回到白家庄，走进院子看到我家楼门前张仃先生的夫人陈布文正站在一张椅子上，被院子里的青年剃了阴阳头进行批斗。平时她是一位极为优雅的女人，曾经做过中央首长的秘书，此刻的狼狈是可想而知的。人不是不能接受批判和惩罚，但却很难承受人格侮辱，而这种侮辱，在那几个月几乎是无底线和令人绝望的。加上巨大的社会压力导致的单位内部和家庭内部的破裂，同事间互相揭发，家人间互相批判，使一些受迫害者失去了最后的避风港和心灵安慰，最终选择了自杀。

家里只有大娘在，外面形势紧张，到处都在暴力批判"资产阶级生活方式"，作为保姆，大娘继续待在我家定会招致红卫兵的注意，引来麻烦。和大娘商量之后，决定她先去女儿家躲避一阵子。大娘匆忙收拾出两包袱家当，新旧四季衣裤鞋袜、数块布料连同500块现金——她十多年劳动的全部积蓄，直奔女儿家。谁知此时一场斗争会正在她女儿住的大院里进行，斗争对象是女儿的婆婆"地主"王大娘。那一刻，被红卫兵里外三层围在场子里挨斗的除了王大娘本人，还有一起陪斗的丈夫王章、儿子王志亮、儿媳金凤兰。紧赶慢赶投奔而来的大娘刚刚跨进院门就见头戴高帽弯腰九十度挨斗的竟是闺女一家！苦命的大娘万没料到自己侥幸从我家出逃的结果竟是一头钻进"法网"。大娘一露面立即被"革命群众"雪亮的眼睛看到，不由分说推入"地主"王大娘们的行列中，肩上两个大包袱当即被小将们以"革命的名义"没收，自此一去不复返，十几年的积蓄瞬间归零！"革命"将大娘一脚踢回一无所有。批斗持续了整整一天，小将走了一拨又来一拨。无辜的大娘弯腰撅腚在8月骄阳下，挨晒、挨啐骂、挨拳头。当晚全家老少被驱赶出家门，遣送回通县农村老家。

当我听说这些时，已是一个多月之后，心里特别内疚因为自己的谨慎而害了大娘。

紧接着，工艺美院红卫兵就来到我家。他们将家翻了个底朝天，将父亲过去所有的手稿、画作和收藏全部抄走。抄家那天父母都不在，我躲在自己的房间一声不吭，以免引发红卫兵的暴力行为。他们走后，我收拾凌乱不堪的房间直到很晚。那段时间，由于父母的工资被扣发，家里生活来源成了问题。大娘走了，我不会做饭，只能在厨房里乱翻，随便找点东西充饥。

过了一段时间，有一天我一个人在家，听见敲门声。我打开门，看见两个月未见的父亲和其他几位院领导，在工人的看押下站在门外。父亲瘦了很多，但脸上还是那副平静温和的表情。尽管我很佩服他的涵养，但我知道，他是做给我看的，他不愿在我面前以一个失败者的姿态出现，平和的表情掩藏着无奈和痛苦。这个情景，我至今历历在目。工人代表对我说，要将我家的钢琴抬走，也不向我说明任何理由，就让父亲和其他几位老人将钢琴捆好，非常吃力地抬下楼，而工人则站在一边指挥。

"文化大革命"这番遭遇对于我这样由"出身好"变为"出身不好"的人，是一个巨大的落差，这段经历让我思考，现在看来反倒成了财富。我不知道如果"文化大革命"发生在我现在这个岁数，我能不能经受得住，说不定就像傅雷或者老舍他们那样死掉了。当时那些自杀的人都处在他们事业最辉煌的时期，也都在中年甚至老年时期，经不起精神和肉体的折磨。他们死了，不但没有得到理解和同情，反而遭到更激烈的批判，被称为"自绝于党，自绝于人民"的"反革命分子"。

恐怖的八月

"红八月"，毛主席在天安门广场八次检阅从全国各地涌来的百万红卫兵。为了在全国点燃"文化革命之火"，中央鼓励北京学生走向全国进行大串联，铁路交通向学生免费开放。那时红卫兵运动还没有明确的组织，只要穿一身旧军装，戴上红臂章，就是红卫兵。所以旧军装一时间成了年轻人最时髦的服饰，军人也随之变成最光荣的职业。我们班的一位拉提琴的女生，为了成为解放军的后代，甚至到大街上拦截军人，问人家愿不愿意接受她做女儿。

1966年8月的北京，基层政府和学校已经完全瘫痪，红卫兵成立了北京市"联合行动委员会"（后来简称"联动"），主要由一些军干和高干子弟构成。到处弥漫着火药味儿，街上可见一群群身着军装骑着自行车（那时自行车就相当于现在的豪华轿车）的红卫兵风驰电掣，个个手提皮带、钢锁，看到不顺眼的人就抽打，那种不可一世的劲儿，令人毛骨悚然。为了躲避这种压抑的恐怖氛围，我和一个吹长笛的同学，以串联的名义搭上了从北京去广州的火车。上车无须凭票，只要有学生证即可。那时的绿皮火车，从北京到广州要开三天两夜。我带了一件塑料雨衣，一个书包，晚上困了，就在两节车厢连接处的钢板上铺上塑料雨衣睡觉。车厢内拥挤不堪，座位全部被占满了，行李架上和座椅底下都躺着人，椅子背上也有人蹲着。卧铺车厢内也没法躺着，每一层都坐满了人。有时找到一个位子，坐在最上面那层，虽然脑袋直不起来也算不错了。由于天气炎热，车内臭气熏天，汗味、饭味、屎尿味混在一起。只有一个列车员负责全车的热水和盒饭。饭盒没有盖子，一个摞一个。长期磕碰走了形的铝饭盒上面有一点儿菜，下面是米饭，要的人就拿一个，价钱几乎等于免费。

拥挤的车厢中还有很多从北京被遣送回乡的"地、富、反、坏"分子，其中大多数是老人。他们被一根很长的绳子串着，在过道里一个挨一个站着，每个人都汗流浃背，红卫兵不时抽打着，没有吃的，也没有水喝。在这些老人中，肯定有人既不是地主也不是坏人，只是那个时代不问青红皂白，有口莫辩。正值酷暑时节，有些老人坚持不到家就死了。

免费走天下

1966年的初秋，北京已不像8月那样混乱，各个单位和学校相继成立了群众组织。中央音乐学院有红岩兵团和毛泽东思想战斗团两个组织，除了被定性为"反革命"、"右派"、"历史反革命"

和"走资本主义道路的当权派"的人之外，学生和老师的大多数都加入了组织。我参加了红岩兵团，当时的领袖人物叫方昕，是大学管弦系拉低音提琴的学生，人极为聪明，思维敏捷，能言善辩，善解人意，我很佩服他。9月底我随红岩兵团出发进行第二次大串联，出发前妈妈给了我15块钱，她当时的月工资从原来的130元减为45元。我知道15元可能不够，但也没想那么多，反正人多总不会饿死。我们100多人从北京登上去大西南的火车，第一站到达成都，第二站是重庆。团队不负责饮食，我们每天要自己在街上觅食。为了省钱，我一天只吃一顿饭，多数是在街边小铺里要一碗白米饭，在上面倒一点免费的酱油就是一餐。

一到成都我们就奔赴当地的中学，支持那里的"造反派"，与"保守派"进行辩论。疯狂的年代做疯狂的事情，今天看起来，当时我们一心认定的革命行为，既愚蠢又无意义，可那时幼稚的我们可不这么认为，每个人都认真投入，思考着、表述着、劝说着，俨然革命火种的传播者。

成都之后是重庆，除了与成都相同的活动之外，我们专门去歌乐山下参观了国民党时期的"渣滓洞"、"白公馆"和"中美合作所"。1949年解放军兵临重庆前夕，300多位关押在渣滓洞的共产党人被国民党军警枪杀。转眼72年过去，想起这些为理想献出生命的人，还是感慨万千。重庆那天下着毛毛细雨，我和三个同学在歌乐山下踩着泥泞，一脚深一脚浅，各自想着心事。

父亲从"牛棚"出来之后没多久去了丹江农场，母亲去了天津农场，姐姐在葛沽部队农场，我则去了清风店部队农场。

乱世中的学习

"文化大革命"开始几个月以后，学校基本无人管理，学生们纷纷搬出五号楼大集体宿舍，将床铺搬进一号楼琴房，每人一间或两人一间自由组合。由于每间琴房都有钢琴，生活与专业之间的距离骤然缩短为零，学习环境变得宽松自由，居家味很足。

这段时间，我受黎耘（将来的妻子）的影响，每天努力练习钢琴，弹奏水平有很大提高。由于不再有上课和考试的压力和限制，我完全按照自己的兴趣去做想做的事和安排自己的时间。照理说，对十五六岁的年轻人来说，如果学校整天没课，会放任自流、虚度光阴，但那时的情况相反，由于文化生活的极度贫乏，大家对文化的需求如饥似渴，恍惚中似乎一切均已失去，机会稀缺、知识稀缺、前途渺茫，如果今天不学，明天就再也没机会了。在这种心理驱动之下，学习对我来说是一件有意义的事了，我学得津津有味、热火朝天。除了拼命练琴之外，我大量阅读专业的、文艺的、历史的、哲学的、政治的书籍，种类非常杂，同时学习和声，练习书法，练习体操、篮球和游泳……时间排得满满的。

学校里虽没有专业课，但每周都有毛主席诗词讲授课，由语文老师从毛主席诗词展开，给大家介绍中国古典诗词的写作方法和原则。

一本小说名著、一张西洋音乐唱片或是一本经典音乐乐谱，对我们来说都是珍宝。越是禁止不让学，就越要学。经常一本经典小说要读的人排成长龙，书传到手里终于有机会读到了，眼睛都会掉到书里。传阅如同放映电影的跑片一样，一本很厚的书在手里只能停留一天，必须看完，从早到晚饭也顾不得吃，读完马上交给下一个人，书被不分昼夜地传阅，直到面目全非，生怕一本书一旦离开自己传出去，这辈子就再也没有机会看到它了。那些国外文学经典，读得我死去活来，异国的男男女女们之间发生的故事，我们这些被环境禁锢的青年闻所未闻。

我认为，失去的教学秩序无形中让音乐学院变成了真正的学校，愿意学什么就学什么，想跟哪位老师学，可以直接找，老师闲着没事，很愿意教，只是得偷偷摸摸地教。教指挥的徐新老师，也主动在他三号楼的房间里给我们上和声集体课，当然是私下里。

从"黑帮"家里抄来的唱片和乐谱都堆放在一号楼三层小礼堂旁边的一个仓库里，不知谁把那仓库门撬了，学生们开始到仓库里随便拿，一开始还有人干涉，后来就没人管了。西方的那些名著，比如《悲惨世界》《基督山恩仇记》《红与黑》《牛虻》……都是禁书，不许看，在那个完全封闭的环境，看到另外一个世界的人们争取平等自由的浪漫故事，简直让我如醉如痴。

"文化大革命"这样的特殊时期，一定程度上激励着我独立思考、独立学习音乐和其他一切知识，包括历史、政治、哲学。因为教学秩序被打乱，学校生活变得五花八门，什么都有。我们处在政治旋涡之中，对过去发生的历史事件特别有兴趣，包括对苏联革命、纳粹德国兴衰的历史等。假如现在给"00后""90后"看《第三帝国的兴亡》这本书，恐怕不会有很多人感兴趣，可当时却是一本很时髦的书。那时我经常自问，为什么大学同学，特别是那些组织的头儿，可以从别人发表的意见中轻易指出问题或提出批判，而我却看不出问题甚至觉得都有道理？因此我对逻辑学的学习一度很有兴趣，很想从逻辑学的角度考察事物或检验人。现在的年轻人对演讲能力不太重视，而我15岁就已经登台，在全院大会上即兴发言，向大家阐述我的观点，为此我需要反复思考与练习。

在正常的学习环境中，周边只有同班同学，看不见高班同学和老师们的写作，不可能有更高的学习目标和榜样，而"文化大革命"中大学最高班至中学最低班混合成为一个群体，可以互相对话，对愿意学习的人来说，条件可说是得天独厚。我要学习作曲的心思也起始于这个时期，大学作曲系的同学为"文化大革命"写了一些大型交响乐或合唱作品，由管弦系、声乐系的同学来表演。每当听到大学学长张坚、屈文忠、罗伟伦等写出那些激动人心的作品时，我都深感震撼，心想他们不也是普通人吗，怎么能作出来，我何时也能？

还有一个在正常教学环境中不可能的是，以往男生和女生之间交往的限制和约束没有了，班级打乱了，大学生可以和中学生直接谈恋爱，以前是不可思议的。这对男孩儿、女孩儿的学习影响巨大，有些人因此沉沦了，另一些人则因此而被激发了。我当然属于后者，哈哈。

六 炼 狱
——军营的日子

被"苦其心志,劳其筋骨"

1968—1969年是知识青年上山下乡运动的高潮,北京普通中学的学生几乎都被分送到各地农村。那一段时间,我经常到车站去送别自己的小学同学,送了一批又一批。北京的中学生渐渐走光了,偌大一个北京城从喧嚣声中突然沉寂下来。1970年春天,这股上山下乡的浪潮终于冲击到了我们。中央音乐学院附中低年级、大学低年级以及全院教职员工被整个送去保定地区38军所属军营。

在那里,我们成为接受改造的对象,并度过了人生中严酷的三年。去之前我没有任何思想准备,不知等待我们的是什么,想象着是与以往一样的下乡锻炼。我与同学在绿皮火车上轻松地谈天说地,看着车窗外一朵朵白云,憧憬着未来。到了之后,部队战士敲锣打鼓列队欢迎我们的到来。

三个月的重体力劳动

音乐学院师生被分为三个连队,分别是六连、七连和八连。

附中是六连，被安排在柳陀农场。农场地处一望无际的大平原，宿舍建在大田中央，一前一后两排简易房，前排是男生宿舍，后排是女生宿舍。第一天晚上，天黑后，仰望天空，满天繁星像雪花一样近在咫尺。这个景象，是我们这些从小在城市里长大的孩子从未见到过的，着实被震撼了。全体同学都呆傻在那里，久久伫立，或无语或喃喃"我的天"……那晚星空的记忆是如此深刻，就像小时候对味道的美好记忆一样不可再得，之后我走遍大半个世界，却再也没有看到过与柳陀农场那晚同样明亮、同样广阔、距我如此之近的星辰。

宿舍里面是长条木板搭成的大通铺，睡觉时我们一个挨一个躺着，正值盛夏，简易房热得像蒸笼。厕所里几十个茅坑排成一排，之间没有任何遮挡。上厕所的时间是统一的，只能在早饭前进行，一起去蹲坑。我们一周或者两周洗一次澡，洗澡房周末开放一天，上午男生，下午女生。澡堂中间有个大池子，所有人像下饺子一样泡在里面，一会儿水就变成糨糊一样的泥汤。开始见到这样的场景别扭得不得了，时间一长就习惯了。大小便憋急了，再难堪的厕所也得去，一个星期不洗澡，无论肥瘦高矮也得光着屁股跳进泥汤，平时的讲究与优雅统统被"习惯"掉了。

前三个月主要是重体力劳动。那年我19岁，心想既然来了就积极接受改造，好好表现。在当时的中国，无论人们做什么，都想要证明一件事：自己是最革命的。这导致了集体性的爱表现、爱背教条、说空话、说假话、不说人话的习惯。

"文化大革命"初期受过批判的我，不愿再被抓典型，所以劳动起来更是卖力。农场的活虽很重，但多数是为劳动而劳动的无用功和为改造而改造安排的考验课，今天这儿挖条沟，明天那儿填个大坑，今天起猪圈，明天填猪圈。王小波在他的《黄金时代》对此有风趣的描述：一会儿起猪圈，一会儿填猪圈，猪盯着忙碌的人们心说："抽什么风呢！"

三个月之后，夏季劳动告一段落，所有人从农场集中到部队营房。这里是野战军一个团的营地，院墙围着，大门处有警卫把守。营房里有一栋两层主楼，楼前有一个大操场，两边都是平房，平房前后和通道两旁种着高大的白杨树，风一刮树叶哗啦哗啦响。围墙外面是大片的庄稼地。

回到营房之后，我被派到炊事班做饭。做大锅饭可不是想象中的烹饪，纯属力气活，我要跟大师傅（工人阶级）学习在大铁锅里用挖地用的平头大铲子咔嚓咔嚓地炒菜。一次要做几百个馒头，将发好的面团从大铁盆中用双臂抱起、摔下，每次揉动都需要使出全身的力量。切菜一次就是十几棵大白菜、几十根白萝卜，让我练就了一手熟练的刀功，又快又薄又匀。当然，练出这样的功夫不切破几次手指，是不可能的。

在炊事班，早晨4点半就要起床，晚上睡前一想到第二天要早起，就会焦虑，使我第一次体会到了失眠的滋味，且从那以后这个毛病就再也没有离我而去。

宿舍内两侧各摆6张上下床，总共24人一间。没有桌子，白天床就是桌子，每人一个小马扎，坐在床边学习。开大会则在大操场，大家拎着小马扎坐下，听领导讲话。有时在野外就席地而坐，我不会盘腿，一坐地上就向后倒，所以只能跪着。

可悲的人性

自从回到营房起，慢慢开始搞起运动来，首先是自我批评，接着就动员我们互相揭发。

自我批评是每日政治学习的家常便饭。比如说，看别人在干活，没有主动帮一把；在路上捡了东西，就扔了，造成了浪费；有意见在背后议论不当面指出，犯了自由主义的毛病，违背了毛主席的教导……老大不小的人，在这种氛围中一个个都好似退化回了幼儿园。同宿舍的语文老师方承国，平时博学多才，出口成章，也不得不像个儿童，说同样无脑的语言。"弱智"表面的背后，潜藏着危险，在人人自危的氛围中，没有人是安宁的，永远不知谁是敌人、谁是朋友。同班同学蒋淳，明明什么事都没有，却不知被谁揭发，要她交代问题。在一个小屋里，两个战士不断审问，大灯照着不让睡觉。而蒋淳什么坏事都没做过，但她老实、本分、耿直，不懂得只有编瞎话才是唯一出路。几天的关押审讯之后，突然一下她就精神失常了，变得自言自语，时不时偷偷地笑。她曾经是我们班的学习委员，钢琴专业，沈阳人。经过一段时期医治无效，部队领导通知了她的家长。她父母赶来后，不知是因为惧怕部队的环境还是太过善良，总之一句怨言都没有就带着蒋淳回了沈阳。她这一疯就是一辈子！不过，像蒋淳这样在高压环境下能坚持的人是少数，很多人为了保全自己，会顺着审问者的引导编口供，懂得只有编瞎话才能过关。

而审讯室外的人们并不知道真情，认为既然解放军说你有问题，就肯定有问题。多数人在这种情况下随大流，给那些坚持实事求是的人造成了巨大的心理压力。我还好，有女友黎耘偷偷摸摸给我递条子，通风报信。她把纸条写好夹在毛主席语录小红书里，屋子进门处有个壁炉，大家进门都要经过，趁开会之机，她把夹着字条的毛主席语录放在壁炉上，散会时我顺手把红宝书拿了，回去躲在自己蚊帐里偷偷打开看。在部队眼皮底下搞"串联"，是犯大忌的，后来被与我们平时关系很好的一位同学揭发了。寒冬腊月，黎耘被勒令在外面的马厩里写交代和检查。我发现她人不见了，知道出事了，心里忐忑，最后被逼无奈，把字条儿交了出去。

还有一位女老师也特别拧，她是我们的体育老师。有人说她是"五一六"最高层的机要秘书，了解所有情况，实际上她什么都不了解，最后也被逼疯了，至今没有痊愈。

所有这些故事的起源都来自花正开，他比我们高一班，不但给我们编出子虚乌有的罪名，全院所有重要人物都在他的捏造名单上。他站在营房大操场的台上，慷慨激昂地诉说"围困中南海"，计划"陷害毛主席"的经过，随口编出耸人听闻的"阴谋"。他的胡编乱造将很多无辜的学生和老师推入万劫不复的深渊。花正开与我们住同一宿舍，运动过去之后，一切都不了了之，他既没有向受迫害者道歉，也没有受到惩罚。但所有人都唾弃他，把他从我们这个群体中永远除名。

中央音乐学院院长兼党委书记赵沨，也住在我们这间宿舍里，他被定性为"走资本主义道路的当权派"，那时是下等人中的下等人，除了经常被当作典型进行批斗之外，基本被剥夺了一切权利。他比较胖，每天要为大家打饭、刷饭盆，跟着一起列队出操、跑步、学习、开会、劳动。身为老党员，久经各种政治运动考验，每次政治风波一来，总要拿他当典型进行批斗，他从不对抗，不辩白，所以没有被打过。他每日低头学习，不参与讨论，万一让他发言，他总是自我批判，且滴水不漏。就这样，他和我们这群未经世事的孩子们同吃同住同劳动了三年，其间，除了个别同学为了表现自己的革命，会欺负他，多数同学还是善良的，相处得还算融洽。因与我们一起经历风风雨雨、起起落落和喜怒哀乐，他对我们每一个人了如指掌，离开部队前，他给了我两个字的评语："自负。"这让我反思良久。在部队这三年，我被批得低人一等，前途渺茫，最后却落得个"自负"！落魄如此，怎么还自负得起来？人说江山易改本性难移，如果哪天我进了监狱，是不是刚进去挨几顿打之后，还会成为老大？坐在那儿面无表情："'你的馒头给我'，'你的咸菜不能吃'，'厕所不能上'……"

在军营的第一年，禁止任何对外通信，甚至不可以给家人写信，如果有家人来信，全部被收在连里，不给我们看，但是都被部队拆开看过。一年后解禁，信还给了我们。解禁后，母亲来看我，同学们都很热情，我们在营房里难得地照了相。和妈妈那么长时间没见，亲热极了。她被破例允许和我在一起待了两个小时。临走我送她到定县火车站，没想战士追来，说拍摄的胶卷不能带走，要交给他们，原因也不解释。我只好将胶卷从照相机里取出交给战士。可以想象，作为一个老干部，母亲当时心里是非常无奈的，但什么都没说。这些胶卷直至两年后离开部队时，才被我要了回来。

渺茫中的光——音乐，无论什么音乐

1971年9月，林彪出逃，飞机坠毁，这是震惊中外的大事件。"林副主席"是指定的接班人，军队的统帅。为肃清林彪的影响，全团在操场集合，团政委宣读中央文件，"林彪叛党叛国，仓皇出逃……"，宣读之后，大家分组讨论。一个全国人民心中的偶像，瞬间崩塌，不可想象，我们自"文化大革命"以来建立的理想随之破灭，部队也显得松懈下来。

之后虽然每天的"早请示""晚汇报"照样进行，但对我们这些"知识分子"的管教却没有那么严了。在老师们的请求之下，几架钢琴和其他一些乐器从北京运到军营，每天允许有一段时间练琴。部队组织我们成立了4893部队文艺连宣传队，组建了教师和学生管弦乐队和合唱队，大家都穿军装，但并不是真正的军人。在一年多的时间里，我们被派到部队各个营房演出，慰问战士。

我原来学的是单簧管，但乐队单簧管超编，缺长号，我和同班拉大提琴的同学梁汉祥就跟黄日照老师学长号，并在乐队担任长号手。当时演出的主要曲目有交响乐《沙家浜》、钢琴协奏曲《黄河》，还有作曲系师生自创的《毛主席诗词大合唱》《焦裕禄

组歌》。在边学边用的实践中,我锻炼了自己的合奏能力和乐队经验,也对铜管乐器有了真实的了解。

在部队最后的日子里,我尝试着迈出了创作的第一步,编配了一首木管五重奏。因为和声、配器基本知识的欠缺,水平是很业余的,但有生以来头一次听到自己写作出来的声音,那种兴奋与激动难以忘怀。

三年部队生活虽然艰苦,但犹如一堂非常生动的社会大课,我的体能和意志在高压之下得到极大的磨炼,从中窥见人性之险恶和保存自己的一些方法。离开部队时,我已不再是音乐学院附中的毛头小子,开始理解人言可畏,知道不能忘形,懂得谨言慎行,认识到夹起尾巴做人的重要性。

七 韬光养晦
——浙江歌舞团

浙江歌舞团

1973年时，中学毕业生能进大学学习的，都是由单位保送的"根正苗红"的工农兵子弟，俗称"工农兵学员"，任何个人不可能通过考试进大学。所以，如果中学毕业能留城工作，已是最好的出路。我和黎耘当时是正式的未婚夫妻，按照北京分配工作的原则，"近分坠（夫妻一方已经在北京工作），远分对（夫妻双方都还没有工作），不远不近分光棍（单身汉）"，黎耘的业务能力很强，北京的文艺团体都要，但没有任何单位看上我。加上我和姐姐同时分配，一个家庭的两个孩子原则上不能都留在北京，又赶上姐姐当时身体不好，养病在家，我这个家中最受宠的老幺，将机会让给了姐姐，她后来去了中央民族歌舞团。我和黎耘自然要离开北京，被分配到浙江省歌舞团工作。更确切地说，黎耘跟着我去了杭州。

现在说起离开北京去浙江工作似乎很轻松，可在那时却有一点被流放的悲壮。中国的户籍制度，在那个年代所包含的内容，不像今天仅涉及孩子上学和买车、购房。户口几乎关系到一个人从工作到生活的各个方面，一个户口在杭州的人，就只能在杭州工作、在杭州结婚、在杭州买粮买布买油买自行车缝纫机家具等日常生活用品，甚至离开杭州到任何地方住旅馆，都必须有工作单位的证明信。一旦将户口迁出北京，再想迁回首都比登天还难。离开自己从小生活二十几年的北京去浙江工作，与1970年全校一起去军营改造相比，虽然都是离开北京，但感觉完全不同，有一种壮士一去兮不复还的悲壮，对于何时能回来，是不抱希望的。好在浙江是父母的家乡，那里有哥哥、大姨、舅舅和父母的一干亲友与战友。当然，最大的安慰是，黎耘与我一起，虽然都离开了父母，却并不孤单。

一个乐队队员的自我开悟

1973年的浙江歌舞团，到处还有着"文化大革命"风，上演的基本是样板戏，工作、学习、排练仍旧充斥着"革命"气息。尽管如此，江南水乡的风土人情，终究与我长期生活的北方不同，都是革命歌曲，出自浙江人之口，与出自北方人之口，大不相同，火药味荡然无存。加上节目中穿插的苏州评弹、浙江越剧、采茶舞，嗲声嗲气的吴侬软语，对我这个祖籍江浙的南方胚子，不但毫无生涩不适之感，反而备感亲切。

浙江歌舞团地处西湖边柳浪闻莺公园对面的浙江美术学院校园内，里面还有浙江省文化局所属的浙江京剧团和浙江曲艺团。浙江歌舞团占据着一栋三层大楼和一个舞蹈排练厅，大楼一层是歌队和乐队排练厅，二层和三层是未婚团员宿舍和团部。宿舍内没有卫生间和盥洗室，每层楼有一个公用厕所。我和三个从北京分配来的男生（一位男中音、一位二胡演奏员、一位舞蹈演员）同住一间朝北宿舍。宿舍门正对着厕所，夏天一到，太热不能关门，简直臭气熏天。大楼门外搭了一个简易冲澡间，只有凉水没有热水，供团员排练后擦身之用。由于这栋楼原本是美院的教学楼，房屋非常高大，采光很好，作为画室很合适，但不适合居住。杭州冬天阴冷，夏天酷热，我们这四面透风的宿舍好看不好住，冬天时室内水杯中的水都可以结冰。

在演奏员、指挥、作曲之间

浙江歌舞团乐队的演奏员们，有从上海来的、从北京来的，还有当地艺校毕业的，但骨干是从总政军乐团和浙江省军区军乐团来的，军队风格对乐团影响很大。但对于有军队锻炼经历的我来说，这种环境对我并不陌生。这里的人们不了解我的过去，更不知道我曾经"政治污点"重重，我希望以全新的面貌在这个群体中建立信任，所以必须处理好人际关系，并拼命学习专业，"清高"和"自负"暂时离我而去。

平时除了排练演出之外，专业学习几乎是我的主业。如果不演出，我每天练习单簧管不少于六个小时，而且都是站立进行。在单簧管练习之外，钢琴学习也始终没有放松。同时，我开始努力学习配器、作曲、指挥。我不知道未来命运如何，但我相信善待同事会让我有一个和顺的环境，提高业务更是任何人夺不走的本领，总会派上用场。对作曲和指挥，只要一有机会我就跃跃欲试，虽然还不敢奢望自己有朝一日能当指挥或作曲家，但在努力学习的过程中我发现自己坐得住，写作时可以通宵达旦，不完成绝不罢休，好像有股巨大的能量在推动着，让我品尝到写作的乐趣。那时的写作，主要是为乐队编配一些歌曲或舞蹈伴奏，可对初出茅庐的我，却觉趣味无穷。如何将伴奏编配得漂亮、通顺、平衡，让所有人发挥作用，并不是一件简单的事。我一边写一边参考苏联瓦西连科和里姆斯基的管弦乐法，一边做一边读，体会很深，记得很牢，收获极大。团里有创作组，负责人是沈铁猴。他们对黎耘非常欣赏，黎耘的即兴编配能力，令大家啧啧赞叹，口服心服。团里几次重大的创作项目，黎耘都被正式吸收到创作组参与写作，而我却没有这个福分。这也刺激了我要更加努力上进的自尊心，暗下决心超过黎耘，让他们有朝一日对我刮目相看。

作为一个乐队队员，怎样与声部前后左右的乐手协调，如何把握音准、在群体中恰当地表现音乐，对一个音乐学校毕业生来说是新的课题。乐队队员虽然是音乐家，但首先是合作者，是团队的一分子。过去在学校里学习，主要是学如何一个人演奏，而在乐队里要学的是如何与大家一起演奏。一个人练习时想什么速度就什么速度，爱怎么吹就怎么吹，而在乐队里则像是"戴着镣铐跳舞"，要与大家一起找律动和音量，不能慢也不能快，不能突出也不能听不见。这种合作很锻炼一个人的平衡感和分寸感，不仅和自己协调，更要与他人协调。如果拿乐队队员的平衡感和分寸感与军队仪仗队的齐步走和正步走相比，走正步时需要的只是注意自己抬腿的高度、宽度以及律动与旁边的人一致，而乐队队员需要顾及的不但包括高度（音高）、宽度（音量）、律动（节奏），还要兼顾在行进中的幅度变化、音色变化，你停他走，他停你走，以及注意指挥变化多样的手势……其实乐队队员都很紧张，尤其是木管乐器，每人一个独立的声部，经常要单独出现，而弦乐有50个人，大多时候同时发声，甚至听不到自己。

在乐队工作中积累的这些经验和体会，对我后来的写作起了非常重要的作用，让我作为一个作曲家不仅宏观考虑乐队效果，也会本能地想象每个乐手在演奏时的心态和感觉。如果没有这种换位思考，乐队队员就只不过是一件乐器，而不是一个活生生的人，写出来的乐队作品难免生涩，缺少灵性。

我在乐团里待了五年，在那里也了解了指挥是什么感觉。一开始学习指挥不是因为喜欢，而是觉得被人指挥和指挥别人不一样，把它当成了一项出人头地的事业。在浙江的五年，我始终在向这个方向努力。团里对我也很支持，团长韩春牧和指挥程寿昌都会抽时间指导我学习指挥。我回北京探亲时，也不时去拜访徐新老师，向他请教。但也正是这五年的实践，让我知道我不适合当指挥，在众人面前表演让我不自在，感觉紧张，这种心理使指挥带来的愉悦大打折扣。后来，当我成为作曲家之后，更发现在台下聆听自己的作品与在台上指挥自己的作品，完全不同。自己指挥时，需要将大部分精力放在控制乐团、拍点准确和动作清楚方面，不可能全神贯注于作品的细节。而在台下听，会对自己的作品更客观、更清晰，感受也更丰富。历史上，有很多作曲家尝试着指挥自己的作品，但多数没有说服力，他们尽管知道自己的作品应该是什么样，但他们却不能通过肢体语言将感觉正确地传导给乐队，原因很简单，指挥是一门专业，不是表演，更不是作秀。

黎耘在专业水平和事业开拓方面走在我前面，我很佩服她的钢琴演奏、即兴创作能力以及从不服输的拼搏精神。每次她上台弹伴奏、独奏或演奏钢琴协奏曲，我都会像自己上台一样紧张。在我心中，她简直就是世界第一。我们之间你追我赶，无论是有机会到上海还是到北京，我们的第一目标都是找老师求教，学习各种技能和知识，同时寻找可能的机会去更具有挑战的地方。

小日子

1975年10月，我与黎耘在杭州结婚，完成了终身大事。她虽然没有如她妈妈期盼的那样，嫁给一位作曲家，但我们却对此充满信心。双方的父母对我们在杭州的生活、工作和学习都非常关心，岳父黎英海通过书信为我修改和声作业和歌曲伴奏。为了学习古典音乐，我需要一台录音机，那时中国唯一的录音机是上海出品的601，又大又重，但母亲不惜重金为我买了一台。有了这台录音机，我开始有机会大量聆听过去没有机会了解的古典音乐作品，并听得如醉如痴。当时能听到最多的是苏联和东欧国家的录音作品，绝少西方浪漫派时期之后的作品。但即便如此，对我们这些很少受过西方音乐影响并对其如饥似渴的人来说，德沃夏克、斯美塔那、鲍罗丁、格拉祖诺夫、里姆斯基-科萨科夫、柴可夫斯基、罗西尼、威尔第等作曲家的作品，简直是美不胜收的大餐，为我的音乐感受世界提前打开了一扇巨大的门。

婚后，我和黎耘感情非常好，直至我出国前的八年时间，没有出现过任何嫌隙。每天早上起床以后，我常拿着饭盒去南山路上的小店买馄饨和大饼油条，每次让店主在馄饨里多放味精（那时的奢侈品），想起那种美味，至今仍回味无穷。生活在"天堂"，我们当然不会放过老天的馈赠，每逢周末天气好，我们一人一辆自行车，骑行于杭州的景区，漫步在花港观鱼、梅家坞、龙井、九溪十八涧、六和塔、北高峰、灵隐寺。到处都是美景，游人稀少，好似"天堂"就是我们俩的。

我们还经常去父母在战争年代的战友家做客，比如浙江省文化局长史行伯伯、浙江美术学院党委书记高培明叔叔和母亲在湘湖师范时期的好友陶爱凤阿姨家。史伯伯有三个儿子，大儿子史践凡（史兰芽的父亲），小儿子史染朱。践凡比我大十岁，在北京电影学院导演系学习，染朱比我小四五岁，在我离开歌舞团前一年开始跟我学习单簧管，后来成为浙江省管弦乐团的首席单簧管，并晋升为副团长。高叔叔的家保持着很多老干部家庭的简朴，除了简单的桌椅，没有任何多余的家什，饭食也很简单。他称我"小陈"，管黎耘叫"小黎"。作为父亲的老战友，他对我们在团里的工作和学习很是关心。母亲的同学陶爱凤家则完全是另一番情景。她是杭州天长小学的模范音乐教师，像那时无数普通杭州市民一样住在大杂院里，但将自己简陋的房屋打理得井井有条，充满情趣。她的丈夫沈炎,里外一把好手,烧得一手好菜。那时没有条件下馆子,更没有外卖,爱吃的江浙人就自己动手钻研厨艺,在物质匮乏的日常生活中找乐趣。我们每次去陶爱凤家,他们都会为我们做一桌丰盛的菜肴,不但让我们饱了口福,也大开眼界。

说是生活在"天堂",也有另外一个世界。大舅舅李泉水(妈妈的亲哥哥)与大姨李玉珍(妈妈的亲姐姐)两家人,都是底层市民。舅舅从小一条腿就残疾了,杭州人称之为"跷拐儿"(瘸子),他继承父业成为厨师。解放前("解放前"这个说法我在出国之后就渐渐不再用,因为台湾同学或绝大多数外国人都不懂"解放"的含义,妥妥成了一个敏感词,但我又没有其他词可用,比如台湾人用的"沦陷"自然不便用。最终只能在聊天时用比如"在共产党取得政权以前"或"中华人民共和国成立以前"这类只陈述事实的表述),舅舅作为家中最受宠的孩子,对一心想要读书的母亲并不友好,母亲的大哥(我的大舅舅)接济和支持母亲上了学。没想到母亲后来"发达"了,到北京工作以后,隔三岔五给大姨和舅舅寄钱接济他们,还资助舅舅的大女儿其娟在武汉和北京上学,并成长为一位航空材料专家。

娶了两房太太的舅舅,生了五个孩子,生活变得穷困潦倒。我和黎耘第一次去他家,走进黑咕隆咚的木屋,一家八口挤在狭窄的木板房中,一股马桶臭气扑面而来。大姨从小没上过学,后来在纺织厂当工人,嫁给了一位小资本家,生活本来不错,没想到政府的公私合营以及随后的赎买政策使得小资本家变成了无产者,"文化大革命"一来,这位身无分文的无产者,被重新扣上资本家的帽子轰出家门。最终舅舅收留了大姨夫妇。木屋本就拥挤不堪,大姨两口子只能蜗居在楼梯下只有两三平方米的斜角中,拉一块布帘遮挡。

见我们来了,瘦弱的大姨局促地起身迎接,微笑着用杭州话说:"牛牛来了。"舅舅一瘸一拐地从楼梯上下来,屋里很暗,背对从窗外射来的一线光看不太清他的面孔。舅舅的大老婆坐在一张藤椅上,一脸倦容,但看得出虽然身形清瘦,曾经是一位江南丽人。孩子们就像没看见我们一样不打招呼。小老婆比较开朗,胖胖的身材,热情地招呼我们坐下、喝茶。后来得知,她更讨舅舅欢喜,与舅舅同床。

  出于善良本性和对妈妈的感谢,大姨和舅舅对我们非常好,如果周末我们不能去,他们会轮流做菜送到团里给我们。舅舅还经常遣漂亮的小女儿丽娟到团里为我们做菜,让在制鞋厂的二女儿水娟帮黎耘买时髦的皮鞋。大儿子金寅是杭州自行车厂的车工,眼睛有点斜视,但心灵手巧,经常来帮我们打理家务。大姨自己连电灯都舍不得用,在楼梯下用煤油炉为我们烧饭,晚上必要时只点煤油灯照亮。她将一辈子辛苦积攒的钱藏在不知什么地方,直到去世也没告诉任何人。

  当然,最重要的亲人是在杭州的哥哥,虽然同父异母,可能因为比我大二十多岁,对我很好。我三岁时那张戴着海军帽的小大人照片,就是坐在他膝盖上拍的。

  还在1966年9月,我跟随学校红岩兵团从北京去西南大串联,中途我脱离在贵阳停留的大队人马独自返回北京,途经杭州,突发奇想去看哥哥。一大早火车到达杭州,我没有哥哥的联系电话也没有住址,就找到了哥哥的工作单位——浙江省总工会。一番打听,终于寻到了他在宝俶路的宿舍。宿舍是典型的筒子楼,楼道里很是清洁,我敲了敲门,是哥哥开的。"牛牛?!"看到我他先是惊讶,旋即满面笑容,将我拉进屋。没想到,屋内还有一个人,女的!她个子不高,面相端正温和,一说话竟是山东口音(其实是江苏徐州人)。尽管我是不速之客,但看到的一切仍旧在预料之外。哥哥告诉我,他刚刚结婚了,嫂子叫梁建英,是杭州铁路医院的护士。我的妈呀!父母在"牛棚",兄弟姐妹天各一方,有受苦的,还有结婚的,真真是"文化大革命"啊!

七　韬光养晦

我跟哥哥说，我从北京坐火车出发路经成都、重庆、贵阳到杭州历时8天，由于水土不服，一出门就开始便秘，始终拉不出来，所以急着回北京上厕所，否则要憋死了。即便如此，路过杭州还是忍不住对家乡的好奇，想要看看杭州，看看哥哥，看一眼就走。北京出发前妈妈给我15元钱，已经快花光了，哥哥立即拿出15元钱给我（和妈妈给我的一样多！），让我出去观西湖，我顿时觉得很是富有。宝俶路离景区很近，我独自一人经苏堤绕白堤走马观花看西湖，满足了到此一游的需求，当天晚上就登上去上海的火车。火车同样不要钱，也没人管，到达上海，没有当晚开往北京的夜车，我就按照车站的红卫兵接待站（全国到处都有）的指南，投宿离外滩不远的新亚大酒店。酒店是免费的，我这个8天没大便的脏兮兮的学生，不无胆怯地走进星级酒店，爬上此生从未见过的一尘不染的一望无边的白色席梦思大床，窝在不知有何用途的四个软绵绵的大枕头中呼呼大睡，很有刘姥姥进大观园之感。

第二天搭上去北京的列车，到达北京已经是第十天傍晚，我越走近鲍家街43号（中央音乐学院）大门，便欲越浓，最后不得不奔跑起来，气喘吁吁直至4号楼一层的茅坑。不用细说，那宏伟壮阔的"泄洪"是何等势不可挡源源不断和畅快淋漓了！

转眼1973年，命运安排我又回杭州，想到这个城市有曾经不假思索就塞给我15元"巨款"的哥哥，就心境安妥。哥哥家是我和黎耘周末最常去的地方，那里有家一样的感觉。并非是他比我大22岁，也不是他比我有钱，主要是因为每次见到他脸上都洋溢的幸福感。他不善客套不算博学也不太健谈，但他尽其所能地与我们分享他的一切。他爱茶、爱烟、爱酒、爱美食，他"胸无大志"，但却生活在他精心营造的近乎纨绔子弟般的自我富足之中，这是我最羡慕也最缺乏的。哥哥的富足感，当然少不了嫂子这个贤惠的、唯他独尊的、夫唱妇随的好护士。她闷声不响地做饭、洗衣、产子、养育，她耐心地呵护每一位家庭成员、每一位来客，甚至每一位邻居。她从不高声说话，绝不会用大道理说教。他们育有三个孩子，两男一女，斗斗、胜胜（后改名九九）和环环，大概是遗传基因所致，三个孩子都出息得很好，且非常善良、正派、孝顺。

"歌舞团保卫战"与"铁娘子"

由于浙江歌舞团没有自己独立的办公地，我在杭州工作那些年，歌舞团就在浙江美术学院（现中国美术学院）的教学大楼办公，为此双方不时会有摩擦。但这并非歌舞团的问题，而是浙江省领导层才能解决的问题。

1975年春的一天，我正在宿舍练琴，就听院子里一片嘈杂，楼道里有人喊："美院打过来了，大家赶快下去！"我放下乐器就奔下楼，同事们也纷纷跑出去。只见操场上美院学生黑压压一大片向着大楼冲过来，歌舞团的演员们立即迎上去与学生们扭打成一团，我不明就里，但也管不了那许多，一头冲进人群加入了战斗。歌舞团的领导梁忠在后面大声叫喊："都住手，不要打啦！不要打啦！有话好好说！"但没人听。美院那边也有领导在劝阻学生住手，同样无济于事。混战的人群如一群脱缰野马，谁听谁的！我向一位个子高大面相凶狠的对手冲去，心想凭我的力气还能怕了你！没想，我无论怎样抡拳都沾不到他一根毫毛，而对方出拳极快，拳拳打在我的面门上，顿时鼻血喷流。我意识到自己遇到硬碴了，对方的脸孔我至今记忆犹新，那一瞬间让我明白输赢不是仅凭勇气，更不凭口号，而是实力，是技巧。没几个回合，我就被打倒在地，一堆学生围上来狠狠地踢我这"落水狗"，我抱头弓身尽力保护自己的要害部位。黎耘见我倒地，急了，从地上捡起一块砖头向学生们扔去，但没想这一砖头不偏不倚正打在美院党委书记高叔叔的胸口。高叔叔也顾不上这些，继续劝阻学生们。同事们将我抢下护送回宿舍躺下。待楼下安静下来，领导们纷纷来看我，稍后史伯伯也来了，看我伤得不轻，团领导决定送我回北京检查、养伤。

我躺在床上，其实并没想我的伤，满脑子过的都是刚才激战的场面，如过"电影"，回想着每一个动作，为什么我伸直了手臂却碰不到对手？如果我不那样出拳会不会打到他的面门？这些念头好几个月挥之不去。当然我也为黎耘感到后怕，如果她当时被学生们暴打一顿怎么办？如果高叔叔被她那一砖头打出内伤可怎么交代？

这一战我虽然惨败，但副产品成果卓著。最重要的是烈火见真金，歌舞团团难当头唯一冲在第一线的女生是黎耘，更重要的是，她是为我而挺身。她随我经历了"文化大革命"初期的众叛亲离、部队改造的通风报信且英勇不屈，这次又如此奋不顾身、不畏强暴，加之业务上还是钢琴高手，且作曲一流，这样多才多艺的"铁娘子"到哪儿找去？

1968年2月,中央音乐学院前院,附中二年级同学合影。第二排左起第二陈其钢,后排左起第四蒋淳(后来患精神病)、第七黎耘

1968年2月,在中央音乐学院礼堂房顶,陈其钢(后排左一)与同学合影

1968年,陈其钢与三年级同学汤六一在天安门广场,那时街道上车辆稀少,尤其稀缺小轿车,镜头中出现的车辆,都是专门等待的结果

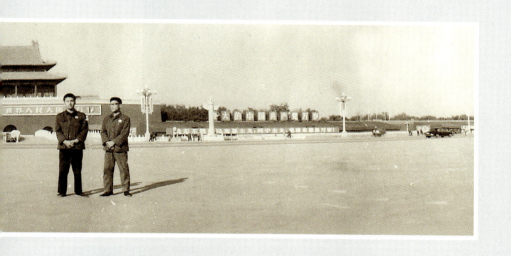

1971年，父亲陈叔亮与画家李可染在湖北丹江农场养猪

1972年，军营组建的"文艺六连毛泽东思想宣传队"管弦乐队演出钢琴协奏曲《黄河》。指挥郑小瑛。后排右一长号演奏者为陈其钢

1972年春,母亲肖远来军营探望

1973年,陈叔亮在书写。
王立平摄

1973年,军营中
最"时髦"的服装

1973年春,"文艺六连毛泽东思想宣传队"演出舞蹈。左一黎耘

1973年,父亲写字时,陈其钢帮着牵纸

1973年,初到杭州

1974年，与浙江歌舞团演员去桐庐农村支教。第四排右四是陈其钢

1975年，与黎耘和大娘

1975年,全家于北京团结湖。左起:三姐陈滨滨、陈其钢、外甥女白露露、二姐陈芝子、母亲肖远、二姐夫白凤阁、父亲陈叔亮

结婚照

在希望中生活,1974年初于杭州

1975年10月,婚礼,左起:岳父黎英海、岳母顾淡如、黎耘、陈其钢、母亲肖远、父亲陈叔亮

1975年，为独唱演员姜幼梅伴奏，后排左一为陈其钢

1976年，
在杭州家中学习

1980年在广西采风,陈其钢(左一)、叶小刚(左三)与农民歌手

1981年春游,陈其钢(右)与叶小刚(中)、黎宁(左)

1981年1月,与作曲系全班同学合影。后排左四为陈其钢

1981年浙江舟山采风期间,与陈怡(右一)在轮船上

1982年，黎耘演奏拉威尔协奏曲，指挥李德伦（左坐者）

1983年，作曲系毕业音乐会全景

1983年,中央音乐学院作曲系毕业音乐会后合影。前排左起周龙、鲍晋书、陈怡、陈其钢、周勤如。出席音乐会的有杜鸣心、赵行道、黄飞立、桑桐、郭乃安、吴祖强、罗忠镕、江定仙、姚关荣、吕骥、黎英海、苏夏、王震亚、方堃、张肖虎等老师和前辈

1983年12月26日,北京语言学院学习法语期间,陈其钢在联欢会上弹电子琴

八 特殊年代的中央音乐学院作曲系

由吹黑管到作曲的突变

1977年,高考的大门重新打开。11月,我听到可以报考中央音乐学院的消息,立即请假从杭州赶去上海报名。

中央音乐学院的招生点设在上海汾阳路上海音乐学院,报名的场面火爆,考生从校园内一直排到大门外的街上。正值12月中旬,冷风刺骨,排队的我被冻得瑟瑟发抖。中央音乐学院作曲系只招收15名学生,但全国有2000多人报考!音乐学院的左茵、杨俊、李春光等老师联名给邓小平写信,就中央音乐学院考生情况和名额限制做了汇报,希望增加名额。邓小平看到了这封信,亲自批复指示文化部扩大招生。于是作曲系从15个名额,增加到了26名。但即便录取26名,竞争还是可想而知地惨烈。最终,学校又另立名目,为没能在首轮考试过关的本院老教师和音乐界名人的子弟增加了6个视唱练耳专业名额。

为了增加考上的概率,我报了单簧管和作曲两个专业。我自认凭着自己14年学习和运用单簧管的资历,考上单簧管专业的把握更大。

我的单簧管考试成绩确实很好,在管乐考生中名列前茅,但出乎意料，管弦系竟然不收我。其原因又是因为"文化大革命"的经历。在38军改造时，老师和同学都在一起，那时老师与学生的关系不是师生，而是战友，无论职务高低，年长年少一律都是改造对象。"文化大革命"结束后，老师们返回中央音乐学院继续任教。其中有一位老师负责上海招生，在考场上，考生见到老师都毕恭毕敬，而我见到他时，就像老友重逢，当年是室友嘛！我热情地和他打招呼，拍着对方的肩膀说："最近怎么样啊？"没想到，这一拍伤害了对方的自尊。想想也是，招一个没大没小的学生，这怎么得了！结果是，按照单簧管考试成绩，我是第一名，但没被录取；在作曲专业的26名考生中，我的成绩中等偏上，作曲系录取了我。功夫不负有心人，我考进了中央音乐学院作曲系，距离成为作曲家的梦想近了一步。同时，我那历经五年卧薪尝胆想要调回北京的梦想，以意想不到的方式实现了。这位管乐老师的拒收，令我义无反顾地走上了作曲的路，人生自此被改写，我将毫无悬念地变成黎耘名副其实的作曲家丈夫！

我的老师罗忠镕

入学以后，大家心中的头等大事就是分配主科老师，每个人都希望跟影响比较大的老师，吴祖强和杜鸣心两位先生无疑是最抢手的。其次是副院长江定仙、作曲教研室主任苏夏、作曲系副主任等等，最后才是校外兼课老师。我也希望能跟吴先生或杜先生学习，毕竟主科老师一跟就是五年，对学生的学业和前途影响巨大，甚至决定将来的命运。但系里分配给我的是罗忠镕老师，一位校外的兼课老师。我听到这个消息很是失望，心想，一个校外兼课老师在系里没有任何话语权和影响力，跟着他考试、升学、毕业将会是怎样地不确定？母亲虽然认识罗老师，但终因多年没有来往与接触，对他的情况不十分了解，就听从了我的请求去找吴、杜二位先生，但他们都以某种理由拒绝了收我做学生的请求。后来母亲去找与她比较熟悉的王震亚老师，向他请教解决之道。没想王震亚却说，罗忠镕不比其他先生差，而且从作曲教学来说，可能更好。这样，怀着游移不定的心态，我跨进了罗先生的师门。

罗先生与我都是性格内向之人，所以我们之间的了解期较长。第一次去他家，我进了门，他也不寒暄、不客套、不严厉，但也不温和，用"不冷不热"形容那天见面的场景最合适。进门，我说罗老师好，他"嗯"了一声，就没话了。过了半天，他问："你有什么让我看的东西吗？"我说："第一次上课，我还没写什么作品。"他说："那就给你讲一点东西吧。"于是打开他的笔记本，一页一页地照着给我讲起来，也不管我听没听、懂不懂，他只管闷头讲，不热情，也不冷漠，一个小时中，连斜眼看我都没有，就好像旁边没有人。我感觉怪怪的，但什么都没表露。时间长了，慢慢开始有更多的了解，精神就放松了下来。他的儿子、罗老师特别疼爱的罗铮，一个重感情、记忆力超群但从小有认知功能障碍的孩子，起了绝妙的调节作用。只要罗铮见过一面的人、听过一次的音乐、看过一次的图片，都会分毫不差地录入他的记忆库，无论时隔多久，他都能从记忆库中搜寻出来，让所有人惊叹。罗铮的音乐记忆库极为丰富，任何古典音乐作品，只要他听几秒钟，就可以说出作曲家和乐曲的名称。有了罗铮的缓冲和以他为话题的讨论，我和罗老师全家的交流顺畅了许多。

时间长了，跟随罗老师的学习渐渐显出优势。他教给我的，是当时在音乐学院没人了解、更无人能教的外来作曲知识和技能。特别是他以西方十二音技术作为基础，整理出的一套五声调式的写作练习方法，对我之后的写作帮助很大，直到赴法留学以后，也在继续发挥作用。我对罗老师的讲课以及课后布置的作业格外认真，做起来津津有味，并不觉得枯燥。罗老师对课后作业的批改也非常严格,对于所有的违规行为绝不通融。我在这种严格控制的训练中,逐渐将死板的规矩融化为自己的写作习惯,并渐渐可以自由运用发挥。

罗老师在新中国成立后和"文化大革命"中经历了巨大的精神打击,但在课上课下与我的聊天中,从来不谈及,苦难在他已是家常便饭,不值一提。他以淡然对待一切挫折与成功,在他那儿,从未看到大悲大喜、声色俱厉或暴跳如雷。与此同时,他又与世上一切人一切事保持着天然的距离,待人不会太热情,更没有温文尔雅和风度翩翩,适度的中庸和偶尔流露的童真是他最显著的特点。他最大的业余爱好是下围棋。有时,课后我也会与他对上一局,他的棋艺比我略胜一筹。

罗老师对新事物有天然的好奇心,新技术、新方法他都想了解和尝试,所以他是中国第一个将国外20世纪作曲技法翻译引进并落实于自己教学的作曲家。他也是第一个运用十二音技法尝试写作中国作品的中国作曲家。他在60多岁的时候,开始进军运用电脑工具写音乐的操作,很快就俨然以电脑软件高手的姿态出现在学生面前。

作曲系的伙伴

进了作曲系以后,系里根据每个学生的视唱练耳成绩,分成了视唱练耳和和声课的甲乙班,程度高一些的在甲班,低一些在乙班,我被分在甲班。甲班和声由吴式锴老师教,用的是苏联的斯波索宾体系。乙班跟赵宋光老师,是赵老师自己创造的体系。

同学们来自五湖四海,岁数最大的是陈佐煌,入学时已经32岁;最小的殷敢为,18岁。因为1977年指挥专业没招生,所以班上有三位指挥学生也跟我们一起学作曲:陈佐煌、邵恩和胡咏言。

六位子弟兵视唱练耳专业的同学分别是系副主任Z老师的儿子赵易元、马思聪的妹妹M老师的女儿汪镇平、作曲家Q的女儿赵伊力、作曲家W的儿子王燕基、作曲教研室主任S老师的儿子苏聪、作曲系党支部书记H的女儿黄伊丽。我们每个同学都经历过或多或少的磨难，好不容易进了大学，像是患难兄弟，机会难得，一心一意想学习，互相之间没有竞争关系，所以谁也不藏着掖着、互相排斥，全班同学特别团结，不像现在的学生和老师那般以邻为壑。

我们班有一个同学，叫林德鸿，上海人，毕业后去了美国，再也没有听到他的消息，据说改行了。但他当时却是我们班最出色的学生，非常有才，各种风格的作品在他看来都不在话下，可以在钢琴上信手拈来。但是他的心思与精力不在学习，而在做饭、谈恋爱，后来越来越写不出作业。应了那句话，聪明的不用功，用功的不聪明，但最终在人生路上胜出的却不一定是聪明的。

当时我跟叶小刚（这是他当年名字的写法）关系很好。我们都来自上海考区，我感觉他为人大度，愿意分享，可能因为两个人都有江南背景，也聊得来。由于关系不错，我就把他介绍给我夫人的妹妹黎宁，后来他们结了婚，于是黎英海家就有两个名字中带"gang"的作曲家。

老师们

再次进入中央音乐学院上学，我如饥似渴。我曾经在浙江歌舞团的实践中，遇到很多自己解决不了的问题积压在心头，比如：乐队写作如何处理和声，是重叠还是不重叠？应该用几件乐器同奏一个音？如何分配乐队织体各个声部的和声和音色？……在浙江歌舞团时的写作，是在实践中摸索，有问题自己看书寻找答案，但有很多答案找不到。回到音乐学院，配器课上老师给我们讲各种范例，解答实际碰到的问题，我有一种"终于明白了"的豁然开朗，如同在已有知识基础上添砖加瓦那般非常富有的满足感。

老一代的老师中很多都为人不错，在我学习过程中给予了重要的帮助和启迪。

有两位老师给我印象尤深，一位是曲式老师杨儒怀，一位是配器老师王树。尤其是杨儒怀，弹得一手好钢琴（在那个时代的作曲系老师中，除了杜鸣心和黎英海，我没见过有谁可以像他那样将这件工具运用得如此得心应手，且恰到好处）。他每堂课都怀着极大的热情将本来死板的曲式分析课讲得妙趣横生，同学们都愿意听他的课，课上不但可以获得知识，而且经过他对作品的解构，我们学到了作曲课上学不到的写作方法。而王树老师，可能特别适合我这样有过实践经验的学生，他那对经典作品画龙点睛式的解析，直接解答了我多年不懂的疑难问题。王树老师虽然不善钢琴，但脑中存储的文献很多，而且作为一个作曲家，有很丰富的乐队写作经验。

钢琴必修课不是每个同学都必须上，对于个别程度比较高的可以免修，但我们班绝大多数同学都不愿意免修。钢琴必修科主任是李菊红老师，我的指导老师是刘育和，一位受旧民主时代教育、为人和蔼慈祥、热情爱唠叨的老太太。她是刘天华的哥哥刘半农的女儿，仅这个出身就值得大书特书，可是她却从来没有炫耀过一点点。她对我很好，我也给她争气，在整个班里，我是学习努力程度、完成作业努力程度较高的学生之一。我从入学时的莫扎特小奏鸣曲弹起，一直弹到贝多芬奏鸣曲结业。同学们对钢琴必修课都很重视，每次演奏会很多人都紧张得一塌糊涂。但是，总结起来，大学时期的钢琴学习，对我的作曲生涯起到的作用微乎其微。我觉得主要问题是：所学习的钢琴作品相对于我已有的对音乐美学的理解差距较大，对作曲风格和结构的把握和探索起不了什么作用，或者严重滞后。教学中将过多精力放在手指训练、演奏程度和练习古典作品，而对视奏、即兴演奏、风格理解没有关注。这样几年学习下来，该忘的都忘了，能记住的也很少有实用价值。

　　李西安老师在改革开放阶段，可说是一个启蒙者。他通过1977年上海招生，认识了从上海考区考入中央音乐学院的作曲学生谭盾、叶小刚等。我入学以后再见到他很觉亲切。他思维开放，有理想和抱负。1980年中国音乐学院恢复，他从中央音乐学院调回中国院，并毛遂自荐当中国音乐学院院长，结果被批准了。在这之前他是《人民音乐》杂志的总编，《人民音乐》是那时很有专业影响力的杂志。他在总编任上做了很多关于新音乐的探讨和推广工作，比如改革中国音乐创作环境、交流环境，组织很多论坛等。后来为此他受到批判。他在院长任上，为中国院的校舍大兴土木，将学院搬到现在的健翔桥附近，建绿色屋顶的教学楼，使校舍条件和校园环境大大改善，这在当时是很超前的行为。他主政时期，可以说是中国音乐学院作曲系最辉煌的年代，在开拓思维、招揽人才、支持年轻人大胆创作方面，都成绩显著。谭盾、叶小刚、瞿小松、郭文景等年轻一代也都受益于他。同时，他致力于中国民族音乐的研究、发展和推广，和张维良一起组建华夏室内乐团，演奏中国传统和现代音乐，委托中国作曲家写作民乐室内乐作品到国外演出。

　　李西安的夫人张鸿懿，是民歌和曲艺老师，当年她教我们班评弹课，要求每个同学根据不同的流派写评弹音乐。我在杭州工作时歌舞团的音乐会经常有评弹演唱，但只得到一些感性知识，而到音乐学院经过张老师的分析和介绍，有更深的理解。从北方来的同学可能会觉得评弹娘娘腔，没什么感觉，而这些江南文化遗产却让我受益。她对我也很关照，写《金陵十三钗》电影音乐时，张老师给了我建议，包括"秦淮景"歌曲的很多细节。

不幸的是，张鸿懿后来死于抑郁症，这件事对李老师影响和打击非常大，可以想见他晚年的孤苦之情，而他从来不跟任何人提起，我们也不便问。

岳父黎英海

岳父黎英海是中央音乐学院作曲系副主任，也是作曲老师，谭盾曾经是他的学生。但不知为什么，在谭盾的简历中，我看他介绍自己在中央音乐学院的作曲老师时只提到赵行道。

黎英海像那时的很多老师一样，学习音乐的起步并不很早。他是个农民的孩子，16岁开始学音乐，但对音乐的感悟力非常强，钢琴视奏和即兴能力特别好。29岁之前，他已经出版了他的成名理论著作《汉族调式及其和声》。29岁的他就已经是上海音乐学院作曲教授，然后娶了他的学生顾淡如为妻。我跟他受益不少，在浙江歌舞团工作时，就跟他通信函授，他给我出题，并批改我的和声作业。我后来在中央音乐学院很少见到哪个老师像他那样灵，和声理论和实践知识不但在心里，也在手上，可以将和声范例信手拈来。其他和声老师根据教科书上课和改题，他完全不需要。他虽然懂规矩，却也可以天马行空不按规矩来，将和声原则领悟到心里去了。他是我真正的和声启蒙老师，直到今天我仍旧觉得他在基础和声知识方面比我强很多。

再遭误解

我们班以视唱练耳专业为名扩招的六个同学，实际上在入学之后所学的内容与其他同学没有区别。他们六个都是学校或音乐界权威人士的子弟。我是中央音乐学院的老学生,对学校老师的历史熟悉。S老师因为所谓历史问题,在"文化大革命"中挨批斗非常厉害。入学以后,有一次义务劳动,其间聊天儿,我跟S老师的儿子SC无意中谈起"文化大革命"中S老师挨整的事,毫无恶意,但却犯了忌,与我在上海考区考试时犯的错误一样。S老师曾经和我们一起去38军改造了三年,即便曾经在特殊环境中变成同伴,当环境改变,依然还是老师,我忽视了这个区分。对我来说,"文化大革命"的遭遇,所有老师都难以躲过。我自己和我的家庭都从磨难中过来,这段丰富的人生经历并不丢人。可是没想到S老师很是光火,为此系里专门开会点名批评我,说我作为作曲系的新生,对老师不尊重,胡乱说老师的过去,我挨了系党支部书记一通批。我们班主任也跟着批,同学当然也得发言。可我这个"少爷兵",好不容易在浙江歌舞团隐忍了五年,已经算是身经百战,并不以为然,又回到这种"文化大革命"式的气氛中,心中非常恼火,但并不说话。什么时候人可以有更多的理解和包容,让个体自由说话和生活?我再次提醒自己牢记教训,将嘴巴闭紧。从那以后,我能回家就回家,不在学校留宿。一方面不喜欢集体生活;另一方面也为了避免人多眼多嘴杂,少惹事。

80年代与"新潮音乐"

上学的时候,我们那个班只有罗老师在教授现代写法,其他的老师很少教此课。1979年英国剑桥大学的葛尔教授(Alexander Goehr)应邀来中央音乐学院讲学一个月,比较详细地介绍了西方现代音乐的各种流派,使我们耳目一新。但了解一些新的观念固然重要,具体训练如果跟不上,也只是停留在感性知识层面。到三年级时,有些同学开始做些尝试,谭盾应该是最早的,他没有经过学校同意，自己投稿参加中国第一届交响乐作品比赛，得了个鼓励奖。那时我们还没有学习配器课，谭盾比赛回来后自己组织演出。当时作曲教研室主任苏夏老师说这不符合教学大纲，拒绝出席音乐会。学校没有条件为大家演奏作品，都是同学自己找管弦系的同学帮忙，没有报酬，就买一箱汽水，请演奏的同学喝。

我们入学之后的几年（1979—1983），正是中国社会思潮最活跃的时期。有些同学在毕业之前就开始在社会上活动起来，他们受诗人北岛、芒克、顾城等的影响，相继组织个人作品音乐会。那时文化生活相对贫乏，这些主动出击的行为形成了一定社会影响。这就是后来被称为"新潮音乐"的时期。今天来看，当时无论在诗歌、美术还是音乐方面的尝试，还是非常初级的，音乐可能尤其稚嫩，至今都很难说出当时有什么可以称得上成熟的作品。它的意义更多在行为本身带来的思考和冲击。这个音乐思潮之后，大多数风潮人物都出国留学，开始重新思考，之后的变化都很大，但那个时代实实在在的印记除了"新潮音乐"这个名称之外，似乎都从历史上消失了。至今能坚持下来、最突出的是谭盾，他始终特质鲜明，笔耕不辍。当很多人选择了其他道路时，他仍在坚持那个时代开创的方向。一个创造者，是没人能教的。

有好多事，看起来门槛不高，比如书法，以为谁都能写，其实绝非如此。这是现代艺术中夹杂的遗憾，也是现代音乐躲不过的残疾，以为只要有热情就可以作出好作品，从乱来开始、到乱来结束是大多数幻想家的命运。但也有极少数，即便是乱来却出来了，这可能就是一般逻辑之外的天才，他们从混乱中嗅出了规律。比如像希腊-法国的作曲家克塞纳基斯（Xenakis），原来是学理工的，没学过音乐，更别提作曲，竟然变成盛名一时的作曲家。

时代的幸运儿

在改革开放之前，我们完全不了解西方，更不知道西方在过去30年发生的变化。大门打开之后，首先进入的是西方交响乐团，1978—1980年是国外乐团来华演出最集中的时期，包括柏林爱乐、维也纳爱乐、波士顿交响乐团、伦敦皇家爱乐、里昂交响乐团等当时顶尖的乐团。能获得一张门票是非常幸运的，如果搞不到票，大家也会不惜脸面去混票。进场的人太多，检票员查不过来，我们有时用过期的票混，或者等同学进去，再把票传出来。

乐团演出主要在民族宫礼堂和红塔礼堂，偶尔在天桥剧场，这几个剧场原本都不是用来开音乐会的，但北京那时没有专门的音乐厅，演出时只能加扩音。卡拉扬带着柏林爱乐乐团来的时候，因为观众实在太多，就在露天的先农坛体育场加演了一场。维也纳爱乐乐团则是在白石桥的首都体育馆演了一场斯特劳斯圆舞曲专场。这些演出让我们大开眼界，虽然演的全都是古典和浪漫曲目，没有近现代作品，但对我们这些从来没听过交响乐团美妙声音的人来说，已是天大的享受。那是一种我无法想象的声音，柔韧，华美，锋利，深沉。我们听惯了国内乐团的劣质乐器演奏出来的既不准又不齐的声音，这是头一次听到差别，深感三生有幸！当然也有让我们失望的，比如法国搞电子音乐的雅尔（Jean-Michel Jarre），到中国来演出，宣传得神乎其神，什么环绕声啊、天才的音乐啊等等，结果是既没有技巧，也没有内涵，只是在一大堆设备面前装模作样，与他父亲莫里斯（Maurice Jarre）的音乐差之千里。我们作曲系的老师和同学带着期望和好奇心去首都体育馆聆听，都备感失望，法兰西的艺术家竟然也可以这么水？！

之后剑桥大学的葛尔教授到中央音乐学院讲课。作为"文化大革命"后第一个来中国讲学的西方作曲教授，引起了学校师生极大的关注。在历时一个月时间中，他介绍了20世纪音乐的发展脉络和每一位西方重要作曲家的音乐。讲学的场面空前热烈,一号楼三层的小礼堂,能坐四百人左右,挤得满满的,后边儿也站着人。来听课的不仅有作曲系师生,还有很多其他学科的人,像音乐学系、指挥系、钢琴系的老师们。葛尔教授还选了我们班六个同学上小课,每周一次。学生和老师们渴望了解西方、渴望学习新知识的热情,是空前绝后的。这种场面在中国少见,之后在西方我也没有再见到,即便像布列兹(Boulez)、梅西安(Messiaen)、里盖蒂(Ligeti)等大师的公开课,以及约翰·凯奇(John Cage)这类名人的讲座,也不会在如此长时间内保持这样高的关注度。

当葛尔教授介绍先锋音乐的时候,我心里总在问,这很好听吗?欧洲的人们都能接受吗?但也只是想想,并没有问出来。也许,好音乐就是这样的?既然西方人认为是好的,那一定很好吧。现在回想,我们当时多少有点像是看到皇帝新衣的音乐朝圣者。

今天的年轻学子,可能还在经历着我们当年的一切,西方文化潮流、已成范本的社会价值观长期灌输的社会理念,有多少人敢去质疑呢?

杀出重围——全国研究生考试

三年级时,我萌生了大胆的念头:毕业后到国外学习。之所以大胆,是因为首先这是我第一次改变自己的人生定位,出国一直是我绝对不敢触碰的天方夜谭,我认为自己充其量是一个学究或教书先生。其次,出国需要海外关系,我出身于一个传统家庭,在国外没有任何人可以资助我,在学校里也没有人脉可以支持我、帮助我出国。但正巧,作为邓小平改革开放战略的重要组成部分,1981年政府决定通过全国统一考试选派出国研究生。我意识到机会来了！我必须抓住机会，报考出国研究生。这个决定我与谁都没说，甚至也没有与自己的主科老师说。我知道，不会有人支持我和看好我，我必须自己努力去证明它。

在我考试之前或之后，音乐学院也有公派研究生，但都没有通过教育部全国统考，而是直接选派或以进修的名义派出，出去之前只有象征性的测验。选派，是绝不会轮到我的，原因很简单，我不是校内有影响有话语权的老师的学生！通过公平考试的途径，当人生的赢家，证明我可以，是我当时给自己暗暗立下的军令状。

黎耘于"文化大革命"后期在浙江歌舞团时，就已开始自学英语。当时我觉得英语无用，所以始终没有上心。进中央音乐学院之后，有英语必修课，但那种放羊一样的外语教学，无论学校还是学生都不重视，跟没学差不多。一直以来，即便在我自己心目中，我也是个中国传统样式的人，外文一个字儿不认识，考出国研究生不是笑话吗？出国研究生需要通过的考试除了专业课——作曲、复调、和声、曲式、配器、西洋音乐史、中国音乐史、视唱练耳、钢琴，还有公共科目——英语、哲学、中共党史、世界共产主义运动史，共十三门课。今天看，这样的考试有不合理之处，因为学习音乐的人可能外语较差，文化课较差，历史知识较差，很难通过这些考试。但我又认为，作曲家与文化是最贴近的，需要有语言表达能力、更宽的国际视野、丰富的历史知识、相应的文学水平，以及文字表达能力和思辨能力，等等。

我开始认真学习英语，发誓两年内将它拿下！我报了一个补习班。那时社会上的补习班还很少，我通过关系找到北师大老师的补习课，每周两次，都在晚上。教课的是姐弟俩，口语并不好，强项是英语思维逻辑、语法分析，他们教会我通过英语语法规律构想句子，懂得面对考题如何回答。

我们家人做事的方式就是死磕。父亲是死磕的人，不管别人一天到晚干啥，他一天到晚就是死磕。母亲也是如此。这种影响，我很小就看在眼里，他们也不说教，但家庭氛围影响了我。这种工作方式什么窍门都没有，就是尽一切努力学懂学通。我用了两年时间背单词，做各种英语语法练习，家里的厕所、厨房、床头、书架上都贴满了单词和句子的纸条，随时背诵，随时更新，绝不让脑子闲着。

在音乐学院学习期间，我觉得自己没有过人之处，就将主要目标放在积累知识方面。五年间，年年功课如果不是全优，也是98%全优。但即便如此学究气，我的毕业作品还是引起了不小的关注和反响，那是一首为管弦乐队而作的作品，名叫《引子、固定低音与赋格》，受布列腾（Britten）《战争安魂曲》（*The War Requiem*）和《海的四首间奏曲》（*Four Sea Interludes*）的影响。在那时能写这样类型作品的人很少，即便是成熟作曲家也鲜有对这类固定低音形式管弦乐作品的把控能力。除此之外，我的弦乐四重奏、单簧管独奏《晨歌》、女高音独唱《樱花》在学习期间也得到很好的反响，即使是今天看，也还是很完整的作品。为单簧管与钢琴写的《晨歌》，是我大学二年级的作品，至今被列入管弦系的教材，是必演曲目。

我在四年级以后将主要精力放在毕业作品的写作上，同时准备考研，写作只局限在教学大纲必须完成的音乐类型，绝不多写，拒绝一切名利诱惑，不像其他同学那样举行个人作品音乐会。心里只有一个目标：考试，出国！我清楚，考试是为了出国，出国是为了更好地学习，所以我本阶段的主要目标是考试，不是写作。为了考试成功，我必须集中兵力一击而中，不能三心二意什么都要。

最终，我是我们学校通过全国研究生统一考试出国的第一个学生，也是最后一个。因为那种考试对音乐学院的学生来说，太难了！我们那一年通过全国统一考试的，绝大多数都是来自清华、北大、北外、复旦、南开等名校且十六七岁入学的神童大学生，平均年龄比我小11岁。在出国研究生中，像我这样老大不小的文科生（我考试那年32岁），实属凤毛麟角。与他们一起考试，一起学习语言，一起出国，真可谓压力山大。但有谁知道，为了这个考试，我的投入是多么孤注一掷。

就这样，突然一下，哎，中举了！我这个土老帽儿竟然中举了！而且分数还不低！英文得了78.5分，即便在普通高校研究生考生中也是很高的分数。更让人吃惊的是，到了国外三个月之后，音乐大师梅西安竟然接受我做他的学生！中国音乐界吃惊了！当然，最吃惊的还是我，我甚至都有点恍惚，一直觉得自己是一个土得不成样的老朽，竟然考上了出国研究生，还成为梅西安的关门弟子，这都是怎么回事呢？！

当我过"十三关、斩众将"，成功通过考试后，又遇到了意想不到的麻烦。学校说要派院长的学生、三好生出去，而不让我去。这当然惹恼了我，也惹恼了一辈子本分的父母，父母一生正直，而且在文艺界人缘很好，对于这种违规行为自然不会忍让。父亲虽已离开文化部25年，当母亲跑到文化部教育司反映这一情况后，文化部立即下文到音乐学院，要求学校"按照教育部的统一规定办"。见事情闹大，学校才宣布了我的考试结果，并于11月4号晚由教务处方主任电话通知我到语言学院报到参加法语培训。本应9月接到录取通知的我，直拖到11月才被通知，延误了我两个月法语学习的宝贵时间。

我经常想，如果我是一个平民的孩子，结局将会如何？

至此，我告别了先后踯躅14年的音乐学院，迎来法国时代的开始，并从此改变了我的后半生。

反观那时的中央音乐学院

我觉得当时中央音乐学院的教育中好的地方是老师们兢兢业

业，非常负责，这种学风，影响了我们这一代人；缺失是知识结构不健全，学生学到的东西相对有限。而这一点没人直说，也不一定都知道，学校的领导不知道，老师也不一定知道。

中国的主要音乐学院可以值得骄傲的是硬件设施完备，学校规模和学科大而全，这是很多国外音乐学院不具备的。但如果考察软件质量，就会看到学科建设粗糙，没有足够坚实的基础就急于建立体系，师资力量相对薄弱和不均衡，钢琴和提琴好一些，管乐和理论学科相对薄弱，而且排外倾向严重，积重难返。都说我们是世界一流的音乐学院，教学质量高，很多学生在国际上获奖，但没有在国际一流音乐学校上过学或工作过，怎么知道自己是一流？质量不仅是数字的比较，也是师资力量均衡和创造力、理论水平、知识宽度、音乐理解力和国际影响力的比较。

总体来说，在文化荒芜的年代，缺乏教育、缺乏知识，不大可能忽然出现教育奇迹。较好的学生主要是城市家庭条件比较好的孩子。虽然大家都说77级不得了，但我认为大家将77级神化了，无视了班里大多数同学毕业后默默无闻、销声匿迹的事实。在我看来，在一个历史阶段形成的某种现象，尽管很特殊，但仍旧要放在人类文明大背景下来看，否则就容易盲目夸大它的质量、作用和影响。77级，其实就像过去的老一代一样，是过渡者和接力者，在相对薄弱的基础上将知识传播和发展。

那个时候缺乏图书资料，图书馆一般只有"文化大革命"前苏联时期进口的乐谱，以及极少的改革开放之后进来的乐谱，我们除了到图书馆查阅有限资料之外，没有其他获得第一手资料的渠道。由于全社会对知识的极度渴求，国家允许成立"光华出版社"，专门印行盗版书籍和乐谱进行内部销售，出版社定期到各个学校和研究机构散发预订单，几乎每两周班上就有一次订货，除了最现代的乐谱之外，几乎什么谱子都有，便宜得如同旧书报，任何人都有能力购买。那时中国刚刚打开国门，既没有知识产权观念，也没有购买版权的能力，这种现象一直持续到90年代末才慢慢改变。一部20卷的精装新格罗夫（Grove）音乐百科全书，大约120元，这套书至今还摆放在很多音乐学院老师的书架上。120元对于不少学生来说，还是很贵的，我为此回家向父亲说明原因，他毫不犹豫地慷慨解囊支持我。

对于西方知识掌握的程度，现在比那个时候要好。但终归是跟别人学来的，还没有可以称得上独立的教学体系。体系不是凭空建立的，还是要靠作品，没有一流的作品，谈教学体系的建立就是纸上谈兵。如果中国的教学体系仍旧是讲西方作品，所谓中国体系就没有存在的必要和可能。但是中国可以用来建构教学体系的独立作品又有多少？过去70年留下来的作品，大多都是政治性和时代性非常强的作品，而在世界范围内，包括过去的苏联，没有哪部政治宣传色彩突出或者歌颂皇宫贵族当权者的作品，能够传世。无论是声乐、器乐、作曲，都要靠作品打底，需要经过多少代人的努力，才能逐步建立起新的独立的中国音乐文明，让世界感受到它独立的品质和价值，并逐渐影响更多人。在这之前，中国的音乐学院不可能有自己的独立体系。

创造力的启发与环境有一定关系，如果前后左右从小到大，没有碰到过比自己强的人，或者能够引领、影响自己的人，就容易满足于一知半解，难以启发心智。中央音乐学院1977级的群体（包括教师和外教）是一个让自己看到差距的群体，对每个人的努力和方向都有着重要影响。谭盾的天马行空，叶小纲的信手拈来，郭文景的"横冲直撞"，瞿小松的"装神弄鬼"，林德鸿的心中有数，陈怡的隐忍和热情，周龙的不慌不忙，胡咏言的开朗随和，刘索拉的跨界跳脱，还有全体同学之间那种不分高低、不分地域的共享精神……都给予我积极的影响和不少有益的反思。

上学时，与谭盾、叶小纲、郭文景、胡咏言、瞿小松等关系都曾经不错，但在毕业之后一点一点演变，各自走了不同的路，有了不同的追求，再见面时有的变得生疏了。人的关系，是一种缘分，该来的来，该去的只能随它去，像岁月一样，挽留不住。

附录：
中央音乐学院作曲系77级同班同学
作曲专业
北京：何松，虞勇，周龙，刘索拉，殷敢为，陈其钢
上海：叶小刚（纲），金月玲，鲍晋书，林德鸿
湖南：谭盾
东北：张小夫（当时叫张思东），曹家韵，艾利群，张丽达
山东：孙谊
四川：郭文景
贵州：瞿小松，陈远林，马剑平
广东：陈怡
指挥专业
陈佐煌，胡咏言，邵恩
视唱练耳专业
苏聪，赵伊力，黄伊丽，汪镇平，赵易元，王燕基

九　初到法兰西

32岁学语言

　　五年音乐学院的用功学习和准备考试,加上教室温度低,营养不良,导致我积劳成疾,在考研之前经常感觉身体无力,发低烧,靠退烧药顶着,但一停药,继续发低烧。我坚持到将试考完,才去看病,经北大医院呼吸科许广润大夫的检查,确认我得了肺结核。母亲听了这个消息,焦急万分,劝我放弃学业在家养病,我不接受。出国考试是我用命搏来的,为此我放弃了其他发展机会,现在考试成功,如果因为生病放弃出国,我真会一病不起的。母亲理解我的心情,但非常担心我是否可以撑得住接下去的一系列挑战,那可都是硬仗啊!就这样,我一边治病一边开始学习语言,保证7月前痊愈出国。

　　之后的七个月,我每天早晨6点半从白家庄家里出发到农展馆乘302路公共汽车到中关村,再换车坐到学院路的北京语言学院(现在的北京语言大学)。我戴着口罩,耳朵里塞着随身听耳机,听着法语,复述着前一天的功课,背诵着新单词,到学校上课。下午4点下课,又以同样方式回家,吃一点东西,马上卧床休息。那段时间,尽管生病,"痛并快乐着"却是我真切的体验。

前途未卜，但令人神往，我朝着一个未知却神秘美好的前景奔跑，充满了希望，困难挡不住，疾病也挡不住。

北京语言学院的学习环境对于我是全新的，班上十几个同学都来自名校，个个都是自信满满的天之骄子。我晚到了两个月，别说他们这帮聪明家伙，即使是笨蛋，法语也已经比我强了很多。加上我比他们平均年龄大十岁以上，感到压力十足。课堂上，我注意到坐在我旁边的一位女生。她来自清华大学，上课时手捧一本书，一边听课一边读，我以为她看的是课本，后来才发现，那是一本包着报纸封面的英文小说！更令人吃惊的是，老师的提问，她每次都对答如流。课间，我抽空凑近她问，你学过法语吗？她说，没有啊，怎么了？我说，你为什么还要看其他的书？她说，这样的学习也太容易了，不看书容易睡着。我简直晕了。一门全新的语言，她竟然说太容易，而且还同时读另外一门外语课外书，这是什么人啊！我对她产生了极大的好奇心，心说：一定要搞清楚她的构造！

对比之下，我知道出国前的最后一搏是艰巨的，如果法语成绩不行，还是不能出去的，只能成功不能失败，于是学习上更加卖力。

6月，我通过了法语培训结业考试，同时通过了法国教育部在北京进行的面试，我被划拨在少数享受法国政府助学金的学生中。经过八个月的治疗，我的肺结核也基本康复了，医生说可以停药了。

飞出国门——在陌生国度的那些"第一次"

1984年7月1日，我与100多位满怀激情、憧憬和理想的年轻人登上了去法国的飞机。

在飞机上，我认识了杨剑，一位眉清目秀、淡定自信的杭州人。他的专业是语言学，北京外国语学院（现在的北京外国语大学）的法语高才生。到了法国以后，发现他的法语，比很多法国人还要好。法语是一门规矩很多的语言，一般法国人在说话中也难免犯错，而杨剑说法语不但很少出错，而且词汇丰富。他之前从未出过国，是从理论开始学习法语，学习成绩优秀。他对法国的历史、人文比我了解得多，在飞机上的聊天，给我留下深刻的印象。他特别提醒我，法国有与中国完全不同的文化和传统，到了那里不要再用中国传统思维方式对待法国人，你可以大胆做以前不敢想的事儿，输了就输了，不会因此丢面子，也不会有人嘲笑你。在中国的传统观念中，面子是十分重要的，如果丢了面子，很长时间都抬不起头来。到了法国，你可以鼓起勇气去寻找你的最高目标，什么都不用怕，也什么都不会损失。他的启发，在我心里播下了幻想的种子。

7月2号到达巴黎戴高乐机场，盛夏时节的巴黎天气出乎意料地寒冷，我们原本都身着短袖，不得不从箱子里找出夹衣甚至毛衣穿上。之后我们被拉到巴黎郊区一个叫埃夫里（Evry）的小城，这里有个大学城，我们在此过夜。第一天一切都很新鲜，大家在街上到处看，什么都没见过，好似刘姥姥逛大观园。第一顿法国大学城的饭，第一次用托盘，里边盛有主食、主菜、一瓶酸奶、一个水果。主菜有两三种可选，煮豆角、鹰嘴豆或者猪排，主食是土豆泥和面包，就是法棍面包，切一节儿，放在盘子里，刀、叉、勺三个工具。每个人都自己盛，这些对我们都是新鲜透顶的事儿。在当时中国的大学还都是自己带个搪瓷碗和一个勺，到学校食堂窗口排队打饭。当然，现在这样的自助餐方式已经从西方传到中国，人们对习以为常的事情中包含的意义早已忽略。

埃夫里小城里有电影院，有些同学胆大，就去看电影了。我没敢去，也没钱去。异国他乡，语言生疏，去一个不懂规范的环境，觉得没有安全感。还有不少同学去逛街，偶然看到路边的书报摊上，一些色情刊物摆在货架上醒目的位置，那些男女间毫无羞耻的暴露行为的照片，让大家都瞪大了眼睛，回来就议论起来，异常兴奋和激动。这在中国是绝对禁止的，谁都没见过，那是真正的人生头一回，"三观"受到的冲击简直无法言说！如果说法国给我的教育有些什么，这应该是货真价实的第一课。它让我意识到，我来到了一个完全不同的世界，需要了解、适应和学习的，不是想象的那么一点知识，而是整个生活、观念和社会。

第二天，法国大学事务管理中心（CROUS）将我们分派到法国各个城市去学习语言，有在巴黎的，有在马赛的、里尔的和格勒诺布尔（Grenoble）的，我们19个文科同学被分去了著名的波尔多第三大学。7、8、9三个月是法国的暑假，校方正好利用空荡荡的校园进行语言培训。

我们的行装特别简单，每人就是一个箱子。到了波尔多，我住进波尔多郊区塔郎斯（Talence）的大学城宿舍，关上房门，做好简单的内务：角落里放着行李箱，桌上是从家里带来兼做饭和烧水的电热杯，几本字典，别无他物。几年来，与疾病和各种阻力的抗争与奋斗告一段落，一旦亢奋的旅途结束，坐在陌生的单人宿舍中，听着窗外陌生人说着陌生语言，一股索然与孤独骤然涌上心头。这是我此生头一次离家远行，过去离家两三天都会难过，在学校宿舍住一夜都不愿意的我，这回是彻底把自己扔出去了。离开北京前，我就对此行做了番自我调侃："出国对我就像即将上吊自杀，绳索已经套在脖颈，登上飞机就相当于踢翻脚下的凳子。"从来都在父母和老婆的呵护中，已经习惯了衣来伸手饭来张口的生活，忽然一下身边什么都没有了，一种极度的不适感占领了我，想家，想老婆，想不到一岁的儿子，想得要哭。

刚刚出国,我语言不行,经常与法语专业的同学结伴,以便应对各种问题。我有两个学语言的同学,一个就是在飞机上遇到的杨剑。还有一个是成长青,他16岁上大学,北京外国语学院法语专业毕业后,又转学工业心理学,是以工业心理学研究生考出国的。

有不少同学跟我关系很好,他们都对音乐有一种莫名的好奇。常有人问我:

哎,你是学什么的?
学作曲的。
什么作曲?
音乐。
什么音乐?你知道×××那首歌吗?
你们就知道歌!我不写歌,我是写交响乐的,你知道贝多芬吗?
啊!?

成长青对音乐特别感兴趣,只要在一起,就想让我告诉他音乐是怎么回事,钢琴怎么弹,这是什么音,那是什么音,一切他都想知道。他是湖南人,待人热情,泡妞能手,聪明异常。

路遇贵人——老海员

到波尔多的第二天,是个周六,学生食堂不开门,早晨起来,我就约成长青一起上街找吃的,结果没有一家商店开门,觉得奇怪,法国难道周末都不开门吗?

我们两人在街上正找吃饭的地方，一个老者骑自行车经过，就停下来问能提供什么帮助？我们说在找吃的，问这儿商店怎么都不开门？他说周末都不开门，我带你们去一个地方，有集市，可以买到吃的。老人就推着车带我们一起走。

这情景，让我们觉得有点不可思议，到了异国他乡竟会碰到这种热心"管闲事儿"的人。他跟我们一边走一边聊着，问我们来塔郎斯小城干什么，学什么？我说学音乐的。啊？一听是学音乐的，他特别有兴趣。成长青法语说得倍儿溜，而我磕磕巴巴。到集市以后，老人说，你们进去买东西，完了以后可以在这等着，我回家开车去。等我们买完吃的出来，他已开着他那老掉牙的雷诺4在门口等着了。他让我们上车，说如果没事，就带我们参观一下波尔多。我们简直高兴坏了！他拉着我们参观了波尔多城区和乡间的葡萄园。到了中午，他说，你们如果不忙，可以到我家一块儿吃午饭。哪有这好事，当然不忙！他家里有夫人和一个女儿。女儿在上大学，学西班牙语，聪明的成长青马上就眉来眼去跟那姑娘搭上了。我就像个乡巴佬，眼巴巴地看着人家打得热火朝天，参与不进去。

但是这个老人，对成长青没表示出更多兴趣，却对我很是关注。从第一次见面后，他就经常到大学城来看我，问我有什么需要。他是退役海员，参加过二战，曾经去过上海，现在是"世界公民"。"世界公民"的特点是反对国家、反对国籍、反对战争、反对歧视，主张全球一家，所有人都说世界语。他儿子是个盲人，因为看不见，在海滩游泳时淹死了。自那以后他致力于盲人教育，参与帮助盲人孩子的公益事业，推广盲文。他能特别敏感地察觉到需要帮助的人，并会尽力去帮助他们。当时，我的肺结核大病初愈，身体还很虚弱，其实是冒着危险出国。老头很敏锐，一下就看出来我不太健康。过了大概一段时间，我开始发烧，老头听我介绍完病史，急得直流泪，带我去看病。医院说要给我做结核试验,看我是不是有结核病。我说不能试,因为我在北京曾经做过试验,结核反应严重,胳膊都烂了,一直烂到骨头,到现在还留有很深的疤,用什么药都治不好。老头及时制止了医生。

后来与老头逐渐熟悉,他了解到我家庭的情况,夫人和儿子在中国,我特别想他们,想让他们与我团圆。老头说他有6000块钱,愿意全部拿出来给我做担保,鼓励我去警察局办手续,让他们来团圆!他是穷人,全家住在那么小的房子里,但他的心无比宽大。

他对我的关心无微不至,经常给我送吃的,带我出去玩。带我们去了两个地方,一个是他朋友的酒庄,还有一个是阿卡松(Arcachon),离波尔多大约60公里,他带我们到他一个朋友的面包房做客。相比老头儿,这个面包房老板简直太有钱了。

阿卡松是法国旅游胜地,有一个很大的白沙海滩,我们在那儿住了一夜。面包房老板亲自下厨为我们做饭,那顿饭精致讲究,和学生食堂不可同日而语,让我们大开眼界。老板的女儿叫莫尼克(Monique),严重弱视,戴着瓶底厚的眼镜也只能看到一点儿。她喜欢弹着吉他唱歌,得知我是学作曲的,表现出异常的热情,好似抓到救命稻草的感觉。她身上散发着浓烈的香水味儿,是我很不熟悉的异国情调。

在波尔多的大学城,我头一次接触到从世界各国来学习法语的学生,有一些之后成了几十年的朋友。比如贝特拉(Petra),她从德国来,法语比我好很多,有时会主动帮助我。她是学哲学的,家在科隆,有很多我感兴趣的话题可聊,也正好借机练习词汇。德国人的音乐基础普遍比较好,她从小学长笛,所以有关音乐的话题也都能沟通。她是我出国后第一个和我谈起环境保护的人,当她说自己不用塑料制品,而用玻璃制品的时候,我很是吃惊,因为那时塑料袋在中国才刚刚出现,还是现代化和生活便利的象征。

到达塔郎斯第三天晚上,我们十几个同学结伴去了附近的超市,这是我们头一次见识可以自己随便拿商品而没有售货员的商场。我们对食品商标上法语名字认识的不多,在蔬菜水果区看到很多在中国没有见过的果子,很是新奇。比如说,牛油果(鳄梨),那时中国还没有,法文名字叫Avocat(又有律师一意),我们完全不知为何物。成长青比我好奇心强,就拿了四个,到出口处付款时,发现很贵,原来不是论斤卖,而是论个卖,硬着头皮带回宿舍,洗了洗就一口连皮带肉咬下去,结果可想而知多么尴尬,皮很硬而里面淡而无味,一口都咽不下去。这件事后来成为我们大家永远的笑话。我比他谨慎,只敢买我了解又便宜的食品,比如意大利面条,拌面的番茄酱、香肠、番茄、黄瓜等。每个同学都从国内带了方便面,这以后的十多年,方便面几乎是我每天离不开的食品。

拜师梅西安

在波尔多学习语言的同时,同学们也都开始为开学后的主科学习方向进行筹划。我与杨剑商量,觉得找到梅西安是当务之急。可是那时也没有网络,人生地不熟,到哪里寻找线索呢?一次偶然与老海员提起这件让人挠头的事。他说:"这事好办,我义子是梅西安夫人的学生,通过他找到梅西安不成问题。"但他又说:"找梅西安干什么?他简直就是狗屎(C'est un caca)!"法文Caca,是屁屁的意思。因为梅西安的音乐一般老百姓听不懂。在他是狗屎,在我这儿可不是。然后,他就把地址要来了,就这么巧!常说,如果你想找到世界上任何一个人,最多通过六个中间环节,而我只通过了一个!这是不是预示着什么呢?设想一下,有谁在出国的第一天，就会偶遇一个骑自行车的老者，手中牵着我命运的连线？

　　就这样，我给梅西安写了第一封信，当然是用中文写的，杨剑帮我翻译成法语。7月上旬信寄出后，我经常到楼门口抱着希望打开信箱查看，一周、两周、三周、四周，没有任何回音。我开始不抱希望了，心想怎么能奢望这位国际音乐巨人回答一个陌生年轻人的拜师信？毕竟这样的事对梅西安来说太平常了。1984年8月16号上午，我照例打开信箱，里面躺着一封信，发信人处赫然写着Olivier Messiaen。我呆立在信箱前，脑子里一片空白。我历尽千辛，来到这个陌生地方，孤身一人幻想着奇迹的到来，我竭尽全力想要抓住一切微小的可能，但截至那一刻之前，一切都平淡无奇。手里的这封信，让我的眼前顿时有了颜色，我有点不敢将信打开，我知道那里可能预示着我的未来。

　　无论我怎样想，梅西安能给我回信都是出人预料的。我经常拿自己对比，如果今天有人给我写这样一封信，我会回吗？即便回，会接对方的招吗？当时还没有什么电子邮件，书信都是要亲手写或用打字机打出来。1984年，他已经76岁，如果这类信件都要回答，是不可思议的。

　　我拿着信跑回宿舍，小心翼翼地拆开，只见梅西安写道：

亲爱的陈先生：
　　读了你的信，我很感动，在给你一个确切的答复之前，我希望见到你，听听你的音乐，看看你的谱子，听你谈谈。我现在不在巴黎，要10月以后才能回去。请你10月22号下午5点，带上你的乐谱、录音，到我家来。
　　我家的地址是：巴黎18区马尔卡戴街230号，五楼，左手边。

真诚的

奥利维尔·梅西安

读了一遍之后,我忍不住反复读了很多遍,好像这封信中蕴藏着无限的寓意和内容,我生怕忽略了什么。我将信小心翼翼地放在桌上,如同困兽般在宿舍里来回走,一会儿坐下一会儿躺下一会儿又站起来,不知如何是好。我跑出去找到杨剑,与他分享我们俩共同策划的初战成果。他乐不可支,一个劲儿地说:"这下你要发达了!这下你要发达了!"

待收到信的兴奋平静下来,我意识到,真正的硬仗来了,如何做才能保证梅西安接受我成为他的学生?如果梅西安让我立即去见他,我会因为没有准备而必败,但老天有眼,它给了我两个月的时间,让一切变得有可能。我和杨剑反复讨论,制定了一套面谈的方案,其中有三个要点:

一、了解梅西安其人其事,让我对跟一个什么样的人对话做到心中有数,并让对方有心理上的舒适感。

二、运用20世纪作曲技巧创作一首新作品,以表明自己的心态和能力。

三、设计详细的法语对话内容,确保能回答对方提出的各种问题,并准确表述自己需要表达的思想。

前两个方面我一个人准备,第三个方面在内容就绪之后,由杨剑模拟梅西安与我进行对话练习,直至对答如流。

人生成败在此一搏,所以我必须对自己严格到没有一点通融的余地。

我当时所在的波尔多第三大学,正好在人文艺术历史方面非常突出,有很好的图书馆可供我查阅书籍资料,获得需要的信息。只要不上课,我每天上午去图书馆,下午在宿舍写新作,晚上和杨剑练习对话。

面对梅西安这样一位世界现代音乐界举足轻重的人物，用"无知者无畏"来形容当时的我，真是再合适不过！其实我本质上不是这样的人，是杨剑等那些比我小十几岁的天不怕地不怕的同学影响了我，给了我莫名的勇气和力量。为此，我至今感谢他们！

1984年10月22号，我如约来到梅西安的家，尽管准备了两个月，还是心怀忐忑，终究我要见到的是世界音乐界的大神！来开门的梅西安是一位平易近人、慈祥和蔼的长者，穿着朴素，像一个退休居家的老人。

我和他的对话进行得如我预先计划的一样，没有什么意外。说是对话，倒不如说是背诵，也就是说没什么需要现场发挥的，早就倒背如流了，如果需要临时发挥我可能就不会说了。梅西安并不知道我用了整整两个月时间来准备这次面试。他如果知道我这样拼命，估计一开始就会说：好了，你不用说了，留下来吧！这么诚心的人，难得啊！

梅西安家所处的街区，多是20世纪初年建起的普通楼房，他家的两室一厅的单元房陈设简约，房间不大，里外间，墙上有两幅油画。据梅先生后来介绍，这是与梅西安有同样色彩幻听[1]的瑞士画家戈丁根据他的音乐所作的作品。客厅中除了墙上的画和玻璃橱中的彩色石头之外，没有多余的东西。工作间不大，只能摆一架三角钢琴和一张沙发。他的房间在五楼，六楼还有一个工作间，是他夫人、钢琴家伊雯·洛里奥（Yvonne Loriod）的琴房。但从中国来的我，对法国建筑的风格、房屋的大小与陈设没什么概念，这些要到若干年后，对法国文化有了更深了解才懂得。

梅西安家处在一条不宽的街道上，从房间里可以清楚地看到

---

[1] 即联觉现象，在谱写音乐和和声时，会不由自主产生共鸣，联想到色彩，进而将这些色彩转化入音乐之中。

街对面楼里的一举一动。与梅西安谈话时，他背对着窗户，我面对窗户坐着，忽然间，我注意到对面楼上一位女士，正在房间里点火，火沿着她家的窗帘很快蔓延起来。我很吃惊，心想应当跟梅西安说一下，但这不在我之前精心设制与演练过无数次的谈话内容之内，我不会说！还好我从小练就了处变不惊的本事，遇事从来不会大惊小怪，于是急中生智搜索枯肠，找到了"火"这个字，就指着对面的窗户说："feu！feu！"意思说，火！火！（估计表现得很像个弱智。）梅西安见状很是吃惊，马上将夫人叫下来，打电话报火警，不一会儿救火车就来了。那时，对面那间房子的火势已经从房间里面蹿到了窗外。因为是我们报的警，需要做笔录，我就与梅西安夫妇一起到楼下。待我们做好笔录再回到楼上，双方之间的气氛轻松了许多，我的拘谨也完全消失了。

在见面的一开始，梅西安跟我说，他这些日子思考了一下我的诉求，觉得他年事已高，对当下的音乐创作和教育并不是最了解的人，想给我介绍一位活跃在一线的作曲家来教我，这样对我更好。他的表态让我既失望又担心，但我立即告诫自己，不要受影响，不要表现出任何情绪变化，继续将准备好的对话积极乐观地进行下去，一定要用诚心打动他。当我将自己从小到大的人生经历和学习经历以及考研出国碰到的种种困难讲述给他听，并诉说他对于我能否突破和改变自己人生的重要意义时，他和我都明白，这不是"一个好老师接受一个好学生"那么简单的事，也不仅仅是一个有诚意的学生来投靠那么简单，而是一种文化与另一种文化、一种教育与另一种教育、一个社会与另一个截然不同的社会之间的对冲。它产生的结果，很难预料。我眼见谈话过程中，老师的态度一点点松动。他动心了，或者换句话说，他明白我的意思了。最后，他说："你等一下，这件事需要与夫人商量一下。"他再次把夫人叫来，当着我的面跟她说，我觉得我想接受他，你怎么想？夫人说，如果你想收，就收吧。

我说："谢谢！"我的心激动得怦怦跳。

于是，他从抽屉里拿出一张带有名字抬头的纸，写了一封给法国大学事务管理中心的接收证明。梅西安在信里说，我决定接收陈其钢作为我的学生，于什么什么时间开始，多长时间一次课，等等。写完后，他让我转交法国大学事务管理中心。

就像是一场梦，从7月1号登上飞机开始，不知结果，唯一可以做的就是大胆幻想加义无反顾，只要一个结果，别的不要！就这样，我实现了自己的目标——成了梅西安的弟子。从梅西安家出来时，已是满天星斗，从他家去地铁的路是一个大下坡，我像疯了一样飞奔下去，身轻如燕！一件不可能的事，竟然就这样发生在我身上。那种感觉，我这辈子再也没有过。这对我将意味着什么，在那一刻我无法想象，但我确信，它必定改变我的人生！

今天回看这件事，虽然不可否认我的努力所起的作用，但我却知道，天时地利人和中的天时地利起主导作用。如果没有时代的变迁为我提供出国的机会，如果没有老海员的协助，如果没有碰到杨剑，如果没有赶上梅西安正处于一个比较轻松的时段，无论我怎样努力，也是不可能的。

初到法国时，我没有任何建树，没有任何成就，没有可以拿得出来的作品，当初的想法是到法国长见识，拿文凭，获得博士学位之后，回国当一个大学老师。当年留法的同学，几乎都是这个想法。但是，人一旦见到好的，就会想要更好的，就是这样一步一步跑出去，跑着跑着碰到了梅西安，原来想好的那一套就改变了，有这个机会，为什么还要攻读博士、去教书啊？梅西安带我走上作曲的路，相比之下读个博士学位瞬间显得可有可无，拿到学位的人多了，但能亲身受教于梅西安的人寥寥无几。我的目标必须调整，我开始幻想做一个在专业上有创新能力的人。

当这件事传到中国，很多人都不相信，或不愿意相信，说我是瞎编的。陈其钢？梅西安？怎么可能连到一起！但就是这件不可能的事儿，发生了，所以这种幸福感，不是一刹那就会过去的。经常说，痛苦的过程是漫长的，而当成功到来的时候，幸福转瞬即逝，新的痛苦又会降临。一般来讲，是这样的，我一生时时处处可以感受这种痛苦长、幸福短的过程，但是遇到梅西安却是个例外。那天晚上以及之后发生的事情带给我的幸福感，一直延续到今天。它的维度之大，远远超出了我的预期。我能从中得到的启迪，受到的惠顾，是一点一点被体会和慢慢拓展开的。这与梅西安是否伟大无关，它更多关系到的是做人和做事的方法、态度以及努力与成就之间的逻辑关系带给我的精神遗产。它大大地改变了我过去30多年对己、对人、对专业、对世界的眼光和态度，这是最为重要的财富。

如果我的人生没有发生这件事，很多后续都不会发生。比如说，没有几个人能在你自己的领域中，找到一位本世纪最有影响力的人物之一，你能靠近他，从他那儿吸收到养分，让他影响你、帮助你改变你的一生。这种事情是很少发生的，多数人是依靠自己的才能、自己的努力和自己的运气成就的结果。比如一个人想通过学习写作获得成功，你不能寄希望于海明威教你，继而在美国出名。而我就遇到了这件完全不着边际的事，况且我是那么一只笨鸟儿，年轻时不曾想过这是可能的，连梦都没做过。在我们家，黎耘比我聪明，她在学校是全校有名的高才生，我只是芸芸众学子中一个个性独特的小子，但不是靠我的文章或演奏迷倒一群人；从中学起我尽管不多说话，有时甚至出言不逊，可总有最优秀的女孩在我周围，仅此而已。

只有做过梅西安的学生，才知道，想不改变自己的人生都难。因为他的个性、追求与作品都有非同寻常的标志性和感召力，同时他是一个负责任的老师，不是那种说话不算数，乱承诺，但什么都不做的人。他一旦做了接受我的决定之后，不管我愚笨到什么程度，都会尽心尽力帮我，把他的知识尽量传授给我，开启我的眼光，同时还把我带上社会，建立基础人脉和推动我的事业。只要他看得见，他都愿意为我做。

上大学遇到了罗忠镕老师，我开始摸索，但结果如何，完全不知。没有谁会认为这一定会改变我的人生。考进中央音乐学院，并不如同中状元，也不因为考上中央音乐学院将来一定会怎么样，进去一看，30个同学，个个都比你棒，你将会如何？无法知道！在中央音乐学院时就是这种感觉，很好，但仍旧是低着头乱闯。但跟随梅西安则不同，你甚至不用想需不需要努力，跟着他学习本身就是很重要很全面的成长。甚至可以说这对中国的当代音乐历史，都是一个不能忽略的事件。

出国，第一次开始感受一个中国人在国门之外的处境。这对于大多数以西学为主的中国学者而言，接受到西方的系统教育是一个非常宝贵的经历，非此，对西方的认识就仅仅停留在理论上。比如我们在西方音乐美学的取向上，如果不深入西方社会亲身亲耳亲手去触碰，就很难理解个中原因，认识很可能是偏颇的。我们崇尚西方民主，但我们对西方民主的理解，是经西方人诠释的，而不是身历其中的感受和思考。我们崇尚瓦格纳，但我们的崇拜是建立在日耳曼人主导的音乐史之上，我们从教科书和浩瀚的历史资料中看到的基本是西方学者的各种结论。拿我来说，我对中国传统音乐的感受是自幼开始的耳濡目染，而对西方音乐的感受则是外来的，后天的。如同一个西方音乐家对格里高利圣咏有类似亲情般的感受一样，如果我们希望对这些陌生文化有独立的理解和鉴别，只能在西方社会长期生活浸泡之后才能逐渐产生，仅从书本上是不可能获得的。这个问题，是中国的音乐学院教育的一个不可逾越的障碍。如果我们没有条件获得第一手资料，也没有对西方有深入了解的师资力量，而我们对自己的音乐文化，又抱着虚无主义的态度不重视，那我们的演奏、演唱、指挥、理论教学，都只能浮在表面。

　　出国以后，发现梅西安国际影响如此之大，却只是一个自由作曲家，这个现象在学术学习之余，引发我的思考。西方大知识分子安心于各自的学问，或者做老师，或者做研究，或者做自由创作人，而自得其乐，不热衷于名利权势，让我由衷地佩服。这绝不仅仅是一个个人事业取向问题，它显示了更深层的社会结构与文化环境问题。这样的学术环境中国没有，在中国要证明一个知识分子的水平时，挂在嘴上的往往是头衔和知名度。只有"主席""院长""主任""委员""获奖者"才是好作家，如果能在国外获奖就更加不得了。否则，学问和思想水准似乎得不到证明。中国历代文人均如此，很少有不是官员的。以至于在一个学术单位，争头衔和位置比做学问重要。现在老一辈相继过去，当下的社会风气影响着每一个人，为了生计，为了影响，为了证明自己，人们争着上位，金钱和权力对人的诱惑正在超过其他一切。

　　在中西交流的过程中，要了解西方了解世界，最理想的方式是钻到西方世界的"心脏"。遇到梅西安，让我有机会一下钻进了西方现代音乐的核心区。

　　梅西安完全没有常见的西方人持有的居高临下的文化歧视和优越感，他就像我碰见的老海员，一个世界公民，他只想着有什么事儿他能帮忙，就这样简单。紧接着，我又碰到了第三个老者，他也是这样无私地帮助我。我开始自问，这里的人为什么那么不一样！是什么原因使他们的社会虽然没有"学习雷锋"运动，却处处是雷锋呢？

再遇贵人——老建筑师

　　10月，我结束了在波尔多的语言学习，来到巴黎开始正式的专业学习。巴黎租房难,是这个国际大都市常年无法解决的问题。到巴黎的第一年,从1984年10月到1985年6月底,我住在申请到的巴黎大学城国际馆的一个房间。大学城在巴黎的南部,靠近环路,开发商和各个国家的教育机构在这建馆,有日本馆、德国馆、阿根廷馆、比利时馆等,主要是为了解决他们本国来法留学生住房难的问题。有很多国家没有馆,中国也没有。但是其他国家的馆也可以申请居住,只要有空房,并符合条件。

国际馆是大学城的中心,音乐厅、食堂等都在这里。这个馆的老板是一位太太,为人热情善良,很有涵养,每隔一段时间,她会请住在馆里的学生聚会交流生活和学习见闻,帮助大家解决生活与学习上的困难。有一次她在会上说,巴黎有一些慈善机构,不定期组织活动,邀请外国学生或是打工者参加,大家如果有兴趣,可以报名。我当然有兴趣,就报了名。刚到法国学习和生活,我对那里的一切都有兴趣,有机会认识法国人,不管是什么情况,对我都是有吸引力的。

大概过了一星期,一个老人打电话到国际馆找我。他说:"听说你有兴趣参加我们组织的活动,这个周末如果你有空的话可以到我家来,与我和夫人共进午餐。"他是个建筑师,叫欧迪耶(Audigier),家住巴黎很著名的街区——16区的雨果大街,紧邻凯旋门。就这样,怀着好奇的心情,我走进了老人的家。

第一次见面,我就感觉建筑师是一位绅士,他谈吐举止优雅,待人细致周到,易于相处。他见多识广,且幽默异常。我跟他讲述自己的学习经历、自己的家庭、自己的想法、自己的困惑,他都听得津津有味。他对东方文化兴趣浓厚,家里收集了中国的古画、瓷器、漆器。他跟我说,拿破仑曾说"如果中国觉醒了,世界会颤抖"。还风趣地调侃道:"如果中国是花园,非洲也是花园,在中国花园浇水花草会长起来,在非洲花园浇水花草是不长的,只是把水吸干而已。"

第一次见面之后，他几乎每个周末都打电话叫我去吃饭聊天。他们有六个子女，还有孙子重孙子，还要抽出时间请我这个穷学生吃饭、侃大山，且没有任何目的。我从他那里开始细心感受做人的不势利、宽厚与同情心。每次聊完临走，他总要收拾一袋食品给我带回家，还说"如果你不介意的话，就把这些吃的带走，你买东西不方便"，照顾我的自尊。

以我当时的状况，觉得怎么会遇到这样的好人，但感叹与不解多于思考。感叹他们与我曾经生活的环境中的精神样貌如此不同。两位法国老人夫妇邀请一个陌生的、从第三世界国家来的留学生共进午餐，好像没什么特别，但如果换位思考，想象一下在中国的今天，一对有钱人夫妇，请一位素不相识的非洲留学生到家里来吃饭，对方勉强说点中文，二位主人陪着他聊两三个小时，聊他的国家、他的家庭、为什么来学习。这在中国很容易发生吗？是不是有点离奇？但我的故事就是这样。

1985年6月，快到暑假了，大学城暑期关门，需要在外面找房子。我就打电话问老建筑师，有没有认识的人出租房子，只租暑期的两三个月，他说帮我问问。过了一周，他跟我说，房子不太好找，但他儿子现在不在，他家的三楼有两间空房我可以住。他说不要租金，来住就行了，但是等他儿子回来时，我还要搬回大学城。有房子还不要钱，这简直太好了，我就搬去了。他热心地为我买了很多生活用具，向我介绍如何使用那些电器。等我安顿下来之后，他为我组织了一个盛大的欢迎Party。

他的房子装潢非常高雅，没有暴发户式的奢华。房子所处地理位置非常好，原本是他祖上留下来的一幢别墅，在60年代先锋建筑风潮影响之下，老建筑师将别墅拆了，设计了一栋简约风格建筑，处在巴黎16区雨果大街与鹏普街（Rue de la Pompe）的拐角。房子是半圆形，屋顶上设计了一个斜的造型和一座花园，站在上面整个巴黎尽收眼底。他自己住在最上面一层（七楼），最下面一楼租给了银行，我住三楼。顶楼大厅三面落地玻璃，一尘不染，墙壁上装有古希腊的浮雕。顶楼之上是他的私人花园，巴黎全景尽收眼底。Party就在顶楼花园上举行，那天晚上巴黎空气清新，难得可以看见繁星。他为我邀请了各方面的朋友40多人，介绍他们认识我，请他们以后帮助我。

看着近在咫尺的艾菲尔铁塔，感受着巴黎温和的晚风，站在这些朋友中间，我有点受宠若惊，自问这一切难道是因为我来自一个遥远而神秘的国家？或者因为我是梅西安的关门弟子？抑或什么原因都没有，只因为碰到了善良热心的好人？无论如何，如果说因为我个人有什么不同寻常之处，我是不相信的，我还只是一个中国来的穷学生。那次Party我认识了不少人，这些人中有些到现在仍旧保持着联系，并给予我生活和事业上极大帮助。

暑假结束了，我准备回大学城，老建筑师说："不用走了，我儿子暂时不回来，你就放心住吧。"这一住就是四年！一直到1989年老建筑师癌症去世，他的六个孩子继承遗产，要将房子卖掉，我才搬出去。这四年无论是工作条件，生活条件，知识积累，对法国人文、历史传统的了解，受益都太大了。如果没有这个机会，而与留学生住在大学城，很多知识是学不到的。

那时每个月要到法国大学事务管理中心去领助学金，我登记的住址是老建筑师的家，地址是"巴黎16区雨果大街153号"（153 Avenue Victor Hugo, 75016 Paris），管理人看到这个地址就说，你是住在这里吗？你难道还需要领助学金吗？他们很怀疑，穷学生是不可能住在那里的。

我的作品《源》，就是在这个时期写的。他顶楼的一半是个大客厅，旁边有两个独立房间，我写作就在那里，钢琴也放在那儿，看着巴黎全景写作，别有一番风情。那时候没有手机，我在顶楼房间写作，没有电话，谁也找不着我，精神格外集中。

住的时间渐渐长了，和老建筑师熟了，花园需要打理，我就主动帮他收拾花园，推草啊剪枝啊，我都主动干。

从老建筑师家搬出来之后，另外一对热心的朋友，也是后来我儿子的教父教母（尽管儿子并不信教）将他们空置的房子以很便宜的租金租给我。房子距离老建筑师的家不远，也在这个区域。我在法国的第一个八年，全部都住在这个街区，前四年在雨果大街，后四年也在凯旋门边上，是克雷博尔大街（Avenue Kleber）。

十　全新的音乐世界

受业梅西安

按照梅西安的要求，我每月去他家上一次课，每次课不限时长，一般是三四个小时，多数都在下午5点左右开始。除此之外，遇有重要音乐会、社会活动或讲座，他会事先通知我一起去。这些课程和活动，为我打开了过去遥不可及的音乐世界的大门。

我被梅西安收为弟子的消息，很快在巴黎音乐圈不胫而走。音乐学院、音乐媒体和演奏团体内的活跃人物，都对梅西安接收的这位来自中国的学生产生好奇。人们可能会认为，我一定有什么过人之处，否则多年不在音乐学院教书且年事已高的梅西安为什么会突然心血来潮地收个徒弟？这一点，我家的电话答录机可以作证。那时，没有Email，也没有手机短信，但已经有了电话答录机。我不在家的时候，可以来电留言。答录机上的磁带每录满一盘，我都不销掉而是保留下来。2019年，我聆听了当年的留言录音，发现给我留言的社会人士，很多都对我这个普通学生表现出超乎想象的尊重，而当时我对此并没有意识到。

"粗俗的"俄罗斯音乐

为了保证每堂课的效果，我一如既往地在上课前认真准备。我希望通过与梅西安的近距离接触，将我心中积压的诸多疑问一一化解，并全面了解20世纪音乐发展及美学取向的知识。"提问"是我与梅西安上课的内容之一，尽管由于知识和眼光的局限，提出的问题质量并不一定很高，但对我却是十分必要和有意义的。其次，抓紧时间写作品提交给梅西安改题，争取在课上多听梅西安的意见，在提高自己的同时，也了解他的音乐思维和教学方式。

作曲课对学生的理论水平、理解能力和专业知识要求都比较高，我的语言水平不够，又担心老师不允许我录音，所以在没有征得老师同意的情况下，我还是大着胆录了音，回到家以后反复听，不懂的词查字典，保证上课的内容立即消化，绝不拖延与存疑。

在课程的开始阶段，我的提问主要集中在一些方向性的问题上。比如，无调性音乐是音乐发展的唯一方向吗？西方作曲家创作是为了谁？你喜欢俄罗斯音乐吗？如果一个学生作你不喜欢的音乐，你会怎样？等等。

围绕这些问题展开的讨论，对我来说发人深省，而且梅西安的答案也都是我头一次听说。

比如说：

陈：你喜欢俄罗斯音乐吗？

梅：俄罗斯有一位不错的作曲家，穆索尔斯基，他的歌剧《鲍里斯·戈都诺夫》，以及拉威尔配器的穆索尔斯基的钢琴作品《图画展览会》都很杰出。

陈：柴可夫斯基、肖斯塔科维奇难道不好吗？

梅：用法文来说就是"Vulgaire！"。

说完他调皮地笑起来。

我当时不懂Vulgaire是什么意思,一查字典,竟然是"粗俗"!

这个回答着实令我这个在中国对俄罗斯音乐家尊崇环境中长大的学生吃惊。老柴和老肖,在中国就是神,是不容亵渎的,几乎就是品位、高雅或优美的代名词。而在梅西安眼中,竟然代表着粗俗!这个反差太大了。之后,我将他的观点说给任何一个中国人,包括专业音乐家和业余听众,几乎没人认同,直至今天还是如此!

梅西安对老柴和老肖的评价,我当时以为是他个人的趣味,没有上升到文化区隔的层面。直到自己的作品在各国演出,我注意到不同国家的反馈往往与这个国家的历史、文化传统、价值观和民族性有关。比如,我的《蝶恋花》在欧洲演出非常受欢迎,在美国演出,观众会坐不住,而在中国演出,有些人会觉得有伤风化。这种差异多数情况并非因为偏见,而是审美习惯所致,没有高低之分,也没有道理可讲。只有了解不同,接受不同,理解对方,坚持自我,才能在不同中找到自己的定位。

在法国生活时间长了以后,发现老柴和老肖还算幸运的,他们终究被西方听众所知,并得到不同程度的接纳,大部分俄罗斯(包括苏联)著名作曲家在西方音乐世界几乎不存在,比如鲍罗丁、米亚科夫斯基、巴拉基列夫、格拉祖诺夫、哈恰图良,甚至格林卡……更有甚者,俄罗斯19世纪那些伟大的画家,在西方博物馆中根本不见踪影。

时至今日,俄罗斯包括东欧国家的当代音乐、绘画、电影、文学、戏剧等,在西方几乎看不到,人们不知道偌大一个地区的艺术家们在干什么,是西方有意无视还是东西方多年的政治壁垒所致?当然也有个别例外,但都有一个前提:他/她须是或多或少的持不同政见者或流亡海外的艺术家。

有时我在想,中国的艺术家们费了半天劲想要挤入西方主流社会,是不是有点自作多情。除了在政治、艺术、方法等等方面全面投靠,并将自己的灵魂消灭之外,不同于西方意识形态的艺术有可能在西方成功吗？

曾经在西方大红大紫的东欧艺术家，有哪一个不是这样的呢？斯特拉文斯基、施尼特克、古巴伊杜丽娜、潘德列斯基的初始阶段……

扯远了。

灵魂之问：写作为谁？

围绕"西方作曲家创作是为谁？"的讨论则更为令人深思。

梅西安认为，作曲家写作只能为自己，这种趋势在文艺复兴之后的欧洲越来越明确，除非当作曲家将作品题献给某位朋友的时候会有例外。

他反问我："你写作是为谁？"

我说："我们从小接受的教育是，为人民服务。"

他问："怎样写算是为人民服务？哪一部分人民？"

说实话，这个问题我没有想过。我们接受的教育就是"创作人民大众喜闻乐见的作品"，不会想人民是否喜闻乐见，领导说喜闻乐见就是喜闻乐见，从来都是领导代表人民，人民自己并不说话。

梅西安对这个问题很感兴趣。他接着问，人民这个概念很泛也很大，你是为工人、农民、士兵，还是什么人？即便只是农民，也需要知道哪个具体的农民吧。如果无法做到，也无法验证，难道只要心里想着为人民服务，就算是为人民服务吗？

我无法回答梅西安的反问。

音乐风格探寻

除了提问之外，改题是梅西安上课的主要内容之一。每次上课，我要给他看上次课修改的或自己新写的音乐。对于我这个20世纪音乐的新手，起步阶段是困难的，尤其是第一年，我需要进入状态，让自己的耳朵适应这个陌生的音响世界。在课上，梅西安给我介绍了近20年来比较有代表性的作曲家和作品，比如里盖蒂、贝里奥（Berio）、施托克豪森（Stockhauson）、布列兹等，尽管他们都是叱咤风云的人物，我对他们的具体情况却知之甚少。梅西安丝毫不在意我的无知，像对待小学生一样，将这些作曲家的名字和他们的一些代表作的标题写在我的笔记本上，以便我课后找来听。同时，因为我从东方来，他还向我介绍了他的一位越南籍学生阮天道（Nguyen Thien Dao），让我了解他的作品，比如《宇宙共同体》（Koskom）。

一开始写作，我完全找不着方向，只能先按自己的理解和想象写，第一首作品是为钢琴独奏写的，叫《矛盾》（*Contradictions*），素材主要是一些快速的音流，大约不到十分钟。梅西安非常认真地视奏了习作，提了一些问题，了解我写作的动机和想法，并提出一些记谱方面的建议。最后，根据我在写作中素材的运用，梅西安建议我看看里盖蒂为十三件乐器而作的《室内协奏曲》（*Chamber Concerto*），没想到，里盖蒂的这首作品，一下子吸引了我，让我头一次有了"现代音乐也可以如此有趣"的印象。之后，我相继聆听和浏览了里盖蒂的很多作品，他对我音响美学的形成产生了深刻的影响。

随着学习和研究的推进，"如何寻找自己的语言"的问题应运而生。过去，无论是在浙江工作，还是在中央音乐学院学习阶段，都没有想过，也没有老师提及过。但在与梅西安上课的过程中却成为绕不过去的思考：

> 一个作曲家需要解决的最主要问题是什么？是和声、复调、音色还是曲式？

您对一个非欧洲作曲家会有特别的期待吗？
如何寻找和建立特色？
作曲家成功的标志是什么？
……

这些问题的答案，不可能通过一句话一个道理讲清楚。理论、思考和技术训练缺一不可。比如"特色"，即便我在道理上懂得要有自己的语言，需要到自己原有的文化传统中寻找，但最终要落实到如何写音符、如何安排和声与节奏等技术手段。技术问题解决不好，再好的愿望也不能实现。梅西安会举巴托克的实例，启发我到民间音乐中采集有利用价值的素材。这一点，我们在中国学习的时候就已有所了解，但是没有进行实际的训练，而我对巴托克的音乐又不是很有兴趣。而里盖蒂对于本民族素材的运用，毫不生硬，创新与民间素材浑然一体，很难说里盖蒂是一位匈牙利作曲家还是先锋派作曲家，他就是一位作曲家，超越民族，超越流派，这一点比他的前辈巴托克更高明。里盖蒂的这些特点，给我很深的启发。

至于"作曲家成功的标志是什么？"，并不是我专门向梅西安提的问题，只是上课中间偶然涉及，但他的说法让我终生难忘。他说："如果有一天，听到一首作品，不需别人提示就知道是你的作品，你作为一个作曲家就成功了。"这个道理看似简单，但古今中外除了那些真正的大师之外，有几位作曲家做得到呢？做到这一点，需要作曲家有鲜明的个性、独特的语言风格、专属于他的技术手段，从始至终的坚持和不妥协，最终也是最难的，代表一个流派甚至一个时代！除此之外，他还需要有相当数量的作品。这一点看似与风格无关，但是，如果只有一两首作品，形不成完整的风格，更不可能代表一个时代。中国古典诗词中的李白、杜甫、苏东坡就属于这种大家，无论性格、风格、技巧还是数量都堪称一流。

我在相当长的时间对老师的这一说法毫无异议,但随着自己的成长,却也产生了一些不同看法,倒不是对成功的定义有疑问,而是对"成功"本身产生了疑问。成功是一个作曲家追求的目标吗?对这一点,我始终在探问之中。因为,有的时候,成功并不需要"标识性",一个人毫无风格,也可以做得轰动一时,这是其一。其二,难道作好音乐,是为了成功吗?成功是一个社会属性,就是获得认可,获得公认,但没有获得认可,就一定不好吗?

为了能使我尽早获得自己的和声语言,梅西安多次为我讲解和声,用各种实例帮助我打开眼界。梅西安的和声语言丰富多彩,他对巴洛克时期、古典时期、浪漫时期和印象派时期的各种和声手段了如指掌。他在钢琴上演示各种和声序列和色彩组合,让我眼花缭乱、目不暇接,经常不得不请求他慢慢弹奏,给我多一点时间思考和消化。

梅先生是个很风趣的人,常会冒出一些让人忍俊不禁的冷幽默。"交响音乐会上,如果指挥长得很帅,所有的太太们会盯着指挥看,她们再也听不见音乐了。哈哈哈哈!"

有一次,我与特里斯坦·米哈伊(Tristan Murail)约好见面。临去前,梅西安笑着对我说:"他是个很孤傲的人,表面上很礼貌,跟你握着手,心里会说'这个蠢货'。"

我问他:"如果学生做一些您不喜欢的作品或一些行为艺术,您会怎样?"他说:"他们如果愿意,就是在台上将钢琴砸烂,我也不会管。哈哈哈哈哈!"

首次获奖——《易》

我不希望到了法国,还继续沿用在国内习以为常的创作手法,但过渡阶段无论我多么努力，都难免显得夹生。我的前几首作品，比如为钢琴创作的《矛盾》，为长笛和竖琴创作的《回忆》，以及为单簧管和弦乐四重奏创作的《易》等，已开始在传统调式与和声的变形中寻找方案，但手法上不无生涩。为单簧管和弦乐四重奏创作的《易》（1986）是在《矛盾》和《回忆》之后，步子跨得比较大的。对此，梅西安给予了很大的鼓励，认为我在单簧管的写法和用法上有很多创意，我也为自己的突破兴奋不已。这首作品在1986年7月28日法国第二届国际单簧管节作曲比赛上获得头奖（法国文化部奖）。中国中央电视台的《新闻联播》，也在当晚播报了这一消息。

颁奖音乐会上，法国独奏家和四重奏团首演了这首作品。这是我到法国之后因为自己的专业而获得的第一次正式公开演出和第一笔奖金，欣喜若狂！颁奖音乐会的单簧管演奏者叫阿兰·阿卡博（Alain Acabo），如此艰难的作品，在他手上显得不费吹灰之力。这是我此生第一次在学校之外的音乐会中参与排练演出，接触演奏家，感受观众，听到反馈。初出茅庐的、没有任何经验的、满怀着憧憬和好奇的，特别是在一个完全陌生的国度和环境中的我，震撼强烈，以至于音乐会后很长时期不能平静，也无法客观地评价这首作品和发生的一切！那时我对法国音乐界了解有限，当我在法国音乐台（France Musique）听到转播这首作品的演奏实况，并听到主持人对作品无保留的好评时，我幼稚地以为这就是音乐界对一首作品的盖棺论定。

因为这次获奖，还有两个意想不到的收获。

其一是，根据比赛章程，获头奖的作品由法国著名音乐出版社毕洛窦（Billaudot）出版。这是我的作品头一次在国外印刷出版并销售。更重要的是，从此与毕洛窦出版社结下不解之缘，我2008年之前的所有作品都由这家出版社独家出版，而那时我的同学们还没有任何一位在国外有这样的机会。

其二是，比赛的赞助方是世界著名的乐器生产厂家"B"，在颁奖晚会上，我结识了B的总经理保罗·巴罗纳（Paul Baronnat），并成为好朋友。这次相遇为我的将来开启了另一条路，大大丰富了我的人生。

至于《易》这首作品，今天我给它的评价并不高，觉得它有很多生涩浑浊的地方，之后十几年我一直尽量阻止它的上演。我甚至几次与出版社协商，希望将它从自己的曲目单中删除，但出版社不认同。他们认为《易》是我走过的路，是我人生的一部分，不能抹杀。但我觉得，虽然我从过去成长而来，但过去的那个我，并不是一个独立的我，学习的成分和影响大于自己的性格特征，留着这样的痕迹，会让听众和演奏家失去认识我的标识，不利于人们对我的了解。我觉得，即便我一生只有三首像样的作品，也比一百首风格各异、性格模糊的作品好。可我没能说服出版社。

《梦之旅》和《源》——风格初试

尽管梅西安先生对我很尽心，但他仍旧建议我开阔眼界，到巴黎国立高等音乐学院旁听其他老师的课。他先后为我介绍了三位老师：伊冯·马莱克（Ivo Malec）（作曲课）、克劳德·巴利夫（Claude Ballif）（作品分析课）和贝琪·柔拉丝（Betsy Jolas）（作品分析课）。为了我能进音乐学院听课，这些老师需要向巴黎高等音乐学院校方提出申请。由于梅西安推荐，手续办得很顺利，音乐学院破例免费让我享受正式学生的待遇，不但可以听课、回课和改题，还可以在学校组织的音乐会上演奏作品，免费参加学校组织的暑期出国夏令营，等等。我在马莱克教授班上三年，在柔拉丝教授班上两年，在巴利夫教授班上两年。除此之外，我还向博尔纳·德·克雷皮（Bernard de Crépy）教授学习了一年写作

（Ecriture），其实就是和声风格写作。

在与梅西安和巴黎高等音乐学院其他老师学习的四年中（1984年10月至1988年7月），我还写作了另外两首至今留下痕迹的作品：一首是由法国广播电台委托创作的六重奏《梦之旅》；另一首是为大型管弦乐团创作的《源》。《源》我用了一年多的时间，起初是为了参加意大利特里耶斯特市（Citta di Trieste）的交响乐作品比赛而写的，并获得了特别奖。但这个比赛没有演奏作品的条件，为了能听到自己作品的声音，我带着乐谱斗胆约见法国广播电台新音乐部［法国著名作曲家亨利·杜蒂耶（Henri Dutilleux）在这个部门工作过很长时间］的负责人查尔斯·谢讷（Charles Chaynes）和伊夫·普林（Yves Prin），他们两位看了谱子都觉得很喜欢，于是当场拍板将它定为法国广播电台的委托创作作品，并择期演奏。我为此获得了30000法郎委托创作费！对当时的我，这是一笔巨款（相当于现在的5000欧元）。

《梦之旅》写作于1987年，今天看虽然有很多不足，但却是我在风格探索之路上的一个转折点。我把在中央音乐学院学习时罗忠镕老师传授的十二音柔和连接法、里盖蒂的密集音型叠置手法、交错多变的节奏型以及中国传统五声调式旋律结合在一起，进行现代与传统、无调性与有调性、表现主义与浪漫主义相结合的尝试。以我今天的眼光来看，失败之处在于整体律动不足，显得有些拖沓，长处是找到了新的音响效果和表达方式，为之后的创作积累了一些可以利用和发挥的手段。

1987—1988年的《源》，虽然是为大乐队而作，但《梦之旅》的一些手法在这里得到了发展。我称其为创作手法的滚雪球。没有《梦之旅》就不会有《源》，特别是木管乐器与带音高的打击乐器的音流，形成了《源》标志性的手法之一。赴法三年多就写作《源》这样复杂的作品，仅凭在法国学的知识是不够的，需要过去十几年的实践积累、在不同学校学习的知识、到法国之后学习的技法和观念，包括从梅西安老师学习来的和声色彩与和声连接技术、从布列兹和里盖蒂大型管弦乐队作品借鉴来的一些配器手段、中国传统打击乐器在民间鼓乐中的运用手法、20世纪多声与单声对置的乐队处理手法以及非常规乐队排列的"人工立体声"效果等。在《源》的创作过程中我充满激情和能量，希望作一首在形式上超越自己极限的作品，这可能是受法国创作环境的影响，看到同学们写作的投入、呈现作品的细致和在每一首作品上不急不躁投入的大量时间（平均要比国内同行长很多倍），我的心也不知不觉地静了下来。我用近半年时间进行和声、节奏、旋律、配器和结构的构思和试验，一年时间写作，每一页总谱的写作都要用一周左右时间。现在每次看《源》的谱子，都会感叹自己当时的精力和能量，觉得自己再也不可能超越，但同时也知道，作品并没有解决最重要的也是我最希望解决的"个人风格"问题。

师生点滴

几年中，梅西安除了对我学习的引导，在生活方面也很关心，经常会给我一些补贴。而我，由于对西方社会生活规范缺乏了解，有几个细节至今想起还觉得内疚。

一次，大约是在1984年底，我刚刚开始跟梅西安学习，梅西安夫妇请我去蓬皮杜文化中心听音乐会。结束以后，他们请我上了他们的车，但双方都没有明确是将我送回家还是怎样，我想当然地认为，可能是要将我送回家，也没客气。需要说明的是，我从中国来，无论是在中国还是法国，既没有私家车，又坐不起计程车，对于私家车是什么情况并无概念。能够搭梅先生的轿车，感觉有些不同寻常，想当然地认为，小轿车顺便送个人是很方便的，也就没多想。而当我说出我家的地址时，那位司机（临时来帮忙开车的梅西安先生的邻居）脸上显出一丝不悦，但我并未注意。梅夫人见状，就塞给我100法郎，让我在就近的地铁站下车。这个瞬间，自己觉得很是尴尬，一方面因为地铁票不需要那么多钱，梅夫人这个举动虽然很大方，但有些伤到我的自尊。另一方面，怪自己太贱，给梅先生带来麻烦。在法国生活的前八年，由于不懂社会规范，也由于穷，常会遇到这种小尴尬。

1985年的某天，梅先生在法国音乐与音响研究所（IRCAM）开讲座，让我也去听。忘记什么原因我迟到了，走进会场后，只见讲座没有开始，梅先生见我进来，高兴地说："他来了！"原来，预定的时间到了，梅先生并不开始，说他的学生还没来，执意让全场都等着，直到我来了才开始。我进去以后，梅先生招呼我面对观众坐在他身边聆听讲座，并分享他的乐谱。我既为梅先生的特殊关照而感动，又为面对观众坐着的"特权"而忐忑不安。

五年以后，1989年7月，梅先生请我去他们在阿尔卑斯山山脚下的别墅度假。我按照约定，从巴黎乘火车到格勒诺布尔（Grenoble），再转乘长途公交车去他家所在的村庄佩缇筛（Petichet）。那一日天气很热，法国公交车没有空调，车厢内温度很高。到达梅先生家后，我无意中说到，车内温度至少有50℃，没想到梅先生记在心里。15天后，当我与家人离开准备搭乘公交车时，梅夫人说，我们找了一辆小车送你们去格勒诺布尔，不要再搭乘公交车了，车上温度太高。

梅先生对我总是有求必应，即便是1988年夏天跟他的学习告一段落之后，交往并没有停止。1989年我应台湾音乐学者连宪升之求，将他引荐给梅先生，并最终实现了梅先生的书《我的音乐语言技巧》中文版的翻译与出版。我还于1990年引荐上海音乐学院杨立青教授到梅西安先生家拜访，并向他展示杨立青在国内传播梅先生音乐技术思想的成就。我与梅西安先生之间保持着通信联络,直到他去世前三个月。

理工女孩的诤言

出国之后,一起赴法留学同学之间的交流也是非常频繁的。除了杨剑和成长青两位法语专业的同学与我成为好朋友之外,我曾经提到过的那位在语言学院学习期间,上法语课读英文课外书还成绩优秀的清华女生李楠也与我保持着紧密联系。我这里引述她1989年从北京写给我的一封信,从中看出尽管是理科生,她却对中国艺术创作有着独到的见解,虽然难免年轻人的偏执,有些观点却难能可贵,对我艺术观念的形成产生了影响。当年她27岁。

陈其钢,你好!

很感谢你为我生日寄来的这盒磁带,更高兴的是,又听到你的作品的演奏。你要我说说我的看法,可我不是懂音乐的人。可能外行的印象对你也是有用的。

不带私心地说,我喜欢你的两首曲子(指《易》和《梦之旅》)更甚于其他三首,更为娴熟、丰富、流畅。而其他三人的作品显得粗劣,单调。他们中间,陈远林的曲子我觉得不错,有点感染力,而另外两首我很不喜欢,也不很喜欢你为影视作的曲子。我不能以专业的角度加以辩说,但我不喜欢"媚俗"的作品。为了体现中国音乐而写的中国音乐便是"媚俗"。不久前,在沪观看了"人体艺术大展",为了中国社会而办的这种展览,不是艺术,而是"媚俗"。我想你明白我的意思。艺术就是创造,不带框框的创造。哗众取宠是没有价值的。你的《梦之旅》和《易》很美,的确表现了丰富熟练的技巧与

十 全新的音乐世界

想象，尽管它们的风格很不一样，是很让人沉醉的音乐。你的影视伴音也写得很流畅很好听，但我不喜欢。这种中国传统旋律的直接再现，总让我觉得仅仅是雕琢，不是整体创造。你不是总觉得自己是中国音乐责无旁贷的继承人吗？不要把坟墓里的砖搬出来造全新的大厦。你的气质里不正有许多中国精神吗？我希望听到的是你的音乐，你的创造，现代中国人的艺术。为什么写自己的曲子总要战战兢兢呢？好像中国若是现代化了，发达了，中国人便不再是中国人了似的。外国人看中国，常常赞赏一些对他们是神秘的、很有古代传统的东西，这不能不说是由于无知造成的。他们的眼光与我们应是不同的，我们太了解自己的文化了。那些外国人正在赞叹的，已经是死去的了。新的中国文化没有被世界接受，有什么关系？不要去担心自己是否像中国人，文化自身是有承继性的，不是生搬硬造的。穿旗袍说国语只是外表，中国文化的精髓远不在此。当然你可能并不在"媚俗"，我不过是有感而发。

　　我觉得你现在长进很大，比起我原先在法国听过的你的曲子，变化大多了。渐渐地，生硬的学生的模仿味消失了。不知道为什么，你的《梦之旅》让我觉得听德彪西（Debussy）音乐时的一种飘逸，但不客气地说，你的音乐不如他有那样多的个性，那样的精神，这大约是修养与气质造成的。你的《易》也一样，还少了一点个性，少一点让人明显感到的气质。我是太不客气了。我是在把你与大师们比较时，才这样说的，而你以前，还不能让我感到与大师们的音乐有任何关系。

　　说到一两年后，你若是回来致力于教育，我佩服你的自我牺牲精神。你若回来写音乐，你难道没有想过等着你的是什么样的听众，什么样的演奏乐队吗？你不要太天真了吧。你写的音乐需要一个比现有国民文化水平高的环境来欣赏。你不能在完全不被理解的地方生活。这太难了。一点也不激发想象力。

我生活在清华的博士生中，你想象不出每当不谈论专业时，看电视、聊天时，我们的高级知识分子表现出怎样的趣味与修养。我常常是不愿意开口的。你若回来，会如我一样感到深深地失望的，令人绝望地失望。……

1989年3月13日

巴黎高等音乐学院的老师和同学们

在巴黎音乐学院的群体中，同学们也都比我小，虽然我没有年龄优势，但也并没有自卑感。

除了梅西安之外，在巴黎见到的大多数从事现代音乐作曲教学的老师，古典音乐基础诸如视唱练耳、传统和声、钢琴视奏等一般来说比较薄弱。是不是因为这些方面的短板，让他们脑子有闲暇想些标新立异的点子呢？而那些基本功非常扎实的教授，钢琴极棒、识谱能力很强、所有音乐文献都在脑子里的人，可能更容易有饱读诗书的学究气，所以通常不被聘用为作曲老师，而多是和声、曲式、音乐史老师。这样的老师在巴黎高等音乐学院和音乐师范学院也有很多，他们虽然较少有在重要场合发表作品的机会，却可以找到抱团取暖的同党，互相鼓励，藐视世间不平，并不觉得孤单。中央音乐学院那时很少有这样功底深厚的老师。我在巴黎音乐学院的和声老师德·克雷皮，就是一个这样的人，谈到莫扎特、贝多芬、德彪西、拉威尔或任何一位欧洲作曲家的音乐风格，他都随手就来。更不用说梅西安了，他看了德·克雷皮给我改的和声题以后，也专门为我讲了一段时间的和声课，并为我改题。

与之前在国内学和声最大的不同是巴黎音乐学院的老师对风格把握的要求很高，对不同历史时期音乐风格的掌握也堪称极致。比如对舒曼的和声、李斯特的和声特点，分析得头头是道。梅西安给我上和声课时会列举更多不同时期的和声实例，从格里高利圣咏到近现代和声手法的特点，并从功能与色彩两个视角来观察和声，以便我有更宽放自由的和声观念。他对20世纪初德奥无调性音乐时期的和声不太喜欢，理由是"色彩都是灰暗晦涩的"。

我们在国内上学时老师主要讲俄国人从19世纪欧洲浪漫时期音乐中总结出的一套规则，以致将和声进行分为正确的和错误的，这是和声教育最大的短板。

法国老师在上课时会讲西方古典音乐和声的发展历程，解析发展变化的微妙之处，会要求学生模仿舒曼、瓦格纳或德彪西的音乐风格进行写作，要求分句、和声与他们的风格相仿，但不能直接抄袭。这是作曲课没有的训练，也是我之前欠缺的训练，这类训练有时比作曲课偏美学的讨论以及一个音一个音的独立讨论更有实效。

法国教学之所以是这样，原因可能也在于，老师除了理论水平高之外，感性知识也很丰富，当他们将自己对历代音乐作品的感受告诉学生的时候，学生的感受是从音乐作品中来，比单纯的理论习题更深刻。

相反，巴黎的现代音乐作曲课，对学生的传统音乐知识和技能没有要求，学习作曲只与创新有关，除了作曲课之外，学生只需要学习音响学、论文写作、电子音乐实验、配器。

巴黎的作品分析课与中国教学也很不一样，简单说，就是一个曲子一种分析，没有千篇一律的曲式，所以叫"音乐分析"课（Analyse Musicale），而不是我们当年的"曲式"课。老师教授的是方法论，而不是曲式结构标准和规则。20世纪的作品，已经脱离古典轨道，没有范本，没有标准答案。老师上课，从作品的第一个音与同学们一起读谱，如何保持，如何重复，如何发现新的因素，之后如何处理。老师会指出那些特别有意思的点，引导大家自己分析，并考查每个人的分析能力。学生们的分析结果不会一样，往往最有说服力的分析，就是最成功的分析。一首曲子，最有特点的到底是音高呢，还是节奏呢，还是旋律呢？找到一个点以后，可以将其作为分析的出发点，看这个点和其他点之间的关系，并在过程中一再验证这个思路是否正确，如果不对，需要寻找其他出发点，如果对了就可以继续下去，最后用文字进行综述。通过曲式分析学习，在写作品的时候更容易有结构性思维。比如，以音色为核心写作，音色元素就需要处在相对重要的地位，在这个基础上进行变化，加一点或减一点。如果核心因素是节奏型，这个节奏型作为曲子的骨架，如何形成听觉印象，让人有记忆的依据。或者是旋律，在不断反复与变化中形成概念。和声也是一样，用一个或一组和声标示曲子的某种特点。老师鼓励大家从曲子中发掘音乐逻辑的线索，这个线索，不一定是作曲家创作时的逻辑，而是学生自己发现的逻辑线索，学生可以根据自己的发现解释这个曲子。这样的工作方式，对作曲学生帮助极大。但这种工作方法需要学生有主动性，并投入很多时间和精力。每次开始分析一首新作品，都像作曲一样在云雾中摸索，通过线索的逐渐展现，会越来越明朗，最终，当通过劳动，勾勒出有说服力的结构图时，很有成就感。一次好的作品分析，对学生本人和聆听分析结果的同学，都是一次享受。作品分析是需要灵气的，一个逻辑思维清晰，且和声、音高、结构感好的学生，其分析出的结果总是很值得玩味。

在巴黎音乐学院老师的班上，除了向老师学习作曲和作品分析之外，与法国同学有了交往。马莱克作曲班上的同学有 Gerard Pesson，Antoine Bonnet，Phillipe Hurel，Phillipe Durville，Frédéric Durieux，Edith Canat de Chizy。在巴利夫和柔拉丝班上有 Thierry Escaish，Marc-Andre Dalbavie，Vincent Paulet 等，他们之中，不少是当今法国音乐界的活跃人物。在巴黎音乐学院学习的重要性和收获，不亚于上梅西安老师的私人课，因为在那里学到的不仅是知识，还可以身处法国专业音乐教育的大环境，感受和学习年轻作曲家各自不同的追求与思考。

当时处在西方先锋音乐的高潮后期，20世纪80年代新浪漫主义开始出现，我去的时候正好赶上，因为新浪漫主义和简约派的出现，也就有了频谱音乐的土壤。音乐学院作品分析班上的同学 Marc-Andre Dalbavie 在频谱音乐的核心圈里，他非常热情，放学之后，拉着我到他家跟我讲频谱音乐，讲得唾沫星子乱飞，给我很大的感染，我对频谱音乐的兴趣主要来自他的影响。他人很热情善良，是布列兹忠实的追随者。

马莱克教授

我所经历的巴黎音乐学院作曲课，没有一对一的小课，主要是全班在一起，一般来说不会超过十个人，学生提交作曲作业，老师当着全班同学进行讲评和改题。马莱克教授对学生很关心，对于他们在事业方面取得的成绩和进步由衷地高兴。他很聪明，善于从学生的作品中看到问题，最主要是指出音与音之间的关系问题，并会直接提出修改意见或换音的建议。当然也有弱点，时间长了我发现他提出的修改方案总是那么几种。与马莱克的教学方法不同，梅西安可以很快读出整首作品中的问题，包括结构、旋律、和声、节奏等，但不代替学生修改，而是提供一些思考和推荐一些其他人的作品让学生进行分析和比较。

马莱克对20世纪先锋音乐的美学观毫不怀疑，观点明确，绝不妥协。在他班上，听不到关于这类问题的争论，对持不同意见的人也不通融。一次，一位偶然来听课的日本学生，对课堂上听的一首作品风格提出疑问，觉得音乐语言缺乏人性，空洞无物，被马莱克好一顿训斥。那位学生不服，愤然离去。那是我头一次见到有人对多数人认可的音乐观念提出质疑，我当时感叹此人竟然如此大胆，敢于挑战教授的权威。

马莱克一般情况下都很强势，有典型的斯拉夫人的性格，但同时又感觉他不很自信，时不时显露出某种过度的自尊和不可冒犯。他在70年代叱咤风云，与几位作曲家抱团，形成了一种势力，最后受聘高等音乐学院，一旦获得这个职位就是终身制。这样的作曲老师在巴黎高等音乐学院不在少数。而这个现象不仅存在于巴黎音乐学院，欧洲很多音乐学院和夏令营都有这类问题。

经过几年的学习，我基本了解了欧洲先锋音乐的主要流派、代表人物和典型手法，有些也成为我之后创作借鉴的手段。从这个意义上说，在巴黎音乐学院学习的几年，是颇有收获的。同时，我也总结出先锋音乐的一些规律性的手法，它突出的是音色的变化、节奏的变化，将音乐归纳为强、弱、快、慢、高、低、多、少，古典音乐中那些关系，诸如不同调性和变化的调性与以上这些因素之间产生的纵横交错的音响关系，被淡化了，音乐更多变成了形式的展示，而不是情绪与形式结合的展示。我认为，如果将现代音乐的一些有意思的技法与传统手法进行合理的、个性化的结合，会让音乐更丰富，更有内涵，也更有特色。

那几年，马莱克先生对我很好，有时他会请我到他家去。有一次，约好下午两点去他家上课，我提前20分钟到了，按门铃，他在对讲机里非常严厉地对我说："你提前了，不要在门口等待，请按约定时间再来。"我吃了一个严严实实的闭门羹。这次礼仪教育让我印象深刻，从此无论在何处，再也不会提前赴约。

通过我的撮合，1987年秋季开学之后，中国音乐学院作曲系邀请马莱克到中国讲学，我陪同他一起前往，并充当翻译。中国音乐学院作曲系师生的热情参与，给他留下非常好的印象。也由于他的主动热情，那次讲学非常成功。这时，我的法语理解能力和表达能力已大大提高，甚至好于一个不懂音乐的专业法文翻译。

在马莱克访问过程中，有两件小事给我留下深刻印象。

一件是，法国使馆文化参赞宴请马莱克，我一起出席。由于我不是职业翻译，有时会走神，疏忽了翻译，结果法国文化参赞（一位越南裔的法国人）脸色很难看，非常严厉地命令我："请翻译！"我一方面为自己的疏忽感到歉意；另一方面心中骂道：奶奶的，你凭什么命令我，老子又不是你雇的翻译，不被你使唤！你个二鬼子。如今看，我的反应过激了，他可能没像我想那么多，只是觉得不舒服而已。

另外一件是，有一天上午的课结束之后，音乐学院外办工作人员带着马莱克和我到街上吃午餐。这位工作人员找了一家小餐馆，点好餐，快要上菜了，憋了半天的马莱克突然发问："为什么到这种连餐巾都没有的地方来就餐？"我当时心说："餐巾有那么重要吗？"外办老师赶紧找经理要餐巾，小餐馆哪里有餐巾？马莱克听闻，站起来就走！闹得我和外办老师不知所措，我们赶紧打车另找了一家高档餐厅，才算了事。这下我不仅又一次领教了什么是文化差异，也领教了什么是不可一世。

1987年以后，我渐渐开始产生"自我意识"，特别是离开巴黎音乐学院以后，我的音乐语言开始脱离音乐学院的美学轨道。1989年11月，我的作品《广陵之光》在法国广播电台音乐厅演出，梅西安夫妇和马莱克都出席了音乐会。音乐会后马莱克只和我说了一句话:"陈,这是一个非常危险的方向。"说罢,就扬长而去。从那以后,他再也没有出席过我的音乐会。几年后,随着他从音乐学院退休,渐渐淡出了人们的视野。

IRCAM

IRCAM 是70年代末布列兹推动建立的,全名是"Institut de Recherch et Coordination Acoustique/Musique",可以翻译为"声学/音乐协调与研究学院"。学院在一栋红砖楼房里,在蓬皮杜文化中心旁边,造型风格含蓄中带着时尚,地下四层,地上三层,门外是一个喷泉——斯拉文斯基喷泉。研究院就在喷泉的地下,最底下一层是一个天花板很高、墙壁和地板都可以移动调整的音响空间,还有一个没有任何噪音的音响实验室。整套设计反映了布列兹严谨和追求完美的理念。有不少欧洲和美国音响工程技术人员在这里工作,主要从北欧和加利福尼亚大学来。80年代中期,IRCAM是一所全球领先的音响研究院,年轻的苹果电脑也与IRCAM合作进行声音处理方面的研究。

第一次去IRCAM是1987年,为参加"Stages de formation informatique pour les compositeurs"(为作曲家的电脑技术培训班),目标是通过学习,理解计算机逻辑,之后与IRCAM合作进行创作。参加培训的有十位作曲家,记得有Philippe Schoeller、Joël-Francois Durant、Ivan Fedele、Michaell Jarrell、Gérard Pesson、Antoine Bonnet、曾兴魁等。IRCAM内部,由核心、核心外围、外围和碎催组成,即便是作曲家也是如此,可以感觉到有一个属于IRCAM嫡系的音乐美学核心圈,Philippe Manouri,Jean-Baptiste Barrière,Marco Stroppa,Kaija Saariaho,Michael Jarrell等经常是那里的座上宾。

我们每天早晨8点半开始学习，由IRCAM培训部的老师和技术人员讲授计算机、音响原理和计算机语言，以及当时最新版本的电脑辅助作曲程序和方法Computer Assisted Composition（CAC），最主要是讲解芬兰工程师设计的一套系统PatchWork。那时还没有傻瓜电脑，要用PC终端机工作，所以熟悉计算机语言是必需的。对我这种连打字都不会，理工科知识一窍不通的人，就好比一个没上过学的农民忽然进大学听古希腊哲学，可想而知难度有多大。我们十个作曲家中，我和曾兴魁来自亚洲，这方面基础都比较差，但我们非常努力。我在下班后，一个人在机房里熟悉键盘，背计算机语言，累了就在地上躺一会儿。在这种时候，我体会到国内音乐学院（特别是附中）不重视文化课和外语课的弊端有多大。

IRCAM的软硬件条件都非常好，无论工程师、老师、技术助理还是管理人员总是笑容可掬，当时的CEO是年轻的洛朗·拜勒（Laurant Bayle），每天一到班上，就到我们的教室来与大家一一握手问好。他卸任之后，瑞斯托·尼米嫩（Risto Nieminen）接任，一个芬兰人，也是如此作风。

那时的计算机，慢得像蜗牛，下班之前编好程序，要等到第二天早晨才能听到"成果"，"嘟"的一声，只有一个可怜的声音！

在IRCAM工作和学习期间，正值布列兹在国际现代音乐领域声名卓著的鼎盛时代，团队有强烈的自信，一切都显得积极乐观欣欣向荣，但有时会感觉稍显得意扬扬的氛围。那种氛围，不是某些个人的状态，而是整个团队的，似乎全世界的音乐机构都不在IRCAM的话下。对于这一点，我作为一个到法国不满三年的学生深以为然，并为自己能在这样的机构中学习和工作而感到荣幸。直到有一天，与一位美国加利福尼亚大学来IRCAM工作的技术人员一起吃午餐时，他跟我说："他们总说自己是世界第一，其实加利福尼亚大学在很多方面都走在他们前面……"这是我到法国之后第一次听到对法国核心音乐机构的质疑,也许是从这里开始,我的视野开始拓展。

1992年,IRCAM委托我创作一首乐队和电声作品,为此,我在那里工作了一整年。他们为我配备了一个助理——克里斯朵夫·德·古德诺夫(Christophe de Coudenhove),每天几乎除了下班回家,其他时间都和他在一起。他是一个贵族后代,比我大一点儿,温文尔雅,工作之余我们不但聊音乐,也聊电影,交流法国和中国的人文历史知识。在他的建议和鼓励下,我购置了我人生中的第一台电脑,一台Machitosh Mac Book,内存4M,花了3400美元。在当时,这样一台电脑足够应付日常需要处理的照片、文件和邮件了。

他协助我完成了为32件乐器和电声的作品《孤独者的梦》的电声处理。那个时代的法国,很少为作品取这样的名字,一般都叫什么"在音墙那边",什么"反射回来的旅行""根据皱褶的皱褶"之类的名字,抽象而玄妙。《孤独者的梦》显得实在,不时髦。中国人可能觉得这标题还好,够虚幻,也不太国产化,但在IRCAM则显得像个过时的老土,甚至有点儿幼稚。但那时的我,全然无所谓。我还觉得他们取那种名字有点儿"装逼",不需要那样snob(故作高雅,势利小人)。

《孤独者的梦》于1993年4月在蓬皮杜文化中心音乐厅由布列兹的现代室内乐团(EIC,Ensemble Inter Contemporain)首演,马克·福斯特(Marc Foster)指挥。布列兹和不少音乐界的大佬们都在场,可以说是我到法国以来在先锋文化最核心地段的第一场音乐会。但我与法国先锋音乐环境却已拉开一定距离,我和法式现代先锋美学的不同已毫无悬念地呈现出来。

这时,梅西安已经去世一年了。

索邦大学与巴黎音乐师范学院

1988年,在巴黎音乐学院和梅西安先生处的学习接近尾声,为了能继续在巴黎学习并获得签证,我同时申请注册巴黎索邦大学音乐学系的DEA(相当于国内硕士学位)和巴黎音乐师范学院(Ecole Normale de Musique)高级作曲文凭。

索邦大学音乐学系当时的名称是"Histoire de la musique et Musicalogie, L'Université Paris IV",经过书面申请和教授面试,我顺利入学。索邦大学的音乐学学习,相较于梅西安和在高等音乐学院的学习,可以说有天壤之别。最显著的一点是学生质量总体偏低,老师的专业水准参差不齐,除了有关规范化写作论文的课程比较严谨之外,其他的课堂教学,或者是信马由缰,或者是照本宣科,缺乏生气。学生讨论会(Seminaires)的质量也偏低。教学硬件老旧,教室课桌椅破烂不堪,点名制度走过场,学生迟到、旷课是家常便饭,我真正感受到法国式的"全靠自觉"的学习氛围。

我的论文指导教授是达尼耶尔·辟斯顿(Daniele Pistone),一位四十出头的优雅女老师,黑色头发,两眼有神,思维敏捷。她赋予我很大的自主权来选择论文课题。

我想利用到法国来的机会,从20世纪30年代西方音乐对中国音乐创作的影响着手,探究当时发生了什么。20世纪二三十年代,不少中国文艺家如傅雷、王光祈、冼星海、丁善德、马思聪、刘海粟、林风眠、潘玉良、徐悲鸿、常玉、吕斯百、庞薰琹、雷圭元,以及稍晚一些的吴冠中、赵无极等先后赴法国留学。我们在国内听说过他们在法国学习的故事,但多数是道听途说或当事人自己的叙述,鲜有人深入法国对当年他们的所思所想所为追根溯源来获得一手资料。我想从冼星海入手,了解他在法国学习作曲的经历,并从这个线索扩展至中国音乐创作起步阶段的历史分析。辟斯顿教授告诉我,所有重要的法国大学历年学生的档案卷宗都保存在法国国家档案馆(Archives Nationales),任何人都可以查阅。这个信息着实让我震惊。想象一下,如果上海音乐学院从1927年建院开始的历届学生的档案都保存在中国国家档案馆,这需要何等超前的管理眼光,且要多大的档案馆和怎样复杂精确的管理系统?!

  从那以后的两个星期,我常到巴黎三区档案街的国家档案馆查阅资料。根据档案馆的目录,我先翻找到想要了解的学校、年代、专业。比如我想要查阅1933年巴黎音乐学院作曲专业学生名单和考试成绩,可以将档案目录上相应年代的代码交给档案管理员,十分钟之后,他通知我到几号座位等待,我在那个座位上就会看到1933年音乐学院作曲专业学生档案资料的幻灯片,如果发现感兴趣的内容,可以记录下来要求管理员将这一段制成复印件给我。档案馆只收取复印费,没有其他费用。这是名副其实的"为人民服务",而且还是"为世界人民服务"。我不知道冼星海到巴黎学习的确切时间,根据他自己的说法是30年代,在查阅了30年代每一年巴黎主要音乐学院的学生名单之后,冼星海终于出现在1934—1935学年巴黎音乐学院作曲专科的名单中,在保罗·杜卡斯(Paul Dukas)班上,但是1935年没有结业也没有考试成绩他就消失了,也就是说他在巴黎音乐学院学习了不到一年。冼星海在国内的遗孀钱韵玲,听说我去了法国,托人带信给我,希望我能了解一点冼星海在法国学习期间的线索。但研究冼星海终究不是我学习的目标,个人力量有限,我所了解到的材料不能说明什么我所感兴趣的实质性问题。从冼星海入手进行研究的思路行不通,我立即决定改变计划,速战速决,避免将过多精力和时间放在学术研究方面,尽快获得硕士文凭,集中精力作曲。我与指导教授讨论了几次结构与思路之后,用不到一年时间完成了论文,请法国朋友帮我校对过法文句法之后,顺利通过了答辩。这篇论文基本没有什么新鲜的观点，仍旧停留在我在国内就已掌握的西学中用的知识范畴。虽然对西方读者有一定的参考价值，但对中国学者来说没有什么新意。

在索邦大学的同时，我注册了巴黎音乐师范学院，这也是一所历史悠久的学校。我在这里用一年时间攻读高级作曲文凭。由于有在巴黎音乐学院和与梅西安的学习经验，在音乐师范取得高级作曲文凭没有任何困难。我的老师是雅克·卡斯特雷德（Jacques Casterede），一位知识渊博、古典音乐功底坚实、温文尔雅的先生，他同时也是巴黎高等音乐学院作品分析老师。他对先锋音乐圈子的垄断作风非常反感，而且立场很鲜明，所以被"官方"音乐圈排斥在外。在巴黎，这样的作曲家不在少数，因为公共资源被一部分人占用，他们较少有在重要场合发表作品的机会。

1984年7月，初到法国时的全部家当

1984年7月，与成长青在老海员家，前排是老海员的夫人和女儿

1984年8月11日，在老海员（Yvon Bourgeoi）家合影

1984年9月，
搬到巴黎后的第一个宿舍

1984年底,
在梅西安家的第一次课

1985年春,陈其钢在"巴黎大学城"国际馆的琴房中

1985年,在巴黎郊区森林做儿童夏令营保安

1985年,在作品分析教授克劳德·巴理夫(Claude Ballif)家

```
OLIVIER MESSIAEN
230 RUE MARCADET                    Le  28 Juillet 1985
75018 PARIS
                        à Monsieur CHEN QIGANG c/o Eric ARNAL
                          16 rue Paul Abadie 78400 CHATOU
```

Cher ami,
           Merci beaucoup pour votre lettre.
Quelque soit votre décision par rapport au Conservatoire,
je continuerai à vous faire travailler la composition.
Il faut absolument poursuivre ce que nous avons commencé,
ce qui veut dire que je ferai de mon mieux pour vous
faire connaître la musique européenne, non seulement la
musique classique mais aussi la musique moderne et spéciale-
lement celle de notre Temps.
           Vos deux pièces de piano écrites en France
témoignaient déjà d'un grand changement dont j'étais
très heureux. Je suis à votre disposition à partir
d'octobre et je vous téléphonerai pour notre prochain
rendez-vous.
Veuillez avoir l'amabilité d'aviser Madame Fortin de
mon acceptation de continuer vos leçons.

           Croyez, cher ami, à mes sentiments très
amicaux et profondément dévoués.

                              Olivier Messiaen

1985年7月，梅西安给陈其钢来信确认下一年度继续授课

1985年,
第一次进巴黎歌剧院

1985年,黎耘在乔治五世大街
中国驻法大使馆前

1986年,与老建筑师欧迪耶合影

1986年,陈其钢与黎耘在法国朋友家

1986年夏,在香港"中国现代音乐节"期间与周文中午餐,左起:许舒亚、瞿小松、陈其钢、周龙、陈怡、周文中、叶小刚

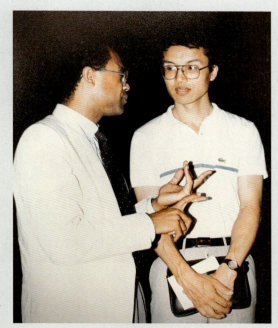

1986年7月,《易》获奖晚会上,一脸青涩地与首席小提琴手

1986年7月,《易》获奖晚会演出结束,上台谢幕

1986年，在"蓬皮杜中心"音乐会后，梅西安引荐陈其钢认识布列兹。从左至右：陈其钢、梅西安、梅西安夫人、勒杜克出版社总经理、布列兹、蓬皮杜总统夫人克劳德·蓬皮杜

1987年7月，从瑞士被遣送回法国，凌晨3点在法国第戎车站席地而坐，等待售票处开门

1987年7月，意大利锡耶纳，弗朗科·多纳托尼暑期研修班。中间白发者为弗朗科·多纳托尼，他右边为陈其钢，站立者为彭斯，穿绿色短袖者为佩松

1987年9月，与马莱克教授在北京。左起：黎耘、陈其钢、马莱克、黎英海夫妇、陈雨黎

1987年，在老建筑师家顶层客厅中工作

1988年春夏之交,陈其钢写作《源》时期,家中挂满《源》的谱子

1988年,在老建筑师家顶楼花园做园丁

老建筑师家的客厅

1987年,陈其钢(前排右三)与马莱克教授(前排右二)在中国音乐学院作曲大师班上

1988年夏,德国达姆施塔特音乐营期间排练《梦之旅》

1990年夏,法国艾克斯-普罗旺斯中国艺术节期间。左起陈其钢、陈箴,右起费大为、谷文达、黄永砅

1990年,在房东诺曼底海湾的帆船中

1991年4月,《水调歌头Ⅱ》首演之前,在阿姆斯特丹荷兰新音乐团排练场。左起:何训田、瞿小松、时可龙、陈其钢、弗朗科、彭斯、许舒亚、艾德、莫五平、谭盾、郭文景

1991年，陈其钢（左三）与罗忠镕老师（左二）、莫五平（左一）等合影

1993年，陪B公司总裁会见中国文化部副部长

1994年12月,在法国国家广播电台总裁马厄先生家晚餐

1996年,法国国家广播电台中国音乐节期间

1996年，法国毕洛窦出版社100周年，董事长弗朗索瓦·戴尔沃邀请主要作曲家午餐

1997年7月，在法国艾克斯-普罗旺斯作曲音乐营与法国国家广播电台总裁马厄夫妇

1997年上海音乐学院，在贺绿汀院长家，左：叶聪、瞿小松、罗忠镕、贺绿汀、陈其钢、吴祖强、许舒亚、江明敦、盛宗亮

1997年7月，作为法国普罗旺斯音乐营教授与世界各地来的中国学员

1998年4月22号，与指挥家迪图瓦和大提琴家马友友排练《逝去的时光》期间

1999年4月,《逝去的时光》中国首演后,与李西安(左一)、姚盛昌(右一)、叶彩萍(左二)

2000年春,与张艺谋讨论《大红灯笼高高挂》的音乐

2000年,与上海的朋友们。左起:陈其钢、王平、杨立青、周瑞康、奚其明、王似频

2001年，收到《大红灯笼高高挂》总谱时的喜悦。左起：曾力、张艺谋、赵汝蘅、卡普兰（Jerome Kaplan）、陈其钢、李心草、王新鹏

2001年10月,与法国电台新音乐总监勒内·鲍斯克和黎耘在伦敦巴比肯中心BBC"大师奖"现场

2002年2月6日,《蝶恋花》在法国广播音乐厅世界首演后与朋友和演员们合影。前排左起:马帅、柯绿娃、常静、吴碧霞、张燕希、杜薇。后排左起:赵承伟、张艺、陈其钢、黎耘、汤沐海、孔伟娟、姚晨、张维良、王楠、李佳

2002年10月19日,北京国际音乐节排练《蝶恋花》期间,与汤沐海(左)、马帅(中)

2003年,在爱丽舍宫与希拉克总统和中法文化年主席昂克雷米(Angremy)对话

2003年,法国LCI电视台主持人Jacques Collet一家来家中晚餐

2004年,与法国总理拉法兰在法国外交部

2005年10月，与诺灵顿爵士排练《看不见的声音》

2005年,《看不见的声音》由德国斯图加特西南广播乐团世界首演,指挥罗杰·诺灵顿(Roger Norrington)爵士

2006年,与时任美国国家交响乐团音乐总监雷昂纳德·斯拉特金(Leonard Slatkin)在巴黎录制《走西口》和《道情》期间

2007年10月,北京奥运会开闭幕式工作部部长王宁代表奥组委与陈其钢在签约仪式上

2008年4月22日,与张艺谋、张继钢导演在中国人民解放军军乐团进行录音前动员

2008年6月3日，病中工作，张艺谋等模仿陈其钢的口罩

2008年6月28日,在奥运会开幕式运动员入场彩排现场

2008年7月28日,与刘欢在工作室

2008年7月31日,与莎拉·布莱曼(左一)在工作室

2008年8月14日，与常石磊、陈雨黎在奥运开幕式庆功会上

2008年8月14日，奥运音乐工作组庆功会后合影

2009年10月,在卡内基音乐厅与郎朗排练《二黄》

2009年10月,纽约卡内基音乐厅,《二黄》世界首演之后,与谭盾、郎朗在后台

2009年10月,《二黄》在纽约卡内基音乐厅世界首演,迈克尔·蒂尔森·托马斯(Michael Thilson Thomas)指挥,郎朗钢琴独奏

2011年10月，与美国小提琴家贝尔（Joshua Bell）在旧金山录制《金陵十三钗》配乐期间

十一　四十而不立
——家庭与生存之路

1989年6月，我的学习阶段结束。正赶上中国处在一个特殊时期，中外国际联系几乎完全中断，所有中国留学生也经历了一次很大的思想震荡。同时，法国政府的助学金停止了，6岁的儿子雨黎从国内来了，要靠自己想办法生活。生活要独立，专业要开拓，前景一团雾霭。梅西安虽然对我帮助非常大，四年学习结束以后，圈里的人都知道梅西安有我这么个学生。但靠帮助是长不大的，如果自己不努力，名不副实，无论谁帮都是没用的，所以更要努力。在第一阶段的欣欣向荣之后，我进入了出国以后最彷徨纠结的第二阶段。

再说黎耘

黎耘比我晚一年到法国，老海员将他仅有的6000法郎拿出来为她做担保，梅西安也给法国领事馆写了一封推荐信。1985年10月，黎耘终于成功到巴黎与我团聚。虽然从到法国的第一天起我就盼望这一天，但她真来了，我的心情却是复杂的。

1964年我考入中央音乐学院附中，开学之后的一天，大家正在教室上课,班主任带着一位女生进了教室,她个子高挑匀称,戴一副眼镜,梳着娃娃头,身着北方少见的花格短裙裤。老师介绍说这是从上海来的新同学,大家好奇的目光都盯着这位稍显腼腆的江南女孩儿。老师将她带到我身边的空位子,她成了我在附中学习的第一位同桌。从此黎耘走进我的人生,那年我们刚刚13岁。

1968年17岁的时候,我跟黎耘成为男女朋友,但那时信息封闭,还不懂两性关系的含义,父母不教,学校也不教,社会封闭,谈性色变,全靠自己悟。从这一点来看,人确实可以说愚不可及,连猫狗都不如,我们当时以为男女拉拉手就可能怀孕,所以接触起来格外小心。直到22岁才第一次听同宿舍的室友说女人那儿有个洞,我神秘地将这个重大消息告诉黎耘,她瞪大眼珠看着我说:"什么?不可能!"

我们班是附中最低班,班里好几个女生都被大学或高年级的追求者领走,也有不少人想"领"我老婆,但是领不动,黎耘只喜欢我。

黎耘弹钢琴,是全院(包括大学和附中)业务拔尖的,但她对我天然爱慕,自从她心中有我那天起,就再也进不了其他男人,而我那时并没有超乎寻常之处,唯一有的是"自负"(这是"文化大革命"中,院长赵渢给我的评语)。和黎耘交往了大概两个月之后,我觉得有点儿迷茫,就跟她说,我不希望20年之后还是你。她哭得很惨,回家跟她妈说了。

她妈问:"他是学什么的?"

她说:"吹黑管儿(单簧管)的。"

她妈说:"吹黑管儿的有什么了不起,别哭了,以后我给你找个作曲的!"

后来她告诉我这话。我心说,你要找作曲的,我发誓当个作曲家让你看看!

与她的关系"断掉"之后,虽然左左右右的总有女孩儿有些暧昧，但那个时代，人都单纯得傻傻的，不会说出口，更不会做什么。一直到部队接受改造，我作为落魄的"反动分子"挨整，在心灵最孤独的时候，黎耘又出现了。她不顾军营里严格管束的压力，私下给予我支持和温暖，冒着巨大的风险，将纸条夹在毛主席语录的小红书里给我传递消息，后来被同学发现揭发了，导致她被审查，在严寒之中坐在马棚里写交代材料。这让我万分感动，所谓患难见真情吧。

之后，济南军区文工团到军营来招兵，招了两个：一个拉小提琴的，一个是她。黎耘当时很抢眼，身材好，大长腿，我们文艺连出去表演舞蹈，她经常是重要角色，钢琴协奏曲《黄河》她也上去担任独奏。那时能去部队文工团当兵，是非常光荣的，所有人都羡慕。出发前我们谈了一次，确定了我们的关系。她走后上级突然通知，中央直属艺术院校的学生在没有统一分配计划之前，任何单位不得调人，她们走到半路又回来了。她这一去一回，让我们心里都更加笃定我们分不开了。

1973年分配工作，黎耘本可以留在北京，但因是我未婚妻的缘故，与我一起被分配到浙江歌舞团，那年我们22岁。两年后，24岁结婚，那时别的男孩多看她一眼，我都会嫉妒。在浙江的五年，她拼命弹琴，我拼命学指挥和作曲，没有具体目标，就是喜欢吧。因为她琴弹得多，作品接触得多，感觉好，所以作曲也比我好。但后来我通过钻研和努力，逐渐在人们眼中变成了作曲家，这一点在相当长时间她难以相信，或者不愿接受这个事实，直到我的作品在世界各地演出，她才开始承认："我老公还挺棒的，当年真没看错人！"

浙江这五年的拼命学习，让我具备了考上大学的条件。应该说，考进中央音乐学院并不难，加上我在附中九年的经历，比起大学多数同学，都有更坚实的基础。

我考入中央音乐学院，黎耘不甘落后，晚我一年考取中央音乐学院钢琴系研究生,又压我一头!之后她代表国家出国参加比赛,并早我三年开始准备出国深造。而那时的我还没有出国学习的念头。我准备正式参考出国研究生时,黎耘已经是中央音乐学院钢琴系的教师。即便是这个时候,"出国学习"对我来说仍旧是一个虚无缥缈、毫无现实感的目标。所以,真正拿到护照和机票时,我感到的不是梦想成真的激动,而是前途未卜的兴奋与恐惧。因为那离我从小受的一切教育和掌握的信息都太遥远了,加上我又是一个体弱多病的"爷",一个人出国,将会发生什么,想想可怕。

重塑家庭观

我在去巴黎机场接黎耘的路上,想象着要见到记忆中那个美好的夫人的模样。但见到她的一刹那,我竟然有点失望。黎耘穿了一件手织的粗花毛线衣,一头出发前在北京烫的波浪卷发,一条水洗蓝粗布牛仔裤,与我想象的简直不是一个人。她其实没有变,是我变了。她生活在北京那个不变的环境中,而我这一年却经历了过去30多年从未有过的各种波澜,我的思想发生了脱胎换骨的变化,可自己没有意识到。我有了不同的审美参照物,审美眼光变了,对比之下,黎耘显得黯然失色了。这是我对当时心理状态的解读,而实际可能是希望太高而出现暂时的落差,这种落差让我们的心离得远了。今天再看她刚到法国时的照片,仍然是一个可爱的文静淑女,可那时候在我眼里,什么都不对。现在的眼光,是经历几十年风雨洗礼之后对人的客观审视,岁月洗去人间铅华,眼光变得通透简单了。

从机场回家的路上她特别兴奋,一切都是新鲜的。我们乘大巴车到我住的雨果大街,以前,在通信中我跟她介绍说雨果大街是巴黎16区著名的富人街,她很想看看是个什么样子。与中国改革开放以后新建的不少水泥预制结构的高楼和宽阔的马路不同,巴黎很多比较有历史的路是用鹅卵石或石块儿拼的,雨果大街也是如此,车走在上面震得铛铛响。她第一反应就是路怎么这么破旧狭窄,楼房怎么那么低矮。我像个巴黎的老居民,向她不断解释。

老建筑师房东知道我盼望已久的夫人终于来了,非常高兴,当天晚上热情地请我们到楼上他家为黎耘接风。

我跟她介绍自己到法国之后在观念上的变化、中国生活形态与法国的不同、法国年轻人给予我的影响。我真诚地认为既然到国外来了,无论是她还是我,都应该了解这个社会的方方面面,尤其我们从事艺术行业,如果与生活环境隔绝,是很可惜的……

我们都还年轻,都缺乏生活经验,对法国社会也都充满好奇,有了解和享受生活的愿望。从这个意义上说,我们的交流是有基础的。我们聊了很多,没有明确的内容和目标,终归是已婚十年的老夫妻,一方面很了解;另一方面也知道作为年轻人的我们,婚姻生活对比法国开放的社会氛围显得有些平淡无奇。

通过反复思考、交流,我越来越清楚地认为,夫妻之间的互相尊重,不仅应该体现在言语之间,也应该体现在尊重对方的自由独立人格方面。如何解放婚姻在道德方面的束缚,让家庭属于成员的同时,又不丧失每个人的独立性,这是人类社会长久以来的难题,但我相信事在人为,别人解决不了,不一定我们解决不了。

如果以法律的方式将婚姻确定为契约关系,双方的责任义务必定是相对固化的。而如果将婚姻关系看作人与人的关系,那么人与人最佳的关系肯定不是所属关系,而是独立自主互助合作的关系,需要换一种眼光、换一个视角、换一种思维来看待家庭,将对个人自主权的尊重提到高于法律契约关系之上来对待。人在成为丈夫或妻子之前,是一个独立自由的人,他/她不隶属妻子或丈夫,而属于自己,不因为婚姻而丧失人的主权,他/她的所作所为应当不受对方限制,这时他们在回家的时候是轻松的,会更加积极主动参与家庭建设,这样的家庭关系可能比契约关系更和谐。至于他/她在外面的所作所为是否需要知会对方,可以由双方共同约定,以避免造成的伤害。如果一个家庭只能进不能出,那就不是一个家,而是一个牢笼。

不少法国知识界人士,夫妻见面是要约会的,最著名的例子是萨特和波伏娃,他们共同约定双方都有各自的行为自由,但是保持互相之间的坦诚和透明。尽管始终做到坦诚相待并不容易,但他们努力了,也基本做到了。我希望我有这样一个家庭,尽管那时我的观念还很模糊,也不知道我们是否能做到。

1989—1993年,我住在第二个房东家,黎耘也租了一个房子。每天雨黎下课以后,由我到学校去接他,并陪他做作业,直到吃完晚饭。黎耘则负责孩子的日常生活起居和练琴。后来她那个房子由于某种原因不能再租了,黎耘就跟我商量,孩子长大一点了,需要更多空间,于是1993年,我们在阿佛龙路36号(36 rue d'Avron)租了大一点的房子,双方父母听说了都特别高兴。但双方的独立性已然形成,不会对婚姻共同体有与过去一样的诉求,相处起来反而比过去更加和睦。最大的改变是让我彻底适应了一个人的生活,培养了凡事自己思考、自己处理的习惯,让我发现了独处对于一个创作人的种种好处。首先,在思考和写作时不会被打扰,耳根子是清净的;更重要的是,我的行动是自由的,做什么事,见什么人,做什么决定,无须征得任何人的同意,这在过去是不可能的。当然,独居也有独居的不便,比如做饭、购物、行政事务等都要耗费更多时间成本,但作为代价是值得的。

之后,随着经济状况的改善,我在家旁边又有了自己的工作室,直至今日,我们保持了这个形态,应当说是相当成功的,也是相当少见的。因为这个生活形态,我们的婚姻历经三十几年的稳定和谐。在巴黎,我们共同的朋友到家里来做客,这里如同我们的大本营;如果不是共同的朋友来访,各接待各的,谁也不会多问一句。

黎耘是个不太恋家的人,她不会因为离别而过分伤感,而我会。雨黎去世的那种伤害,对我来说是巨大的、持续的,而她可以在脑子里把悲伤抽掉,继续幸福着,我很难做到。她有一个很好的朋友,去年去世了,他的老婆非常难过,当时黎耘也和他们一起在法国南方,第二天把尸体从南方运回巴黎之后,她就跑到阿尔卑斯山玩儿去了,高高兴兴的,好像什么都没有发生。

现在我们都70岁了,家庭还实实在在地在那儿,与自由同在,似乎没有什么力量可以动摇它。也可能因为是老夫老妻,不再会被占有欲困扰,经历了多少风浪之后,家庭好像是一个港湾,无论我们在哪里。

为五斗米折腰

萨义德称那些夹在两种文化中间的、不为任何一种政治势力接受也不为任何政治体制站台的知识分子为"流亡知识分子",在国内我对此并无体会,因为我是与周围人一样的"一等公民",不能体会人与人之间由于社会、政治、人种、经济的原因而形成的区隔。只有亲历自己变为阶层的、人种的、经济的底层人,才了解了屈辱的含义,也才知道独立和尊严并非口号,并不因为你很自尊而能获得尊严,一切需有物质作为基础,而这个基础不是吹出来的,不是虚荣出来的,只要贫穷问题不解决,很多问题都免谈。

1989年老房东去世,他的孩子们决定将房子卖了,我不得不搬出来。新的房主叫法拉利(Ferrari),他需要人打理顶楼花园,由于我对情况熟悉,就主动申请了这份工作。我对花园很尽心,但无论怎样也是业余园丁,推草、剪枝没问题,但房主要在花园地下铺设管道,建立自动浇水系统,还要栽种不同种类的植物,我就傻眼了。因此，做了一年就被解雇了。

与此同时，我通过朋友介绍，找到了看守暑期游乐营地的工作。

暑假期间，小学、幼儿园关门，巴黎市政府在郊区的森林和公园建立暑期儿童游乐营（Centre Aéré），为接待那些没有钱度假以及在巴黎继续工作的家庭的孩子。孩子们白天来游乐营，晚上回家，看守营地的工作在孩子们晚上回家后进行，需要夜里住在营地。这份工作每年从7月开始至9月中结束，属于临时工种，没有技术含量，是既轻松简单又报酬不错的工作，由巴黎市政府技术部门负责组织，负责招工的人叫让-马利（Jean-Marie）。这位先生是一位虔诚的天主教徒，经常身着朴素的格子粗布衬衫加蓝色旧牛仔裤，初看像个粗人，接触后才知道他个性鲜明，说一不二，极端独裁。他有一个毫不避讳的癖好——喜欢中国和中国男孩，每年雇用来看游乐营的几乎都是中国男学生。但僧多粥少，求生心切的中国留学生男孩们为了获得这份难得的工作，由衷或违心地聚集在让-马利周围，请他吃饭、喝酒，送他礼物。至于他选择谁不选择谁，就看运气了。我算幸运，在朋友杨剑的陪伴下，和让-马利一起吃饭时送了一瓶中国桂花酒，就被选中了，没有失身。一顿饭加一瓶酒，换来每个月六千多法郎（相当于一千多欧元）的薪水，还是很划算的。

所谓营地并不是帐篷，而是像校园一样的场地，有教室、操场和食堂。我要在每晚6点到达后将垃圾桶拉到大门外，清晨再拉回来。夜间，我在食堂的大桌子上将谱纸摊开写作，直到早晨7点，营地老师上班后我回家。

有这些收入，一个人生活没问题，但黎耘来了以后开销大一点就不够了。我们没有钢琴，而练琴与写作都需要，租一架立式钢琴对我没问题，对她就不够了，需要专业三角琴，我们租不起，黎耘就到法国朋友家去练琴。梅西安先生的夫人伊雯·洛里奥是巴黎音乐学院钢琴教授，她介绍我们认识了她的台湾学生刘慧芝，黎耘经常到她在修道院里的女生宿舍中练琴。

我们在生活方面能省就省，平时在学生食堂吃饭，很便宜，周末学生食堂关门，我们就吃方便面。从我到法国直至1993年，方便面几乎是我们的主要食品。

委托创作的机会很少，不能指望以它为生。我的第一个委托创作是六重奏《梦之旅》，第二个是《源》。《源》我收到了三万法郎，大约相当于五千欧元。为了多挣一些钱，我跟委托方要求承担制作乐队分谱。我的制谱技术不错，用的都是专业工具，画出来的音符近似于印刷的效果。《源》是很复杂的作品，仅分谱就有640页，抄谱费四万多，比委托创作费还高。靠这两笔收入，1988—1989年的生活费基本解决了。

但无论我多么努力地寻找机会，也无论我的学业和思想水平如何进步与提升，在法国老师和同学眼中我就是个远方来的穷学生，他们对我都很友善和热心，但他们的帮助让我一方面觉得温馨，一方面又觉得尴尬，这种感觉是我在国内生活时不曾有过的。

有一次，一个我很喜欢的法国女孩儿A到我家做客，大概是下午5点钟，跟她聊得很投缘，但是到了晚饭时间，我一点钱也没有，不能请她吃饭又说不出口，只好借口还有事让她离开了，自那以后她再也没有联系过我。每当想起这件事，总像是吃了个苍蝇，后悔当时的自己被生活压弯了腰，如果能再活一次，我说什么也不会那样让她走！我曾经通过各种途径想找到她，但再也没有她的踪影。直到2019年10月8日，我的《乱弹》在巴黎首演，巴黎爱乐音乐厅座无虚席。开演前我坐在观众席，一个声音在背后轻轻叫道："其钢！"我回过头，只见一位50多岁的优雅夫人，她说："其钢，还认得我吗？我是A。"她出现了，但我们都已老得面目全非。

因为经济困难而不能支配自己的时间，在写作时不能集中精力，甚至为了几块钱家里闹得鸡犬不宁，这让我这个"官二代"

明白了很多在国内时不可能懂的道理：精神的独立，创作的自由，如果没有起码的衣食住行做保证，是不可能的。

1989年我搬到了第二个房东家一直到1993年，这段时间是我在法国生活最困难的时期。那时很多的窘境和表现，至今回想起来还是觉得浑身不舒服。

房东酷爱帆船运动，他的帆船常年停泊在诺曼底海峡的Grandville（大西洋边的旅游港湾）。房东和我说好与他的朋友从巴黎开车去游帆船，大家分摊一下汽油费、住宿费等，结果那次我什么都没付。我根本付不起，加一次油就等于我一个月的伙食费。虽然朋友们什么都没说，我心里却有说不出的难受，后悔和他们一起进行这次"有闲阶级"的出游。我既没有与有闲阶级一起花天酒地的经济能力，又不能为了自尊而导致自己食不果腹。摆脱穷困，成了我挥之不去的梦。我希望有一天，不但在事业上而且在物质上，挽回那几年面对朋友的心理亏欠。尽管人家并不需要，但我却想加倍偿还。

人在困境中要解决的首要问题不是事业，不是功课好坏，而是填饱肚子，有钱付房租。这段时间为了挣钱，除了当营地保安、园丁、抄谱，还到出版社搬运书籍。1989年暑假，梅西安请我到他的山间别墅度假，听说我在出版社靠搬书挣钱，感叹道："这不太善良啊，他们怎么能让你出卖体力为生啊！"听了这话，我感触良多，不出卖体力又能出卖什么！出版社给我这份工作也是为我好。一位出版社的专业抄谱员跟我说，如果将抄谱作为职业，从你跨入这个行业开始一直到结束，除了糊口，不会有任何变化，你已经看到人生的尽头。其实，千千万万在底层靠体力打拼的人，哪一个又不是这样呢！我的前方难道也是这样一条路吗？我不想这样，但不知不觉中，已经度过人生的40个年头，附中、"文化大革命"、浙江歌舞团、大学、出国，辗转腾挪，不懈努力，还是一事无成。对比我的老师梅西安，17岁出道，40岁时已经是名满天下的大作曲家了！幸亏我毫无退缩之意，照旧像年轻人一样傻乎乎地向前冲。那时，法国人的一句口头语经常鼓励着我："Impossible n'est pas francais!"（"不可能"这个词，在法语中不存在！）

不期而至的财运

我的机遇应了"命运"这个符咒，万万没想到，我在中央音乐学院附中学的单簧管专业为我带来了财运。

法国是木管生产大国，单簧管、双簧管、大管、长笛，特别是单簧管和双簧管，是全世界的制造中心，有200多年的历史。跟梅西安学习两年以后，我带着为单簧管和弦乐四重奏而作的《易》，参加了法国国际单簧管节作曲比赛，并获得了头奖。比赛的赞助方是世界最著名的单簧管生产公司之一B。因为获奖，我与B公司的总经理保罗·巴罗纳相识，并在之后的20多年成为好朋友。

1992年，中国改革开放进入新阶段，基础制造业和市场快速复苏，引起西方国家的注意。保罗想去中国看看，问我愿不愿意陪他一起并帮助引荐一些中国合作伙伴。穷得发慌的我，尽管不知这将意味着什么，但仅免费旅行回家就让我兴奋不已。到中国以后，我带保罗一行参观了北京、上海、天津、广州的乐器制造车间，那时多数还算不上工厂，而是手工为主辅以工具相当落后的作坊，制造的乐器不标准化，远看好像很不错，仔细看没有一件与另一件是一样的。同时我也带他们考察了中国乐器市场，参观了音乐学院，会见了一些管乐老师，最后与文化部副部长C见了面。经过一番调研，保罗希望第二年（1993年春）在北京举办B乐器展览。为此我帮助联系了中国国际文化交流中心，负责这个项目的两个年轻人是北师大的子弟龚晓庄和国际关系学院的毕业生蒋山，他们后来都成了我特别好的朋友。最终由中国国际文化交流中心主办，在北京音乐厅举行了乐器展。展会需要懂专业的中方人员协助，我就找了我附中的同班同学G，跟他说这个展览会需要帮忙组织现场服务、客人接待、乐器性能介绍，他为人热情，乐于助人，有这样的机会，他兴奋异常。

难以兼得的利益与友情

在人群中总有这类性格的人，很善良、任劳任怨、舍己为人、没有棱角。G是天津人，工人子弟，懂礼貌，从小夹着尾巴做人，但也像电影《霸王别姬》中程蝶衣的徒弟，平时对程蝶衣百依百顺，但当运动来临，会为了自己的利益毫不犹豫地站到师傅的对立面。

展览会可以卖乐器，但那次来参观的人虽然不少，却一支乐器也没卖出去。B公司的人跟我说，这些乐器好不容易进来了，不能再运回去，只能就地处理，什么时候卖出去把钱给厂家就行。我就把这个任务交给了G，过了几个月他果真都卖了。

谁也没想到，这个临时帮忙，开启了一个事业。生活中我养不了自己的家，这样的机会犹如天上掉下的馅饼砸中了自己的脑袋，既然来了，我当然热情地接住。

赚钱这件事说来奇怪，没有的时候，想找到一分钱都很难，机会来了才明白机遇比努力更重要。三四年后我们已经挣了不少钱，公司正式成立，成为B公司在中国的独家代理。我负责公司的宏观战略、代理品牌拓展、合作伙伴关系的维护以及总体规划，G负责客户关系和销售。十年中，我们由B一个品牌的代理，扩大到V、M、D、P、C等十来个著名欧美品牌的独家代理。1993年时，中国乐器市场相对封闭，外方厂家想进入中国但找不到门路，所以这些厂家多数并非我们寻找来的，而是通过外商的口耳相传主动找上门来。如果我有野心，完全可以在那个阶段拿到数不清的品牌代理，但我并不特别积极于此，认为能够将手头品牌做好就很不错。

都说与朋友一起做生意会反目成仇，我从不在意，我们两人也都沾沾自喜于成为例外。在前十年的合作中，我们确实相处融洽，他对我所做的各种决定都很支持，我对他的忠诚和勤奋也很认可和放心。

但随着公司的发展，最终"没有永久的朋友，只有永久的利益"这个真理打败了我们良好的初心，破坏了我们以为牢不可破的几十年建立起来的友谊。渐渐地，我发现对公司的财务和人事失去了控制权，甚至失去了财务知情权，最终这种裂痕和不悦导致了我忍无可忍地与其分道扬镳。

公司在2006年分流，我与保罗协商将代理B品牌的主体业务重新注册，于2007年4月在人民大会堂江苏厅举行了隆重的开业典礼，并租赁了一栋六层小楼对外办公。我不希望将个人矛盾激化，更不想打官司，所以抱着感恩的心态，将原来公司的全部财产和部分代理权留给了G。

从心底说，我需要钱但我不喜欢商务，虽然经商多年，却始终有厌烦情绪。所以新公司成立以后，我仍旧一如既往地拒绝参与具体的公司管理，一年只参加一次公司年会，并每次都在会上向全体员工强调公司的企业文化："不为盈利，而为做一个对社会有益的人。"我绝少在公司露面，因为只要露面，就躲不开客户，他们的话题离不开利益，这与我的内心目标总是拧着。我希望经商带给我自由，时间的自由、思考和决定的自由，特别是拒绝的自由，但如果商业让我精神负担过重，妨碍了我的自由，我宁可不做。我深知这个态度和企业文化核心理念，违背了商业逐利的基本逻辑，也决定了公司不会壮大，但我别无选择。

在法国生活最困难的那几年，有一次听一个晚间心理节目，一段对话给了我深刻的印象。

问:"金钱对你意味着什么?"
回答:"意味着自由。"

在我经商的过程中,会有磕磕绊绊,会有不舒畅,会有谁多了谁少了等问题产生,但我始终告诫自己"为了自由,而不是为了越多越好"。在商业实践中,我不但换来了自由,还更多了解了人性。比如与G,比如与员工,如果没有商业合作,他们可能都是我的朋友,而合作使我们分道扬镳,虽然可惜,但让我们双方都有所受益,并领教了人与人之间关系更复杂的层面,对人的多面性和利己主义更能理解。如果没有这个经历,就不会有我今天的为人。可以说,一个书生如果能有完全不同领域的经历,是难得的福气。

现代严肃音乐作曲家如果坚持自己的操守,不歌功颂德、不投其所好、不廉价出卖灵魂,靠作曲养活自己是没有可能的。即便是梅西安这样的大师,也还是要靠在音乐学院教学的工资作为主要生活来源。我在工作坊中与学员们说"两条腿走路",就是指将挣钱与作艺分开,不要将自己的作品与挣钱挂钩。正如陈寅恪所说:"我侪虽事学问,而绝不可倚学问以谋生,道德尤不济饥寒。要当于学问道德以外,另求谋生之地。"

在过去二十多年,我虽然在经商方面花了精力和时间,但如同碰到自己钟情的女人,必须为之投入时间和精力一样,付出所换来的收获是无价的。有了这段经历,我可以坦然地在谈艺术、谈教育时免去金钱利益的交换。几十年来,我没有向跟我求学和求教的学生收过一分钱;在躬耕书院举办工作坊时,所有学员都包吃包住包学费;在奥运,领导问我有什么条件,我可以诚恳地说没有条件,我是来工作的,不是来挣钱的;有不少出价很高的创作项目找我合作,最高甚至上千万,但由于它们不符合我的艺术理念与追求,我都毫不犹豫地拒绝,即便对方提出无须我亲力亲为,只需我挂名,我也会拒绝。艺术创作无价,是不能用金钱交换的。

我从1986年认识保罗开始,与他保持了20多年的友谊直到他退休。他是我见过的最讲情义的商人,而其他我遇到的绝大多数西方合作者,没有一个不是利益在先友情在后,多少令人失望。保罗2009年退休,同年B公司被私募基金收购,从此走上了为资本利润翻番服务的不归途。收购伊始,投资方希望将我们代理公司也列入收购计划,并与我们谈了收购条件,签订了意向合约,而在之后他们却私下联系我们的经理人员,想通过策反获取公司商业网络机密。我们的总经理拒绝了对方的策反,但没想到他们成功策反了另一位公司骨干,在法国人的诱惑面前他选择了卖主求荣,地地道道的卖主求荣,不但带走了公司的销售网络,而且也出卖了公司的内部信息。足见商业环境的肮脏,让我对只重金钱不重规矩的社会极为失望。由于法方获得绝大部分公司机密,从此再也不谈对我们的收购计划,而开启了在中国市场的独立经营,并快速缩小向我们的供货,直至断货。

此时我虽然早已不需要经营公司,但不愿意放弃多年辛苦工作的员工,由于B的背叛而让员工丢掉饭碗是让我觉得失败的。于是我奔波于法国,寻找各种出路,不少法国朋友也向我伸出援手,提供信息。通过无数次谈判,最终说服了B最大的竞争对手S接手公司并开启在中国的业务。我将公司的信息和骨干员工无偿移交S公司,而我作为S象征性的股东,净身退出,了却了我的心愿,告别了染指20多年的乐器行业。

经商不但让我见识了商业领域的尔虞我诈、道貌岸然和唯利是图,也收获了真正的忠贞、信任和友情。人生中如果没见过钱,会有一个盲点,如果没出过名,也会有一个盲点,难免会对金钱和名誉有一种神往。见识过了,才让我明白那不是最重要的,尤其对我而言。

十二　走出巴黎看世界

香港"中国现代音乐节"

1986年6月,我应邀去香港参加第一届中国现代音乐节,顺便用省吃俭用积蓄下来的钱在香港为父母购买内地稀缺的电冰箱和洗衣机。这是我第一次去中国内地与法国之外的地区。虽说香港是中国的领土,但自下飞机的一刻起,就有一种说不出的陌生感。与我第一次走出国门到西方的感受不同,在香港可以随处感受到香港人对内地人表现出的居高临下。香港商店中的店员只说广东话和英文,不说普通话,对内地客人侧目而视,统称内地客为"表叔"或"表嫂"。有人告诉我,这是港人对口袋里没钱的内地穷亲戚的称谓。即便是香港的知识界,虽然礼貌有加,处处周到,但却明显感觉到他们身上远超实际的满满自信与优越感。

周文中从美国去香港参加音乐节,作为哥伦比亚大学作曲系的负责人,他在中国的影响力是很大的,发表的言论都具有指导性。我的同班同学谭盾、瞿小松、叶小刚、郭文景、陈怡、周龙也都在场。周文中请大家吃饭,我们围着一张桌子,以崇敬的目光看着他,听他发表具有指导意义的教诲。之后的几年,他先后把陈怡、谭盾、周龙和上海的葛甘孺介绍到哥伦比亚大学学习。

我虽然被梅西安接受为关门弟子，但还没有什么像样的作品，所以在香港期间的心态不太平衡：一方面自视清高；另一方面又得不到重视，有力气使不出。这种感觉很不好，以至于之后的很长时间，我都将香港之行作为提醒自己放低身段的一次教训。当你一贫如洗时，总在乎他人对你尊重与否，可偏偏没人尊重；而当你"富有"时，人家尊重你，你却仍不满足。究其原因，是自己对自己的评价永远做不到恰如其分。

意大利"锡耶纳暑期进修班"

我在巴黎音乐学院旁听，却享受正式生待遇，所以游学也由学院组织和出资。1987年暑假我与巴黎音乐学院作曲班的部分同学一起去意大利锡耶纳（Siena）参加暑期进修班，这是佛罗伦萨附近的一个著名历史小城。我办理好意大利签证，从巴黎乘夜间火车出发。半夜里，火车停靠在一个车站上，我在上铺睡得正香，有人拍拍我，我糊里糊涂地睁眼一看是警察，他示意我立即收拾行李下车。我不明就里，被他不太耐心地催促着，列车马上就要关门开车了，他给我最简单的解释：这里是瑞士，虽然火车是去意大利的，但我没有瑞士签证，无权过境。已经是凌晨1点，他将我带下车并命令我返回法国，我向他解释说我是去意大利参加暑期音乐进修班的，他置若罔闻。瑞士是世界上最中规中矩不容变通的国家之一，无奈，只能下车。凌晨2点被扔在一个陌生的国度，没有签证，计划被打乱，且没有人可以咨询，心情沮丧。还好，凌晨3点有一班去法国的车，一小时以后我到了法国第戎（Dijon），在车站售票处的地上坐到天明，又登上绕道法国里昂去意大利的火车。

意大利作曲家佛朗克·多纳托尼（Franco Donatoni）在锡

耶纳主讲。他属于那种很有性格，但古典音乐基础较薄弱的老师，相貌看起来像个粗人。教室里没有钢琴，大家围坐在一张桌子周围，老师看着学生提交上来的乐谱进行"纸上谈兵"。同去的同学有吉拉德·佩松（Gerard Pesson）、安托恩·博奈（Antoin Bonnet）、安娜（Anne），还有一位日本同学。当时我还不认识荷兰新音乐团的艺术总监乔埃尔·彭斯（Joel Bons），若干年后，在照片中我发现他也在场。我给多纳托尼展示了我为单簧管和弦乐四重奏所作的《易》，他看着复杂花哨的谱面大加赞赏。

感觉学不到什么东西，我决定去附近的罗马参观，但是身上的钱仅够买车票，如要住宿就不够了。于是我硬着头皮向比较聊得来的日本同学借，没想到他毫不犹豫地拒绝了我。中国人给世界的印象是贫穷的，他倒也没错，但这小小的拒绝，对我自尊心的伤害却是很大。窘迫的境遇在那些年一次次反复叠加，无论是金钱的、名誉的、地位的还是人种的，每每唤起了我内心的自尊，心中受辱，会激发翻身的愿望。为了省钱，我坐夜车到罗马，清晨到达，在车站的服务点要了一张免费的罗马地图，徒步参观罗马的古迹和市容，中午饿了就在路边小摊买一小块比萨饼作为全天的食物。晚上在车站的长凳上睡了一夜，肚里空空，咕咕乱叫。第二天乘车回到锡耶纳。那时我经常想，什么时候能有钱呢？这种愿望像野草般扎根疯长，挥之不去。

德国达姆施塔特音乐营

德国达姆施塔特（Darmstadt）音乐营每两年举行一次，我1988年第一次去，1990年又去了一次，是因为第一次获了"奖学金奖"（Stipendien Preis），被邀请去的。这个营从20世纪40年代末开始举办，对二战后新音乐的发展起了重要作用，几乎所有西方著名作曲家都在那里举办过讲座，吸引了世界各地很多学习现代音乐的年轻人。我去的那两年见到了约翰·凯奇（John Cage）、布莱恩·芬尼豪（Brian Ferneyhough）、摩顿·费尔德曼（Morton Feldman）、武满彻（Toru Takemitsu）、汤浅让二（Joji Yuasa）等。学生自由选择老师的课，每间教室随便进出，老师如果有时间也会给学生改题，但很少为学生提供发表意见的场合和机会。

第一次去达姆施塔特感觉很新鲜，尽管我一个同伴都没有，在语言完全不通的人群中，本应是孤单的，但我反而很兴奋，到处钻，这是属于年轻人特有的热情。那次我结识了荷兰新音乐团的艺术总监乔埃尔·彭斯，他跟我说想组织中国新作品专题音乐会，并希望我创作一首作品，这孕育了后来《水调歌头》第二版的问世。还认识了美国著名现代音乐钢琴家、作曲家伊瓦尔·米卡绍夫（Yvar Mikhashoff），他在美国纽约州立大学布法罗分校（University at Buffalo）任教，他告诉我他是正在美国学习的叶小刚的老师。我的一个德国女朋友提醒我，说一看他就是个同性恋。我对同性恋没有概念，也没有歧视，之后米卡绍夫经过巴黎请我去他下榻的酒店见面，说要跟我谈谈为他的伦敦音乐节写作品，我高兴地赴约。到了他的房间敲门，他让我进去，进去以后发现他躺在床上，他起来拥抱我，一只手在我背上摸来摸去，闹得我汗毛都竖起来了。落座以后，不咸不淡地聊着，他并不提创作作品的事。面对这样一位艺术家，我不能显得失礼，但又不会跟他调情，只能礼貌地敷衍。离开酒店之前，他送我到门口，拥抱更有暗示性，我既不用力拒绝，也不顺从，摆脱了纠缠之后，从此敬而远之。这是我第一次与同性恋的不期而遇，让我体会了作为男人很难遇到的肢体侵犯的感受。这样的经历，之后还遇到过第二次。

达姆施塔特音乐营规模很大，听完那么多课以后我逐渐开始觉得，很多著名人物是在做音乐之外的事儿，比如布莱恩·芬尼豪,复杂派的代表人物,谱子复杂到不能再复杂,不可能被精确地演奏,他写作的谱子观赏价值大于演奏,演奏的结果与谱子的差距有多大无从验证。他超级聪明,是一个显而易见的演说家,有极好的语言表达能力,很多人慕名而来跟他学,但我纳闷是学画谱子还是学演说?

音乐营上还有一位时髦的教授,德国作曲家克劳斯·胡伯(Klaus Huber),很有教授的派头,听众很多。我听了两次课,一点兴趣都没有。对我来说,一个作曲家,重要的不是能讲多少天花乱坠的理论,而是他的音乐是否有深厚的发自内心的源流,然后才是他的创意。而另一次,我偶然走进一位同姓的德国作曲家尼科劳斯·A.胡伯(Nicolaus A. Huber)的课堂,那里的氛围一下子吸引了我。他语言朴实不花哨,音乐的功力深厚,织体丰富,是老老实实的真家伙。他讲课的风格沉稳自信,听课的人虽然不多,但直感都是些识货的主。我记下了他的名字,并在若干年后邀请他担任贝桑松作曲大赛的评委。

当然,音乐营少不了当时走红的德国青年作曲才俊沃尔夫冈·里姆(Wolfgang Rhim),我一度对他有兴趣,他的音乐不同于先锋音乐那般不讲究,似乎代表了某种浪漫德意志的回潮,成为一个时期德国新音乐的代表人物。但可惜的是,时代飞快向前,那样的德国音乐与开放多变的大时代同样很快脱离关系,与先锋音乐一起停留在了音乐学院的院墙之内,成为某个小圈子自封的经典。

每届音乐营,组委会会从学员作品中选择一小部分公开演出,由音乐营从全世界邀请的器乐老师——音乐界的高手们担任演奏。1988年那一届,我的六重奏《梦之旅》在众多作品中入选。记忆中《梦之旅》这首作品,自诞生以后只有两次演奏是我满意的,第一次是1987年法国广播电台首演,另一次就是1988年达姆施塔特。那晚的音乐会在大演奏厅进行,这也是音乐营闭幕的主要音乐会。我心情异常激动,在这个先锋音乐的堡垒中,我的音乐将受到怎样的待遇,可能会影响我之后的抉择和方向。参加演奏的六位老师和意大利指挥经过两次排练之后很好地掌握了作品风格,演奏很成功,观众掌声非常热烈。评委会经过讨论授予我"奖学金奖"。当天的评委中就包括我不喜欢的诸如布莱恩·芬尼豪、克劳斯·胡伯等,这是让我备感意外的。他们为何选择了我?因为我的语言真的吸引他们?因为观众的热情感染了他们?还是因为我是梅西安的学生,大家都免不了有些势利?没有答案。

之后几十年,我再也没有觉得《梦之旅》的演奏让我满意过。印象中最失望的一次是2006年法兰克福现代乐团(Ensemble Modern)的演奏。我不知道是演奏的问题,还是我自己的审美趣味改变的原因。这有一点像我的《易》,1986年首演之后的两三年我觉得它是不错的作品,之后我甚至连听都不愿意听。原因除了我自己有了改变之外,80年代以来音乐会观众的结构和氛围的逐步改变也多少影响作品的聆听感受。当观众积极参与音乐会时,会从心理上优化作品的聆听效果,而当观众缺乏参与度时,演奏员的状态和演出效果就会打折扣。

两次到达姆施塔特,我都被安排住在一个叫马克(Mark)的德国青年家里。房屋是连体别墅,室内有露着木结构的房梁,情调古朴,装修简约,却到处让人感到整洁、有条理与方便。马克个子不高,待人热情,知道我是音乐家,他更是高兴,他能拉小提琴、弹吉他。德国人对音乐的爱好深入骨髓,很少有哪一家人是完全的乐盲,到德国的教堂听周日弥撒,老百姓唱出来的经文歌几近专业合唱,而在法国,教堂建筑普遍比德国宏伟壮观,但圣徒们的歌声却经常五音不全。

连体别墅的邻居是一位60岁上下的太太,孤身一人,养了四条无论见谁都吠成一团的短腿金毛耷拉耳朵狗,看得出都是好战分子。我每次进出,那位太太都赶快跑过来拦住宝贝们,一个劲儿地向我道歉,并说它们不会咬人,让我放心。想必主人对自己的宝贝儿很了解,既然她这样说,我每次就大摇大摆进出。结果,离开达姆施塔特那天上午,事故还是发生了。一早我收好行李,拖着行李箱出门去火车站,四位狗爷见我拖了箱子出门,于是猛扑上来,不待老太太反应,一只照着我的小腿就是一口。我想挣脱都来不及,一使劲,只听嚓啦一声,我心爱的绿色格子苏格兰裤子被扯下一大条,腿上顿时鲜血直流。淡定的老太太这下可不淡定了,恶犬在主人面前伤人可是犯法的。马克觉得非常不好意思,也非常生气,说要报警。还好,我从小跟父亲学的喜怒不形于色本能地起作用,知道老太太已经很紧张,不能落井下石。老太太将狗关起来,拉着我就往附近诊所跑,医生非常认真地为我止血包扎,打了狂犬疫苗,老太太还要陪我去商场买裤子。我要赶火车来不及了,于是她掏出100多马克给我,让我买裤子,我没有推辞。拖着箱子,一瘸一拐穿着撕出长条子的拉风破洞裤,"时髦"地上了火车。我的达姆施塔特音乐营以这样的形式落下了帷幕。

从1984年开始至1990年,6年时间,对欧洲现代音乐大概有了了解,我开始感觉这条美学之路与我不太契合。

在1988年之前,我是一个法国文化的信奉者,也是法国先锋观念的追随者。有机会走出法国后,发现世界上还有很多其他观念,到荷兰、美国、英国、日本等等,发现音乐创作绝不只有一条道路。这让我视野开阔了,也让我觉得轻松。譬如荷兰,语种很小,荷兰人几乎都能说三种语言。这个民族包容性很强,对待不同敞开怀抱,勇于接纳,见怪不怪,这样一种态度,更能造就宽松自由的艺术空间,让人们做自己想做的事情。相反,一些文化大国、强国,由于自己的历史包袱,反而容易保守,拒绝观察和接纳世界的不同。

普罗旺斯中国艺术节

1990年夏天，在法国普罗旺斯举办了一次中国艺术节，主办方邀请了7位当时比较活跃的人物，主要是造型艺术家，有陈箴、谷文达、蔡国强、黄永砅、杨诘苍、严培明，还有作为策展人的费大为，我是唯一的音乐家。《水调歌头》第一版在那里首演。艺术节的名字叫"Chine Demain Pouriere"。Pouriere是举办艺术节的地点，但也是法文"为了过去"的谐音字，组织者将其组合起来的意思即为"明天的中国，为了过去"。

这是我有生以来第一次结识搞造型艺术的同龄人，大家在一起畅聊艺术的当下与将来。我们都还年轻，但已是自信满满，充满抱负。陈箴观点成熟鲜明，谷文达当时名气最大，有指点江山的气派，蔡国强、黄永砅没有那么显山露水，但是各有各的绝活儿，尤其是黄永砅，表面腼腆，内心狂躁，擅长将各种纸张文件放进洗衣机搅烂了堆在那里讽刺时政和艺术创作的现状。而杨诘苍幽默谦虚，他那漂亮的德国妻子在边上衬托着他的潇洒自如，给人印象深刻。最年轻的是严培明，初生牛犊不怕虎，不谙高深理论，拿起拖把蘸满灰色的颜料就往老乡的墙上泼，三下两下泼出一个毛主席头像，这是他出道的看家本领。费大为作为策展人，对艺术世界的格局以及中国艺术家在全世界的状况胸有成竹。至今我还与蔡国强、杨诘苍、费大为保持着很好的关系，而陈箴和黄永砅已经去世。

这次艺术节也让我认识了法国乡村。在最基层的乡村，组织这样高端的艺术节，村里的人们不但不反感，反而热情地参与其中。艺术家们被安排到当地人家里，我住在一位银行家的家里，从此认识了德·凯尔麦勒（de Kermel）夫妇。这是一座古堡，据主人说由于房间太多，有很多他们自己从来没有进去过。德·凯尔麦勒先生是贵族后代，为人温文尔雅，很好相处，同时也是摄影爱好者，有自己的摄影棚，酷爱人物肖像摄影，我后来有很多照片都是他拍的。我在巴黎的作品首演，他会专门来，带着他给我拍的大幅照片。我不喜欢在公开场合引人注意，甚至对别人的祝贺都会觉得别扭，但他的热情不能自已，一定要有所表示。

难忘的阿姆斯特丹专题音乐会

1991年4月，荷兰新音乐团在阿姆斯特丹举办中国新音乐专题音乐会，受邀的有谭盾、郭文景、瞿小松、许舒亚、何训田、莫五平和我。《水调歌头》第二版在这里进行世界首演，那次音乐会的盛况让我至今难忘。音乐厅的名字叫"天堂"，有点意大利电影《天堂电影院》的风格。可能因为这是荷兰有史以来第一次迎来一帮中国"作曲怪物"的原因，中国这个本来就既遥远又神秘的国度，竟然还有什么现代音乐作曲家？简直不可思议！充满好奇的观众将音乐厅挤得水泄不通。虽然我不是狭隘民族主义者，但那天，无论如何中国作曲家们是为中国长脸了，每一首乐曲演奏完，都获得观众疯狂的掌声。无论是荷兰乐团还是评论界都给予我们很高的评价，我的《水调歌头》在其中也相当引人注目。我的同学们对这首作品的感受与我之前的作品相比明显不一样了，按照他们的说法是"陈其钢成熟了"。是啊，40岁了，还要怎样才能成熟啊！

这场音乐会不但为我们打开了一扇门，还有一个意想不到的副产品，为原本不太景气的荷兰新音乐团注入了新的生命力。他们从那以后逐渐成为演奏中国新音乐的专业户，不断委托中国青年作曲家创作作品，举办各种与中国新音乐有关的讲座和讨论会，并带着中国新音乐作品走遍欧洲各个国家，甚至将中国新音乐带回中国，在北京、上海等地进行巡演，为中国听众普及自己的新音乐。这到底是中国文化走出去还是回娘家！

由于新音乐团不断扩大的影响，荷兰电影公司选择了其中的四位作曲家——谭盾、瞿小松、郭文景和我，加上去世的莫五平，拍摄了纪录片《惊雷》(*Broken Silence*)。这部纪录片在欧洲电影节获大奖，即便今天看还会感受到当年那股生生不息的力量。电影片头的中文片名"惊雷"来自鄙人算不上书法的书法。

《水调歌头》的第一版创作于1989年，是我到法国之后第一次摆脱西方现代音乐学说中"理性思维先导"的做法，采用了传统旋律的思维主导方式。通过这次写作，我再次重温"有感而发"对我写作的重要。之前的写作，基本是按照老师和同行传达给我的方式，首先建立美学目标，比如表现精美的和声、独特的音色、深奥的哲学思考之类，然后再考虑结构，最后确定表现手法。先考虑旋律，再配以和声以表达某种情绪，会被看作守旧落伍的老派。我的这个转向，多少有点偶然性。那段时间我每天会听中国的新闻，听到播放的音乐，特别是那些熟悉的歌曲，想起在中央音乐学院附中校园中生活的一幕幕，想起"文化大革命"中的各种境遇，一个人在房中情不自禁地泣不成声，成晚地辗转反侧不能安眠。

苏轼的《水调歌头》所言与我产生强烈共鸣："我欲乘风归去""转朱阁，低绮户，照无眠""但愿人长久，千里共婵娟"。在这种情绪的感染下，我禁不住吟唱起来，越唱越有感觉，后来索性将姐姐送我的随身听拿出来，将吟唱录了下来。在这个录音的基础之上，我很快就有了乐队配置的设想。这个过程听起来很像浪漫时期作曲家们在灵感来临之时的表演，也让人联想到电影中作曲家们激情澎湃的作秀。但很抱歉，《水调歌头》就是在1989年这个特殊的年代，我情感冲动之下的产物。这证明条条大路通罗马，不管黑猫白猫，能捉到老鼠就是好猫，一切理论在创作面前都只不过是一种说法而已，只要作品成立，用什么方法其实不重要。

十二　走出巴黎看世界

中国传统吟唱并不是一般意义上的旋律，我的吟唱是即兴的，想怎么唱就怎么唱，感觉（或可以说灵感）来自词的意境和从小耳濡目染的各种音调，可说是记忆的拾零，融汇了评弹、戏曲，特别是京剧、昆曲中的唱法和念法，这种混合的旋律思维无论西方还是中国都没有现成的范本。在国内生活时，由于自己熟悉传统音乐，并不觉得它有个性，就忽略了。《水调歌头》的实践，深化了我对中国传统音乐的认识，确信有不少个性突出的音乐语言就在自己心中，《水调歌头》让我第一次找到了这种方法。

比如我吟唱的"把酒问青天"的"青"字，来自评弹，"天"来自京剧老生。"不知天上宫阙"来自昆曲小生。"今夕是何年"是老生，"我欲乘风归去"的"归去"是评弹。"又恐琼楼玉宇"类似文绉绉的白话。"高处"是典型的吟唱，"不胜寒"的"不"，利用长音变换不同的调式、调性，突出作者的内心感受。

从"转"开始进入第二阶段，表现心绪动荡、烦躁，我把"转"和中国打击乐相结合。"低"，人的声音逐渐与打击乐和乐队融在一起，越来越充满激情。

全曲中的道白和韵白没有明确的调性，所以伴奏声部更自由，大大发挥无调性背景的表现空间。由于音调变化细微，有很多微分音都在动态之中，尤其是弦乐，要飘浮起来，在写作时用钢琴弹奏不出来，完全靠内心听觉和想象。还好那个时期音乐写作还没有电脑作为辅助工具，只能手写，如果有了电脑打谱，《水调歌头》必定面目全非。

我很是钟爱一开始五度出来的空灵感，立即意识到"这是属于我的，不能丢"，就把它作为素材储存起来，在后来的作品中发挥，比如，在《五行》和《蝶恋花》中都能听到类似的意境。

现代音乐忌讳"充满激情"，特别是浪漫激情，所以《水调歌头》的浪漫情怀在那个时代很特别，让人们吓了一跳，因为多数人是随大流的，没人写这样的东西。从它在法国普罗旺斯首演

（1990年），到1991年为荷兰新音乐团改编的第二版首演，都引起热烈反响，成为那个时期常演的保留曲目。但由于演唱上的特殊性和难度，需要有兼具西洋美声、中国戏曲、音域宽广、受过良好视唱练耳训练的演员，在首演阶段的演员退休之后，最近这十年始终没找到合适的演员，所以很少演出。

《水调歌头》也曾有不少西方歌者演唱过，给我印象最深的是1992年波兰国际音乐日（World Music Days）的演出，波兰演员的音准、乐感、音色都堪称完美，他是那种阉人男高音，高音漂亮，美中不足是缺乏对中国戏曲韵味的了解。他严格按照谱子演唱，而中国演员有时是跟着感觉走，大概其，有时甚至今天唱re，明天唱mi，后天唱sol。

但我认为，即便西方演员能够唱出戏曲、评弹的韵味，西方观众也未必能领悟，有没有戏曲韵味不那么绝对重要，只要按照谱子把音乐表现出来，哪国的听众都会有感觉。

上海音乐学院讲学

1991年秋天，杨立青邀请留法七年的我到上海音乐学院作曲系讲学，他当时是作曲系主任。作曲系为我的讲学安排停课一周，这种待遇只有那个年代才可能。若是现在，即便是再著名的教授，到上海或北京讲学，也持续不了两天，而且也绝不会停课。当年我40岁，绝大多数较为成熟的作品还没有问世。可能因为我是梅西安的学生，他们都非常好奇吧，我竟然侃侃而谈地讲了一周，真可谓无知者无畏！音乐学院的老师和学生们都非常好学，教室被挤得满满的，大家积极踊跃提问，杨立青和朱践耳等很多老师也坐在最前排认真听课做笔记。

现在已记不起讲了哪些内容，大概以技术性的内容为主，包括一些出国学习的体验和感受。之所以讲许多技术问题（这是我现阶段不喜欢讲的），首先是因为我在巴黎的学习确实有体会，比如和声、复调、曲式、配器，以及梅西安的调式、和声和节奏特点，相较国内的教育，在当时都是全新的。其次，这些内容可以满足那个时期老师和学生们如饥似渴的需求和好奇心。讲学也同时让国内了解了我的创作动向，《水调歌头》和《源》这两部作品引起的反响超乎我的意料。我的另一首作品《火影》这时也已问世，是为高音萨克斯管与室内乐团而作，我将与梅西安所学的色彩性和声与音色组合落实到作品中。这首作品在法国业界反响非常好，对我的专业探索有不小的推进作用。

中国音协创作委员会也专门组织著名作曲家们来听我的讲座，他们都非常认真，我简直像个活宝，春风得意。年轻时看自己和现在看自己不一样，那时会觉得自己很跩，一切均不在话下。现在看当时的我，纯属半瓶子醋，却淌得很。

作曲之外的使命

90年代以后，自己逐渐由学生转变为专业作曲家，并开始有机会致力于自己钟情的中国音乐走出国门的推动。我的方式，与通常中国人熟悉的"中国文化走出去"完全不同，不是中国政府花钱到国外租场地一厢情愿地推出，而是由国外机构提议、出资、组织、宣传和推广，属于"中国文化被引出去"，效果与前者大不相同。这种方式不但不花钱，还会在国外引起广泛关注。

1996年法国广播电台中国新音乐专题

1996年春，法国国家广播电台（Radio France）一年一度的现代音乐节决定以中国新音乐作为主题,请我做音乐节顾问,并委托我推荐作曲家、选定曲目和中国演奏者。

90年代,无论是传统戏曲还是民乐,都混杂了相当成分的西洋因素,比如西洋和声在中国传统音乐中的运用,西洋乐器或变相的中国乐器(如葛胡、大提琴)加入民乐合奏,以及戏曲演唱时的电声扩音……中国人这样做,主要缘由仍旧是认为自己的传统艺术形式有缺陷、不科学,中国音乐没有低音不够浑厚,传统音乐和声不丰满,声音也不够响亮,总之与西方音乐比较,传统音乐处处不如人,想用更为"科学"的方式进行改良。另外,也是因为我们的音乐人多是学西方指挥和西方作曲出身,以有限且狭隘的审美眼光,认为用西方"科学"的方法对"落后"的中国音乐进行改革是天经地义的出路。从刘天华的北京大学音乐传习所开始,中国音乐人就走上了这条不伦不类的不归之途。我对此持不同看法,我认为中国传统音乐和传统戏曲已经属于地地道道的博物馆艺术,我们的工作就如同保护和学习中国古典哲学一样,应当保持和维护古董的原貌,对原汁原味的中国传统艺术进行认真的挖掘和研究,在其基础上精益求精,这个工作过去不是做得很多、做得足够好,而是远远不够。在中国传统音乐上动手脚掺杂西方因素,就如同在孔子的《论语》里掺杂康德、尼采、马克思,纯属不伦不类,既破坏了中国传统文化的完整样貌,也不会因此而满足西洋听众的耳朵。创新固然值得鼓励,但不能在原有作品上创新,只能另起炉灶,比如用传统乐器演奏新作品,用现代故事编纂新戏剧……

所以,我只要有机会,就注重在对外交流中推出中国传统音乐演奏的原始形态,同时支持新作品在原始形态基础上的演出。作为1996年法国广播电台新音乐节的顾问,我有机会与刚刚组建的华夏室内乐团合作。我选择的赴法国演出的音乐会分为两部分。一部分是纯传统作品,乐器包括古筝、琵琶、三弦、二胡、扬琴、笛、箫和打击乐,所谓纯传统,就是尽量保持作品的原始演奏状态,比如三五七、老六板、丝竹、十番锣鼓,在演奏这些东西时,不加扬琴那种不伦不类的幼稚的西洋和声琶音,绝不加低音乐器。其实,在选择曲目时,我深感中国传统音乐保留下来的原始文献少得可怜,现在能够听到的传统音乐,大多是清末民初的改编版。反而是戏曲音乐中能够找到更多风格各异、极有特色的音乐。另一部分是专门委托中国作曲家创作的新作品,作曲家包括郭文景、高为杰、朱践耳、潘黄龙、杨立青等。

我唯一一首民族器乐室内乐作品《三笑》就在这个契机下诞生了。为了写作《三笑》,我与华夏室内乐团的每一位演奏者就乐器的特点和演奏法进行了深入交流,请他们为我做示范,了解他们各自的乐器以及每一位音乐家的演奏特点和技能。我也提出一些音色的设想,请演奏者摸索是否能够实现。在作品完成后,我与他们一起进行切磋,倾听他们的意见并进行修改。《三笑》中的很多手法,特别是筝和琵琶的某些效果,在那之前的民乐合奏作品中是绝少听到的。必须要说的是,《三笑》的四位演奏者张维良、陈一涵、常静、赵承伟除了技艺超群之外,他们的艺术涵养也都给我留下深刻印象,从那以后他们都成为我长期的合作者。从《三笑》的演出开始,之后的二十几年,只要有可能我就会利用国外乐团演奏我作品的机会,在排练间歇向乐团介绍中国民族乐器和民乐演奏家。

华夏室内乐团在音乐节上的两场音乐会给法国观众和专业人士留下非常深的印象,以至于音乐会一结束,里昂格拉姆(Grame)音乐中心的总监詹姆斯·吉鲁东(James Giroudon)就联系我,提出希望邀请华夏室内乐团于下一年参加里昂舞台音乐节(Musique en Scene),并请我做顾问,帮助他们组织与中国音乐相关的曲目。接到他的邀请,我知道我们为中国民乐的努力见效了。

在"阿康特中心"音乐营第一次当教授

1997年我应邀作为阿康特中心音乐营("Centre Acanthes",为年轻作曲家和演奏家开办的国际音乐营)的三位驻营教授之一,另外两位是马可·斯托帕(Marco Stroppa)和马克-安德烈·达勒巴维(Marc-Andre Dalbavie),地点在法国南方阿维尼翁新城修道院(the Chartreuse de Villeneuve-lez-Avignon)。这是我第一次面对来自全世界的青年作曲家进行讲座和指导,而我自己在七年前还是达姆施塔特音乐营的学员,心里不无感慨。

由于我在这里任教,吸引来近20位从世界各地来的中国青年作曲家参加音乐营。远在法国,见到中国同学,与在中国见到的感觉很不一样,在另外一个文化空间谈论创作、谈论创作的属性和音乐家的个性,头脑显得更加清晰。可见环境对人的无形影响。

音乐营举行了教师作品专场,演奏了我的《水调歌头》《道情》《三笑》,为此专门将荷兰新音乐团和华夏室内乐团请来演奏。在我的建议下,还为华夏室内乐团组织了中国传统音乐专场。各国作曲家和演奏家对中国民乐的表演兴趣很浓,因为这里与通常中国民乐出国面对的观众完全不同,他们都是音乐专家,不可能像一般观众那样娱乐性地对待音乐,马克-安德烈·达勒巴维跟我说,筝发出的很多声音都让他意外地感觉有电声的神秘性,笛子的循环呼吸的连贯也让他极为惊奇。受这场音乐会的影响,他在几年后专门为民乐室内乐与管弦乐团创作了一首中西乐器混合的作品。

1998年贝桑松国际作曲大赛/指挥比赛

紧接着,贝桑松国际作曲大赛邀请我担任评委会主席。这件事让我稍感吃惊,因为那时我不认为自己具备这样的资历和影响。

但，谁知道呢，说不定在别人眼里有？总之，我接受了。这次比赛投稿很是踊跃，但质量却不尽如人意。我邀请了马可·斯托帕、我在达姆施塔特欣赏的德国作曲家尼科劳斯·A.胡伯以及伊夫·普兰（Yves Prin）等担任评委。但无论结果如何，因为做评委会主席，我借这个机会说服了贝桑松音乐节主席，将著名的贝桑松国际青年指挥比赛的亚洲区预选赛，由日本移到了北京，为很多中国青年指挥家提供了一个锻炼自己展示自己的平台和机会。

梅西安国际钢琴比赛／巴黎音乐城"龙之声"中国音乐节

巴黎音乐城（Cite de la Musique）是布列兹倾后半生精力构想和创建的大型音乐中心，目前里面包括巴黎高等音乐学院、巴黎爱乐音乐厅、大音乐厅、小音乐厅、音乐博物馆、现代音乐文献中心、巴黎管弦乐团以及音乐普及机构等。2000年，梅西安先生的遗孀伊雯·洛里奥提议请我为这一年的梅西安国际钢琴比赛创作参赛选手必弹曲目。尽管我没有多少钢琴作品写作经验，但我没有理由拒绝师母的请求。那时正巧我在创作《大红灯笼高高挂》芭蕾舞剧音乐，所以就以其中的京剧音乐素材为基础，写作了钢琴独奏曲《京剧瞬间》。写好之后，因为对自己的作品质量心中没底，所以在12月7号第一天比赛时我没有出席，结果评委之一、我的好朋友乔治·本杰明（George Benjamin）打电话问我为什么不出席，我支支吾吾说不清楚，他说，你不来伊雯会不高兴的，我只好硬着头皮去了。比赛在巴黎音乐城大音乐厅举行，待我拿着谱子落座，听到一个个选手认真演奏着我的作品，我的心瞬间被触碰到了。这又是一个有生以来第一次，自己的作品被几十个来自不同国家的钢琴家那样认真地演奏，这种内心感受到的"富有"实在无法形容。每一位选手都以他们对我这首作品的理解，以他们最好的水平演奏同一首作品。这使我意识到，在不同钢琴家手下,音乐给人的感受竟可以如此不同:在同一个下午、同一架钢琴上、同一个空间,同一首作品时而显得神采飞扬,时而变得一塌糊涂,有时让人神往,有时令人走神。最终,来自英国的20岁选手阿利森·法尔(Alison Farr)以她精湛的演绎获得了"陈其钢作品演奏奖"。

与梅西安钢琴比赛同时,巴黎音乐城举办了"龙之声"(la voix du Dragon)中国音乐节。我与索邦大学民族音乐学教授弗朗索瓦·皮卡尔(François Picard)同被任命为音乐节顾问。音乐节包括中国民乐演奏的中国传统音乐音乐会和新作品音乐会、不同民族乐器的独奏音乐会、西洋室内乐团的中国新作品音乐会、中国音乐专题讲座,还有一个大型中国传统乐器/钟鸣乐器展览。为这个展览会,专门将湖北曾侯乙墓出土的整套编钟(复制品)运到了法国。

为了筹备这场音乐会,我利用1999年11月随法国国家交响乐团在中国巡演《逝去的时光》之机,挑选民乐独奏演员、组合和新作品。这让我认识和了解了一批中国民乐演奏家,仅二胡就有宋飞、严洁敏、马晓辉、段皑皑、马向华……杨茹文组建的上海音乐学院民族打击乐团给我留下深刻的印象。民乐室内乐组合最终决定以张维良带领的中国音乐学院天音室内乐团为代表。

记得在巴黎音乐城排练时,一位不知谁介绍来的扬琴演奏者Wang Chengyi(译音)在为二胡独奏伴奏时,奏出各种简易西洋和声和惨不忍闻的琶音,这在国内教育与演奏中是习以为常的做法,但我却不接受,我认为这不叫洋为中用,而是对中国传统与西方和声的庸俗化的拼凑。我毫不留情地叫停了排练,她表示非常不解,我也不想解释,而且也无法解释,就将节目取消了。在中国传统音乐中,从来没有和声的概念,民乐的丰富性体现在每一个声部时而同时而不同、你走你的我走我的、和而不同的趣味。我认为即便是大齐奏,也比掺杂进自以为高级其实不伦不类的西洋和声更朴实动听。既然由我负责在国外演出民乐传统音乐专场,我就不允许"杂拌传统"。对于中国民族民间音乐调式的重视与研究，国内这几十年越来越被疏忽，70年代以后出生的大多数作曲家和演奏家对此的了解有限、概念模糊，写一部作品，甚至是一首歌，只注重音乐本身的结构与"动听"，而意识不到作品背后文化个性的缺失。这个问题，在77级上学时虽然并未讨论过，但他们之中绝大多数人的作品却不会犯这种低级错误。音乐的个性很大程度体现在调式上，无论什么调式都会反映出历史与文明的深层特点，注意这个问题是一个专业作曲家起码的素养。

在我挑选赴法国参加演出的民乐演员过程中，发现了青年二胡演员马向华。她不像宋飞那样善言辞，也不像马晓辉那样鼎鼎大名，但24岁的她演奏二胡时的内在柔韧度和极大的爆发力，是我在其他演奏者身上没有见过的。我觉得这样的演员如果仅混迹在民乐圈中有点浪费，就跟指挥迪图瓦建议，能否在法国国家交响乐团排练空隙，请她为乐团全体音乐家演奏一两首曲子，迪图瓦欣然同意。前一天乐团去了故宫和天坛参观，第二天上午排练，排练开始之前我请出马向华，她坐上指挥台，面向乐团演奏了《江河水》和《查尔达斯》舞曲。过程中我观察乐团音乐家，他们被马向华的演奏吸引住了，包括迪图瓦都难掩惊喜之色。演奏结束，一片安静，之后音乐家们沸腾了！乐团艺术总监Patrice d'Ollone和行政总监两人稍一商量，上来跟我说，他们希望邀请马向华去法国与乐团合作，有没有可能？我将他们介绍给马向华，马向华欣然表示同意。法国著名音乐杂志《标准音》(*Diapason*)随团记者随后发表了一篇文章，其中说到马向华的演奏时形容道："令人惊艳的二胡演奏家马向华在乐团面前的演奏，使得刚刚参观过的故宫和天坛黯然失色！"

之后，迪图瓦建议我专门写一首二胡与交响乐团的协奏曲，由马向华担任独奏，于2002年4月在蒙特利尔首演。这是后话。

"龙之声"音乐节的举办和法国国家交响乐团邀请马向华及其

后续,是非常好的"中国音乐走出去"的样式。它们都不是由中国推出,也不由中方组织、中方出资,而由外方主动提出和组织。其原理很简单:你有独立的特点和质量,对方有兴趣了解。文化交流是精神交流,凭一厢情愿和财大气粗是不够的。

2002年法国国家广播电台音乐节中国专题

从2001年至2010年,法国广播电台现代音乐部由勒内·鲍斯克(Rene Bosc)先生主持,他给予了我非常大的支持。在他的推动之下,2002年春季的法国广播电台现代音乐节又由中国新音乐唱主角。

这次音乐节有两件我印象深刻的事:

1月30日晚,谭盾指挥法国广播爱乐乐团和芬兰大提琴家演奏他为电影《卧虎藏龙》创作的电影配乐组曲,演奏到中间时观众逐渐闹起来,多位观众高喊:"够了(ça suffit)!"喊声越来越大,最终影响了演奏。担任指挥的谭盾停下来转向观众说道:"这是音乐,不要那么严肃!"这件事让我思考,我们究竟应该怎样。观众对这种类型的音乐,尤其是获得了奥斯卡最佳音乐奖的音乐的负面反应,绝不会发生在美国,也不会发生在中国,那么法国观众的反应说明了什么?他们代表音乐的高素质和音乐的将来吗?老实说,我不认为一类观众可以真正代表什么。那么是地域与文化的不同造成的趣味差异吗?特别是,法国人通常有自认高人一等的文化品位,并经常以"政治正确"的居高临下审视一切。1913年,斯特拉文斯基的《春祭》首演在巴黎被嘘,是因为《春祭》的先锋;而谭盾80年后在巴黎被嘘,是因为他的通俗。那是否可以认为,《春祭》的先锋与谭盾的通俗相对于它们产生的时代都代表了一种超越时空的前进呢?这是一个没有答案的问题。

2月6日,我的《蝶恋花》由汤沐海指挥法国国家交响乐团首演,六位独奏独唱演员都来自中国,他们是马帅(青衣)、吴碧霞(女高音)、柯绿娃(女高音)、李佳(琵琶)、王楠(二胡)、常静(筝)。一个小插曲,由于京剧演员马帅没有受过视唱练耳训练,每次该她演唱时,指挥必须专门向她示意,如果不示意,她就不会进来。而首演需要照顾的方面很多,又有六位独唱独奏演员都需要照顾到,万一汤沐海指挥哪一次没有给马帅示意,她不唱,就会影响整个作品的进行。正巧在德国进修的张艺从德国赶来看首演,我就跟张艺商量,请他也拿一份谱子,在观众席指挥马帅。张艺非常热心地接受了这项特殊任务,演出时特意坐在观众席第一排,每到马帅要唱之前,就轻轻抬起右手食指,马帅会意……首演非常成功。在演出之前,法国电台已与EMI唱片公司总裁阿兰·朗瑟隆(Alain Lanceron)商谈,决定对音乐会现场进行高分轨录音,并在之后出版专辑。现在大家听到的《蝶恋花》的录音,就是这次首演的现场实况。

我不会放过这样绝好的向法国听众推荐中国传统和现代音乐的机会。音乐节又一次请来天音室内乐团举办了两场音乐会,一场纯传统,一场新作品。另外法国广播爱乐室内乐团演奏了杜薇的新作。

法兰西"上流社会"那些事

2002年2月12号,借希拉克总统爱丽舍宫酒会的机会,中国大使吴建民将我介绍给希拉克总统。当希拉克总统得知我刚刚完成《大红灯笼高高挂》舞剧音乐时,兴致勃勃地表示他看过电影《大红灯笼高高挂》,而且从头看到尾,觉得太美了。谈话间,我问总统有没有文化顾问,他热情地说:"有啊,能为您做些什么吗?"我说我能不能见见他,有些中法文化沟通的想法想跟他谈谈,希拉克当即请在他身边的好朋友雅克·图鹏(Jacques Toubon)转告文化顾问,并让我将联系方式给他。我其实怀疑这是不是总统的礼貌敷衍,作为一个西方大国的总统,要管的事何止是太多,怎么可能顾得上一个小小作曲家的不明原因的诉求?没想到,几天以后,我接到总统府来信,说:得知您希望会见希拉克总统的文化事务顾问罗赫·奥利维尔·迈斯特(Roch-Olivier Maistre),我们恭请您于某日某时到爱丽舍宫与顾问见面。说实话,参加官方宴席总会有不少人,也没有预定的话题,只是一个上流社会的聚会(mondanités)而已。我在这样的聚会、场合遇到过不少政界和文艺界的重量级人物,有些宴会桌上的对话也是非常有意思的。但这次与法国总统文化事务顾问的会见,是唯一一次由我主动发起的"一对一"的会面。我必须让谈话内容充实,目标清晰,不能显得无聊。对此我是有一点兴奋的,因为我可以借这样的机会从平时根本不可能有的视角看文化、看国家、看历史、看世界。那次会面给我印象最深的是,迈斯特先生跟我介绍,虽然法国是个民主社会,但归根结底,贵族社会的传统还深深保持着,很多文化政令的传达与实施,仍旧要依靠某一些个人、个体的权威力量来实现。他给了我一些非常有益的建议和卓有实效的帮助,特别是在中法文化年两国文化交流项目推进方面。其实,中国又何尝不是这样,过去两千年遗留下来的传统,无论是好的还是坏的,都时时事事处处表现在今天从上到下的社会生活中,想要改变它,谈何容易。

  那些年我还相继有机会与法国总理、外交部长和来访的中国政要有过接触。2000年前后的我,与今天的我不同,我还充满朝气、精力充沛、非常自信,想在作曲家这个角色之外实现和完成一些重要的计划和使命,而近十年,经历了更多人间沧桑之后,我除了对自己看得非常清楚的事务努力之外,开始对上层社会的你来我往保持距离,即便是再有权力的人物,再耀眼的名头,我都不再有兴趣。经验告诉我,权力与影响看似可以调动一切资源、改变一切现象，但却不能改变人的灵魂。文化需要从最底层搭建，对每一个个体漫长的心灵改造过程，越依靠和相信权力去快速实现某种成果，文明世界的基础就越容易坍塌。

"外国作曲家写中国"

2005年我与勒内·鲍斯克商量将法国广播电台现代音乐节移植到中国，取名"Presences China"（当代中国）。在这个框架之下每年在西方国家选择八位作曲家到中国学习了解中国民族乐器和民间音乐，然后每人为中国乐器和中国音调写一首短小的协奏曲。委托创作费和国际旅费均由外方出，中方只负责在中国的落地接待。作品完成之后将在上海举行首演，由中国听众选出最佳作品，并在之后由外方机构在他们本国组织演出。起初，我给这个项目取名"反向比赛"，意思是说以往的比赛都是中国音乐家到西方去参加西方组织的比赛，演奏西方作品，由西方评委评选，而这次我们彻底将方向反过来，是西方的作曲家到中国来学习中国音乐、为中国乐器写作品、由中国听众评审。我想通过这样的方式，让更多西方国家和更多西方作曲家了解中国，了解中国乐器，并通过他们的创作将中国民间音乐音调带给世界，让中外文化交流以一种全新的形式出现。这简直是一个疯狂的设想，既有挑战性又有趣味性，不但中国听众会有兴趣，外国作曲家也会兴致勃勃，还有毋庸争议的文化象征意义。我计划从2007年开始实施至2010年结束，预计四期，先后由法国、北欧、加拿大和英国推选作曲家来中国参加。

我将这个想法与正在法国访问的文化部部长孙家正和副部长孟晓驷沟通，他们非常赞许。之后我联系上海东方广播电台陈接章副台长，也得到他的支持和认可，并决定由上海东方广播电台与法国广播电台对接，将"当代中国"项目落地在上海。

但没想到，2007年计划第一期的准备工作基本完成，在上海的新闻发布会之后，遭到上海音乐家协会作曲家们的反对和抗议，他们的理由很简单："为什么要将中国人的钱花在外国人身上？"他们振振有词，群情激愤，满怀"民族主义豪情"，其中不乏对我个人的误解和攻击。上海作曲家们的这些反应，我都不好意思向法国组织方和作曲家们通报，怕破坏他们原本对上海的良好印象和创作的积极性。还好，上海东方广播电台没有因此而改变计划，我们按原计划实施，并顺利完成。

但上海作曲家的消极反应，在我心里还是留下了阴影。对比法国，每年委托很多作曲家创作作品，不论国籍只论质量。法国历史上之所以会吸引那么多世界各国艺术家在那里生活和创作，如毕加索、马蒂斯、凡·高、斯特拉文斯基、肖邦……包括中国的赵无极等一众画家，与法国的文化包容性直接相关。而上海，自诩亚洲金融中心、东方最开放的现代化城市、中国第一大经济中心，却有这等寡民在阻碍开放的文艺政策，难道"老克勒"们（专指老上海中产）只适合关起门来自娱自乐吗？

行走天涯的感触

1993年，我获得了一个美国基金会的奖励，去法国南方古堡Chateau de La Napoule居住和写作，计划是1993年和1994年共两年。这个古堡在戛纳附近，深入到地中海中，非常漂亮。第一年，黎耘和雨黎来看我，我们租车出去玩，因为没钱，租了一辆最小最便宜的菲亚特小红车。开到地中海边的小公国摩纳哥，那里的赌场世界著名，我们当然没钱赌博，但想进去参观一下，就在赌场门口停车。门口停的都是豪车，保安看到我们的小车，不允许停，但我不管，一下就钻进去了。我性格中的执拗在这种时候就像一个不听话的小野兽，一旦蹿出来，谁都管不住。保安强制我们离开，我就使劲儿摁喇叭，坚决不服从。很多人都围过来了，保安说你再摁喇叭，我就叫警察了。黎耘在后边一直叫我，说：陈其钢！陈其钢！你冷静点儿。我感觉到的是那种，就是屈辱，或者说，是觉得这个世界不公平！豪车可以停，我的小车为什么不能停！？所有这些，会强化人的性格、性情中的某些侧面。当然，这与天性有关，有的人碰到这种事，可能就逆来顺受了，比如黎耘就不会有我这种感觉，叫走就走吧。我不行，我不能听呵斥，谁一发火跟我喊，就会引起我的反抗。

出国以后对"祖国"这个概念会有更多的感受和思考。对比很多第三世界小国家，会感到出生于一个独立的，有自己的语言、历史、文化和传统的大国，无论这个国家有多少不足，都会因为它是中国而有一种敦厚感。即使是那些在海外的"持不同政见者"，也会因为他们来自中国而受到更多的瞩目并从中获益。一个国家是贫穷、弱小还是强大，在海外生活的侨民比在本土的人群更能感受心理方面的差异，他们可以直接了解外国人的态度，也可以直接了解中国发出的种种声音。这些信息更少被过滤，使人们更容易对自己的家乡有真实的感受。

比如我，离开中国以后才开始对中国文化有更深的关注和了解，就好比我们在中国听到阿拉伯音乐，会立即感受到它的异国风情，而没有离开过阿拉伯国家的当地人，则不会有这种感觉。离开中国，我发现中国传统音乐鲜明的独特性，这些特点在国内时我并不知觉，中国文化只有放在世界大环境中，才更显现出它的特色和不同。

出国以后，中国发生的一切更令我牵肠挂肚，爱与痛更具体，而这些在国内时就如同闻不到自己身上的味道一样，是无法感知的。中国在世人眼中是什么形象，国际地位如何，国际影响如何，在国内只能通过独家新闻了解，而出国之后则可以时时刻刻更为立体地感受。

过去这40多年,随着中国经济状况的逐渐好转,中国人的心理状态也明显变化。20世纪70年代末改革开放初期,中国青年热衷西方的喇叭裤、蛤蟆镜、T恤衫、立体声音响,各处都有美元黑市,满街盗版碟,公开印刷和销售盗版书籍,大批年轻人,包括歌星、演员,诸如朱明瑛、郑绪岚、陈冲、苏小明、张瑜……纷纷奔赴西方寻找机会。就连中国的货币,也分为人民币与外汇券,拿着外汇券能购买国人买不到的商品。人们延续了五四以来崇拜西方、学习西方、引进西方、投奔西方的传统,批判和摒弃中国传统文化在那个时代是一种时尚。我正是在那种风潮之下奔赴法国,一个"梦中的理想国"。我们一起公派出国学习的一百二十几位研究生,在四至五年的学业完成之后,只有极少数人回国就业,绝大多数都滞留国外没有回国。

在中西方两个世界互不相容的时代,这是普遍的现象。那时中国大陆的普通公民想要跨出国门,比登天还难,不但外国不欢迎,中国也不允许。想象一下,自己的家门是被内外两面锁着,无论从里面还是从外面都不能自由出进,是一种怎样的感受?我不知道是否考虑到这个因素,当时中国的留学生政策极为开放,我们出国以后除了教育部定期组织学生联欢、看电影、参观,几乎感受不到有组织的管控,也没有60年代和"文化大革命"时期的严格汇报制度。教育部对我们的要求是,希望学成回国,但实行邓小平所讲的"来去自由"的原则。根据中国教育部与法国政府的协议,中国留学生分为两部分,由法国教育管理机构在留学生中挑选小部分学生由法国政府出资负责生活和学习费用,其余的由中国方面负责,法方助学金比中方助学金额度高。我被选择为法方出资的学生,但我并不了解法国政府挑选学生的原则。今天看,当时中国政府的开放性留学生政策是非常开明的。那时中国与世界的差距很大,尤其在科技财经领域。因为中国的这个政策，中国派出的大批留学生，学成之后融入当地社会，并进入西方的各种机构，他们为中国建设的方方面面做出的贡献是不言而喻的。

乔治·斯坦纳说："只要给我一张书桌，我就可以找到我的祖国。"而我作为一个作曲家，只要给我一张书桌，我就可以找到我的精神家园。无论在巴黎还是在北京，或是在浙江的山区，我需要的都只是一张书桌、一架钢琴、一台电脑。真正的艺术家，灵魂首先是人性的，其次是文化的，最后才轮得上家园。人类文明的一大阻隔是国界，什么时候人们能够打破国家的界限，用人类共同体的眼光对待世界，世界才会和平。就如同我写的小歌《我和你》，它并不是一句简单的口号，而是我的梦想，尽管这个梦想是不可能实现的，甚至是幼稚的，但我宁愿像刚到法国碰到的老海员一样，做一个心有大爱的世界公民。

> 我和你心连心，
> 同住地球村，
> 为梦想千里行，
> 相会在北京。
> 来吧朋友，
> 伸出你的手，
> 我和你心连心，
> 永远一家人。

十三　风雨过后见彩虹

从巅峰到低谷——《逝去的时光》

1994年秋，我的室内乐作品《广陵之光》在荷兰艺术节演出，我发现担任演奏的德意志室内爱乐乐团（Deutscher Kammerphiharmonie）的双簧管首席格外出色，他的音色透亮、坚韧、清晰而不失内涵。演出之后我到后台祝贺时，看到了这位演奏家罗德里构·布鲁门施托克（Rodrigo Blumenstock）。我热情地夸赞他，他特别高兴。我们谈得投机，双方都表示出合作的意愿，于是乐团经理当场邀请我为乐团写作一首双簧管协奏曲。以这样的方式如此神速地决定一个乐团的委托创作，在我的音乐生涯中是唯一的一次。罗德里构原籍西班牙，他身上兼有拉丁民族的热情执着和德意志民族的一丝不苟的性格特点。为了协助我完成这首作品，他专门来巴黎向我介绍和讲解双簧管特性以及20世纪双簧管演奏技巧的发展与他的绝活，他的现身说法给了我很大的启发。

1995年7月份我写了《道情》，9月份写作《逝去的时光》。这两部作品几乎是姊妹篇，之所以都有些另类，都那样不顾学院音乐界的规矩，或多或少与这一时期的环境和经历有关。与我同在法国留学的年轻作曲家莫五平于1993年英年早逝，他在最后的作品《凡一》中引用了陕北民歌《三十里铺》的音调，我想以答和的方式，将《三十里铺》作为主要素材用在《道情》中，以表达我对生活的感受和对莫五平的纪念。

当时我住在北京一个小区，朋友帮我借了一架电子琴，我将自己关在小屋里，一工作就是一整天。电子琴不如电钢琴，就是一块板，发出很业余的卡西欧电子玩具的声音。我在这个简陋的工具上设计了《逝去的时光》的和声结构。

《逝去的时光》写作的前一年，1994年，我联系了马友友，希望他首演这首作品，委托创作的法国国家广播电台总裁让·马厄（Jean Maheu）也亲自出面邀请马友友参加，马友友接受了邀请。双方商定于1996年6月在巴黎首演，法国国家交响乐团的乐季册也发布了这个计划。但由于事业途中突然出现的变故，马友友取消了1996年所有的演出，休息一年。法国国家广播电台音乐总监让-皮埃尔·阿尔蒙格（Jean-Pierre Armengaud）询问我，是更换另外一位大提琴家按计划上演，还是等待马友友的下一个档期——1998年春季。我不假思索地表示，等待马友友。人生苦短，确实有很多事需要只争朝夕，但与只争朝夕同等重要的是最佳时机。在由一位不那么杰出的大提琴家立即首演，还是等待自己钟爱的优秀演奏家首演之间，我选择了最优，而不是最快。而这一等，就是三年！对于一个心怀憧憬和抱负、急切希望证明自己的作曲家来讲，三年是漫长的。

1998年4月中旬，马友友从美国来到巴黎，住在巴黎一位朋友家里。他性格很是可爱，总是面带微笑，容易交往。但同时，又让人感到礼貌面孔后面适度的距离感。好像微笑只是处世方法，分寸感是明白无误的。

我们私下一起排练了两次。坦白地说，我的涵养比他差得太远。

第一天他给我演奏了一遍，与我所希望的结果相差甚远，"孩子"竟被糟蹋成这样，我心中很是失望，向他一句一句讲解我的原意，并一起逐句过了一遍。排练完回家的路上，我一路郁闷，怀疑自己的选择和等待，也失望于自己的写作，总之一切变得暗淡无光。夜里，我辗转反侧，像过电影一样回顾着上午排练的场景，越想越坚定，无论是我的错还是他的错，都没有退路，必须调整好自己的状态，迎接第二天的排练。

第二天再见到马友友，我惊奇地发现他的演奏有了明显的变化，心中的希望隐隐生了出来，估计我的脸色也好看了。

第三天是迪图瓦指挥法国国家交响乐团与马友友第一次合排，马友友带着他的招牌微笑走上台，显得胸有成竹，在排练中俨然成了音乐的灵魂。

第四天，4月23号首演日。上午走台，马友友的表现简直令人惊艳，无论技术还是音乐都让坐在观众席的我跟着他神游，我几近忘记他演奏的是我的作品，像是在欣赏一首很熟悉又完全陌生的杰作。对于经常会在排练时吹毛求疵又自惭形秽的我来说，这是绝无仅有的一次。

当晚的首演在香榭丽舍剧院举行。大厅灯火辉煌，法国广播电台总裁让·马厄先生夫妇偕同中国驻法国大使蔡方柏夫妇一起出席了音乐会。观众爆满，我的出版商和各方朋友们也无一缺席。

马友友当晚的演奏除了技巧与上午连排同样无懈可击之外，又增加了现场表演的激情和感召力。我坐在观众席，装得若无其事，实际紧张得喘不上气来，苦等了三年的我，要是平静如水就不正常了。这时我特别理解为什么有些作曲家会在首演现场晕倒，甚至心脏骤停。

曲终，观众疯狂了。我被簇拥着数次上台谢幕，面对观众的起立鼓掌，我激动异常的同时又手足无措，终究是有生第一次经历这样的场面，以至于慌乱中犯了一个很久都难以原谅自己的错误。我这个大场面的菜鸟，加上平时没有八面玲珑的习惯，在前两次走上舞台时表示感谢的焦点始终集中在马友友身上，而没有注意指挥迪图瓦在另一方向我伸出热情的手。他立即表现出不悦，回到后台后扭头就走，再也不理我。在舞台上谢幕有很多约定俗成，是不能违规的，如何向指挥表示感谢，向独奏表示祝贺，向乐队首席致意，向乐队致意，向观众致意，如何鞠躬，谁先下场，谁在其后，等等，都需要很多经历之后才能游刃有余。

我的手足无措，也被乐队队员看在眼里，当我走到侧幕边，圆号首席过来跟我说，你是一位伟大的音乐家，在台上显得太谦虚了（être trop modeste）。这句话让我回味良久。我怎么就是伟大的音乐家了？我太谦虚了吗？

音乐会后，法国音乐版权组织（La SACEM）在剧院大厅为《逝去的时光》首演举办了隆重的鸡尾酒会，出版商以及一路支持我的各界朋友和与会者热情的祝贺纷至沓来，让我有点应接不暇。晚上回到家，回想过去飘忽不定的几天的点点滴滴以及来到法国这十几年的各种坎坷与机遇，一夜兴奋难眠。

第二天上午，出版社老板弗朗索瓦·戴尔沃（Francois Dervaux）打来电话，告诉我《世界报》有一篇非常苛刻的乐评。我让他传真给我。

这位乐评人将《逝去的时光》形容成一个"廉价粗俗的冒牌货"。文章没有分析和理论，只是对着一首他不能接受的、与"先锋音乐"格格不入的作品发泄愤慨，同时从字里行间也感受到酸酸的刻薄，对比先锋音乐那小场地、小观众、小乐团，这样一首"垃圾"竟然会引来如此名独奏、名指挥、名乐团，还如此轰动，如此庆典，如此搅动人心（可能对他来说是搅乱人心）。

不过，作为在业内生存的我，昨晚的喜悦瞬间荡然无存，文章像一盆凉水当头浇下，我感觉被重重地伤害和侮辱了。这是我头一次经历这样的场面，一夜之间冰火两重天，让我蒙在那里。一般来讲，拉丁语系国家，诸如法国、意大利、西班牙等，乐评远不及英语国家那样活跃，大多数时候媒体对音乐会评论没有兴趣。正因为如此，当有一两篇乐评出现时，会引起人们更多的关注，乐评的权威性也更为显眼。以至于之后的一段时间，我注意到我的专业伙伴、朋友、那些热情支持我的人的态度有微妙的变化。出版商问我："其钢，是不是应该适当考虑调整一下自己的写作方向？"几乎没有一位朋友站出来跟我说一句支持或温暖的话。这让我想起"文化大革命"初期，我被批判，同学们忽然表现出众叛亲离的冰冷和漠然。

我不能接受文章作者的"政治正确"和高人一等的视角，在他眼里音乐似乎有正确的与错误的、进步的与反动的，就好似苏联时期的音乐评论在当下法国的翻版，只不过苏联乐评的假想敌是反社会主义、反人民，而法国乐评的假想敌是违背"先锋主义"美学的老朽。身历其中，我感受到法国不像我想象的那样"自由与民主"，面临的压力虽然不是武力的，但也是官方美学顺我者昌、逆我者亡的压抑与控制。只有顺从，可以生存，不顺从者，必遭排挤。

一段时间里，我在屋中像困兽一样踱步，反复自问：

我错了吗？错在哪儿？

我庸俗吗？我媚俗吗？俗的定义是什么？难道写成他要的样子就不是媚俗了吗？

为什么我如此用心、如此诚实、如此精心写作，会遭此冷酷嘲讽？

为什么我喜欢，你不喜欢，就是你对我错？

恶毒的攻击与真心的祝贺，孰真孰伪？

为什么法国这个"自由世界"连我这小小作曲家的信马由缰都不能容？

难道世界到处都是这般狭隘吗？

作曲有意义吗？

十三 风雨过后见彩虹

我如果这样坚持下去,有前途吗?
我要放弃吗?

整整一个多月我彷徨在家,什么都没做,前方变得一片迷茫。

有时我也在安慰自己,"文化大革命"中,我才十四五岁就遭受众叛亲离的打击,父母亲人均不在身边,那时所面临的是"政治生命"的终结。在那个年代,一个"政治生命"宣告死亡的人,无异于"社会性死亡",前途渺茫。即便那样地残酷,我不也一个人挺过来了吗?相比之下,"美学观念死亡"又算得了什么?知识分子之间的你是我非,有那么严重吗?我是不是想太多了?

重新上路见《五行》

正在此时,法国广播电台总裁办公室联系我,问我有没有兴趣接受一首新的委托创作,为法国音乐台新创的系列广播节目作一首管弦乐作品。作品必须分为五段,每段两分钟,共十分钟,完成后将在周一至周五每天播出一段,周末时播出全曲,乐曲的文学内容由我决定。我毫不犹豫地欣然接受。这个委约在我最沮丧的时候告诫我,道路并非那样狭窄,世界并非那样阴暗,观念并非只有一种,有人始终支持我认同我,我要抓住这个机会,让更多人了解我的追求和水平。

在这种境况下,《五行》诞生了。

我用了四个月时间写作《五行》,这是我所有作品中最呕心沥血之作。之所以这样说,是因为它是在压抑之下产生的一部希望之作。"满腔的热血已经沸腾,要为真理而斗争,……"用这样的歌词来映照我当时的心态一点都不为过。我有一股怒火,有一腔热血向外喷涌。我想尽全部能量表述心中的极致:音色的极致,和声的极致，节奏的极致，织体的极致，配器的极致，结构的极致，细腻的极致，情感的极致。

四个月时间，我将自己关在房间里思考、踱步、总结、写作、聆听自己内心的声音。完全没有说话，只是思考和写作。四个月之后，艾克斯-普罗旺斯（Aix-En-Provence）大学请我去讲课，到了那里走上讲台，我发现竟然失去讲话的功能，一时失语了。我有点害怕的同时，又有些许兴奋，害怕自己从此失去表达的能力，兴奋自己能够如此专心致志于音乐世界。

《逝去的时光》为我带来思考，《五行》为我开拓更宽的视野。这两部作品后来都成为我最为世界所知、最常被演奏也最受欢迎的作品。2018年2月，巴黎爱乐音乐厅为我举行肖像音乐会，由巴黎管弦乐团演奏了《五行》和《逝去的时光》，纪念它们诞辰20周年。20多年过去了，《逝去的时光》早已离开我的呵护，展开自己的翅膀在世界飞翔。

今天，回看当年的消极乐评，我有了更多的坦然和理解，人的认知受限于各种小圈子的标准，我不能苛求。曾经有多少作曲家受到过乐评、权势或观众的不公待遇，但那些振振有词的、不容置疑的、义愤填膺的、"绝对正确"的指责之声随着时间的推移，变成了历史的沉疴，留下的却是那些"一无是处"的作品。同时，美学的争论，如同作品一样，各有各的追求和爱好，无所谓对错。站在他的立场，不会认同我，我也不会认同他，只要不以指导者自居去排斥异己、打击弱者，他爱说什么就说什么，对一个成熟的艺术家最终不会形成影响。

与众多艺术家的共享之旅《大红灯笼高高挂》

虽然创作于2000年，首演于2001年4月底，但起因可以追溯到1991年法国版权组织授予我40岁以下年度优秀作曲家奖,在颁奖会后我认识了来采访的《欧洲时报》记者陈晓燕,并成为朋友。陈晓燕在1999年介绍我认识了她的表舅妈、中央芭蕾舞团团长赵汝蘅,随之与中央芭蕾舞团合作芭蕾舞剧《大红灯笼高高挂》,并与张艺谋相识。

如今,时隔22年,如果要我来介绍这部芭蕾舞剧,我认为《大红灯笼高高挂》是中国有史以来第一部大踏步跨界的创新芭蕾舞剧。无论创作团队、创作观念和手段、融资方式、管理方式、推广方式,在当时都与过去任何中国舞剧拉开了距离。它没有国内创作常见的意识形态先入为主,没有领导意志凌驾于艺术创作之上的外行领导内行,它不受任何中外古今艺术框框的限制,做到了大胆创新不拘一格,紧紧抓住中心主题,调动各种手段将其发挥得淋漓尽致。

对我个人来说,《大红灯笼高高挂》是我走出家门,与其他领域的艺术家合作的第一次尝试。在这之前,我只需要想我能做什么,要做什么,如何做好,不需要考虑剧情的需要,导演的要求,编舞的限制,演员的特点,舞台意境和舞蹈律动与音乐的关系,更不考虑政治的、社会的、经费的、大众的影响。这次,一进芭蕾舞团,就是一个全新的天地,看到一群完全陌生的"物种",无论男女都扭动着腰肢、翘着屁股、支着胳膊、挺着脖颈、撇着八字脚,习惯性地毫无意识地"故作姿态",我觉得好新鲜。

张艺谋,一个久闻大名的传奇人物,平易近人,朴实无华,但才思泉涌,到哪里都有一帮人跟随,绝少见他一个人独往独来。与张导的合作是愉快的,他为人务实,不阴暗,不多事,不家长里短,善于听取各种意见,知道自己要什么不要什么的同时,绝不以势压人。他精力旺盛,好点子层出不穷。他在权势面前虽稍显谦恭,但绝没有对下颐指气使。

除了张艺谋,团长赵汝蘅是成就《大红灯笼高高挂》的关键人物。她有很高的艺术领悟力、音乐感受力和眼光，有强大的家庭背景，有艺术家般的对艺术家的理解和包容，却没有领导者常见的不可一世和不懂装懂。赵汝蘅的存在是《大红灯笼高高挂》的幸运。

中央芭蕾舞团为我在港澳中心（五星级酒店）顶层租了一个套间，配备了钢琴。我在那里工作了近一年。

《大红灯笼高高挂》舞剧的剧情重点突出了一位京剧演员与三太太的爱情纠葛，这为我发挥戏曲与音乐之间的交汇与融合提供了天然的空间，而这种交汇和融合也成为这部舞剧音乐最显著的特点。我采用了多组不同配置的打击乐，分量很重，以配合和支持剧本要求的张力和震撼效果。如第二幕中的"戏中戏"，远处是京剧，近景是芭蕾，传统京剧锣鼓四大件引出京剧演员表演场面，"京打"、"民打"与"洋打"交替重叠渐次化入管弦乐队，没有衔接的痕迹，打击乐变化的节奏让舞蹈动感十足。

细腻的音色在这部舞剧中对我特别重要，我需要在中国特有五声调式的"底版"上调出新的色彩，写得很是辛苦。过程中最顺手的不一定最好，最难产的也不一定最差，我最满意的段落是第二幕男女主人公离席偷情，神秘、缠绵、不安……尽在调制的变化朦胧的音色中呈现（这一段后来被发展运用在《蝶恋花》第二乐章中）；第三幕开始的音色十分奇特，很出效果；还有《麻将舞》，我让乐手们分别操45把中国算盘，标明了四种演奏法以及节奏型和音色，在起到麻将"象声"作用的同时，强化了表现人物性格、内心活动、相互关系的功能，大大拓宽了剧本中"麻将舞"三个字的戏剧表现空间。

在整个创作过程中，我多次走进排练厅，近距离感受芭蕾演员的世界。他们远比我过去想象的简单，男演员由于常年训练和模仿西方演员的举手投足，多多少少有点女性化，一招一式稍显矫揉造作，有些不现实。女演员更接近想象中的美，她们的舞姿与女性的曼妙身材相得益彰，更接近自然美的修饰与升华。

我的法国出版社毕洛窦对这个项目特别重视，他们不但嗅到了这个强强联手创作的舞剧巨大的市场潜力，也因为舞剧不同于纯音乐，属于大版权范畴（按照国际版权法的一般原则，纯音乐是小版权，舞台音乐属于大版权），大版权的音乐将收取票房收入的15%。如果《大红灯笼高高挂》创作成功并经常演出，将是一笔可观的收入。我作为毕洛窦的独家签约作曲家，芭蕾舞团必须与出版社达成合作共识，为此赵汝蘅专门赴巴黎与出版社谈判，希望出版社能降低音乐版权比例，达到中央芭蕾舞团能够承受的水平。没想双方都坚持各自的立场不让步，谈判失败了。我作为作曲家，夹在中间非常难办，两边都是我的老板，谁都不能得罪。音乐写作已近完成，出版社就是不向中央芭蕾舞团提供乐谱。在这种情况下，我没有了选择，对我来说钱是小事，首演是大事，在征求了赵汝蘅的意见之后，我开始寻找其他出版社。聪明异常的法国老牌大出版社杜兰德（Durand）向我伸出了手。他们与中央芭蕾舞团很快达成前50场每场版税3.5%的协议，终于在2001年初完成了总谱和分谱的制作。拿到谱子的时候，大家都非常开心，终于要开始编舞了！但由此而导致的与毕洛窦出版社的裂痕，是令我痛心的。

那个时候的我还很不成熟，自视过高，对很多外界的潜规则全然不知，可以说是一个在屋子里独自创作不问世事的愣头青。舞蹈编导希望先将舞蹈情节和舞步拍点编出来之后再让我根据几个八拍写音乐，被我拒绝了。我坚持音乐先行，编舞随后，编舞根据音乐的律动进行创作。舞剧的音乐必须自成一体，非常完整，不能受制于先入为主的节拍。团长和导演组接受了我的意见。

音乐写作完成之后，组织了两次与主要创编人员和主要演员的讲座，我向他们介绍我对舞蹈的设想。在与编舞一起工作的过程中，我发现，我所想象的与音乐相契合的舞蹈动作，与编导所想象的动作相去甚远。我不知道是我的舞蹈感觉有问题，还是他们的音乐领悟力有问题，这个落差从始至终没有解决。有的时候，我实在急了，会上台亲自动手启发演员寻找我要的感觉，但我的行为，又会引发演员和编导的误会，认为我越界，所以多数时候只能在一边干着急。如果有一天另外一组编导按照这个音乐重新编一个版本，我很好奇将会是什么结果。

我对自己的音乐非常笃定，无论演员和编导如何要求，从2000年音乐完成至今，除了在舞剧的最后增加了一段音乐，一个音符都没有改过。

首演之前，中央芭蕾舞团组织了一系列媒体见面会，每次见面会的宣传海报或文字都将导演张艺谋的名字醒目地写在最前面。有一次我忍不住在见面会当场表示不以为然。我对提问的记者说："舞剧的灵魂是音乐，而不是导演，历史上留下来的经典舞剧，人们都知道是谁创作的音乐而很少有人知道谁是编舞或导演，比如《天鹅湖》是柴可夫斯基的，《春之祭》是斯特拉文斯基的……"今天的我是绝不可能说出这种话来的。即便我说的可能是事实，即便有人会认同，但我能在那样的时间，当着导演、当着团长、当着演出经纪人、当着一众编导和媒体人说出来，足以说明我的幼稚。世界上有多种逻辑，我只注意到理性逻辑，而没有注意还有世俗逻辑、市场逻辑、人情逻辑、强弱大小逻辑等。什么时候，如果创作音乐的人能像柴可夫斯基那样有影响，作曲家的排名自然就靠前，否则，即便是天下第一作曲家，只要对舞剧的推广不起最关键作用，就只能屈居于后，这就是人类社会的逻辑，中国如此，西方也如此。

女性世界的素描《蝶恋花》

舞剧《大红灯笼高高挂》的音乐写作，我收获最多的是把我小时候受影响最深的那些传统戏曲大范围地用到音乐中,而且在演出、排练和实验的过程中,与京剧演员近距离接触和合作。尤其是中国京剧院青年剧团的青衣演员马帅,她的一招一式、念白、唱腔和姿态,给我很多启发,这些实践让我产生了写作《蝶恋花》的欲望。加上在《大红灯笼高高挂》写作中,积累了很多素材,但受舞剧时间、拍点儿、时长限制,不可能尽兴发挥,就激发我在2001年写了《蝶恋花》,一个专门的女性题材。从内容来说,《蝶恋花》也是我到法国生活、观察与接触女性世界之后有感而发的缩影。如果没有《大红灯笼高高挂》和法国生活的经历,我就是女性世界的"小白"。不过有时我又觉得,我写的不仅是女性,也是我自己,是阴与阳的合体感受,归根结底是人性的感受。最近这些年的作品,像《如戏人生》《二黄》《乱弹》,都不能说和自己的生活直接相关。它们或者是幽默的,或者是技术性的,或者是戏剧性的,但有思而发多于有感而发。

我在《大红灯笼高高挂》的实践过程中与演员有真实交流,不仅是音乐交流,也是情感交流。比如落实在《蝶恋花》第二段中的"羞涩",如果没有感受过京剧青衣特有的娇柔矜持、欲迎还拒,就不会抓住传统中国女性羞涩的微妙之处。唱词也是我和演员一起推敲试验出来的。昆曲《游园惊梦》中的女演员,总是戴着面纱,没有直白的表述,但通过词、曲、眼神、肢体动作,她们的内心却表现得淋漓尽致。"羞涩"一段中,"哎呀呀,好一个美妙的书生,我赞了他一声,美哉呀,少年",这些词,不仅是女性赞美男性,也是女性内心世界的反映,多数时候唱词、动作、眼神中所包含的心境,只可意会不可言传,绝不会像西方人那般直白地说出"我爱你"。

《蝶恋花》对人性,对男女内心世界的揭示、身心结合的微妙感知,是我之后的作品很少有也很难超越的。如果说我的其他作品也都是中西结合的产物,则《蝶恋花》不但是中西结合而且是任何西方作品和中国作品都没有共通性和可比性的另类。

尽管如此,我对它的评价仍旧有时低,有时高,有时觉得还行,有时觉得不行。只不过,经过20年的反反复复,它的位置不断巩固。而对这些,很多中国作曲家和乐评人并不认同,大多数人评论音乐的着眼点还停留在"责任感、民族性、社会性、政治性、历史性甚至人民性"等观念上,而我觉得这些着眼点,大多与音乐没什么关系。标签音乐都会做,既不需要内心,更不需要勇气,随大流而已。而男女、阴阳,是人类社会繁衍的根本之根本,本应大书特书,却要装得道貌岸然,既当婊子又立牌坊,我对此颇不以为然。

用道德评判来打击对手,是人类最为卑劣的行为,也为人类专有。全世界范围内,很少有哪里的权贵不虚伪,私下里做的和嘴里说的毫无关系。但法国常常是个例外,密特朗总统的情妇和私生女堂而皇之地出现在他的追悼会上;奥朗德总统一上任就离婚,与自己的情妇同居,并在不久之后又经常清晨骑着小电动车从另一位情妇家回总统府上班;萨科齐一上台就离婚,并娶了意大利著名歌星;马克龙中学时代就爱上了大自己24岁的已婚老师,并最终与其结婚。值得注意的是,法国大众和媒体从容接纳政要们的这些"瑕疵",没有道德审判,不会将他们的私生活作为评判他们好坏的标准。

如论社会责任感,我认为表现男女世界的丰富多彩就是《蝶恋花》的社会功能,它远比讨好权贵、歌功颂德、投其所好更需要勇气、需要责任感、需要手法、需要力量。

电脑工具的首秀《走西口》

2003年,在德国的朋友孔明辉联系我,说斯图加特室内乐团

（Stuttgart Kammerorchester）年底将计划去上海参加国际艺术节演出，问我愿不愿意为他们创作一首曲子，但是，由于事出太急，乐团已没有委托创作经费，所以不能付费。我手头正好没有在写的作品，就欣然同意了。没想到，这首为十七个弦乐器创作的不经意之作，成了我所有作品中在全世界流传最广的作品之一。

这首作品的写作是我第一次放下铅笔，启用电脑音乐软件的处女作。放下铅笔的原因并不是因为我喜欢电脑，而是因为常年握笔，右手拇指关节严重劳损，越想将笔握紧就越握不紧，担心有一天再也拿不起笔来写作。音乐写作软件的诞生，就像救命稻草，我立即托朋友从德国买来（法国那时还没有）开始自学。《走西口》写作之初，我对软件的操作还不很熟练，这首曲子几乎就是我的软件实习之作，作品完成时，我已经是一个打谱软件熟练工了。

我从1992年开始有自己的手提电脑，不要说我这一代人，即便是年轻人，我也属于先知先觉，放眼望去，很少有我这样对电脑操作系统如此熟练的老头。我在电脑上盲打，速度不亚于年轻人。所以学习打谱软件，对我来说并不困难，关键是快捷键的操作需要死记硬背和反复熟悉，花些时间而已。

真正掌握了软件之后才发现，与传统铅笔写作相比，电脑音乐软件有优势也有弊端，两者没有兼容性和互补性，比如在软件上进行复制、拷贝、移调、变调、模进、反复等简直易如反掌，而手写时却必须重抄或逐音写出，非常麻烦。但是，手写时的不规则记谱、人性化的标记、头脑中突发奇想的任意性符号等可以信手拈来，可在电脑上即便绞尽脑汁也不尽如人意，所以很多标记不得不简化，即便努力模仿手写也仍会显得死板，最终影响写作效率，也影响演奏效果。电脑的这些缺陷，我不得不接受。

最重要的是，工具的改变导致了某些音乐风格的变化，这是我始料未及的。对比2003年之前和之后的作品，会发现之后的作品再也没有了之前的那些近于丧心病狂的极致细腻,但在发展手法方面却比之前更加淋漓尽致和充盈满足。

奥运后的产物《二黄》

2008年春天,布西与霍克斯(Boosey & Hawkes)出版社的朱小蕾带着纽约卡内基音乐厅的艺术和节目总监来北京见我,当时我正忙于奥运会开幕式,就请他们到家里来会面。他们希望我为卡内基音乐厅下一年举办的亚洲音乐节创作一首钢琴协奏曲,首演由郎朗担任,迈克尔·蒂尔森·托马斯(Michael Thilson Thomas)指挥。由于我一心扑在奥运开幕式事务上,对严肃音乐有一点"失语"状态,就请他们给我一点时间考虑。8月8号,开幕式顺利结束,我在家休息了几天,收了收心,严肃音乐渐渐回暖,我心生一计,要写作一首和过去不太一样的、游走于现代音乐格局之外的、"任我行"的作品。我回复了卡内基音乐厅。

2009年10月,我去纽约参加首演排练,在这之前,我没有与郎朗私下排练过。我走进林肯中心的排练厅,排练开始。郎朗抬手弹出第一个音的一刹那,就抓住了我的心,他对音乐的理解和微妙的触键,让人无法走神,我心中暗说"真天才",还没有遇到哪一位演奏家,在没有与我事先排练的情况下仅靠自己读谱就能领悟一首他从不了解的音乐,而且与我想象的音乐如此契合。

但这首作品问世之后很长时间,我都不能肯定它在我的作品中占一个什么样的位置,有时觉得很温暖,有时又觉得太简单。甚至有一次在让-伊夫·蒂博戴(Jean-Yves Thibaudet)与里昂交响乐团的排练现场,当着独奏家、指挥和全体乐队队员,我脱口而出:"我觉得这是一首很平庸的作品。"闹得全体乐队队员一片嘘声。第二天,我不得不向独奏家和乐团表示歉意。如果作曲家自己都认为是一首平庸的作品,那音乐家们认真的排练和演出岂不成了犯贱?

最近浏览油管(Youtube),看到网民在我所有作品中评论最踊跃的就是《二黄》,绝大多数是喜爱,少数反感,这也从侧面证明了我对它的说不清道不明的感受。有一次,在工作坊上播放《二黄》,学员们都是领域内的专家,有的学员听得泪流满面,有的学员则完全不理解那些人因何而感动。这就是音乐与人的关系吧,就像人与人之间,有一见钟情的,也有避之不及的,喜欢的人据说可以闻到对方的体香,不喜欢的闻到的却是对方难以忍受的异味,没有道理可讲。

这就是奥运会开幕式给我的巨大冲击和影响带来的遗产,让我无形中与"现代严肃音乐"美学有了更大的距离。至于《二黄》这首作品,时至今日,我对它的评价仍旧是积极的。今后如何,就留给时间去回答了。

演奏家的鬼门关《万年欢》

在2012年国家大剧院新年音乐会上,几位明星演奏家在马泽尔的带领下演奏我的《我和你》的变奏版。在我到后台祝贺演出成功时,小号独奏家艾丽森·巴尔松(Alison Balsom)主动向我表示合作的意愿。我以为这只不过是演员们常见的礼貌之举,终究只是一首《我和你》的小调,不太明白为什么她希望与我合作,虽然很高兴她的邀请,但并没有放在心上。没想到她回英国之后,通过她的经纪人正式联系我的出版商向我表示合作意愿。出版商征求我的意见,我稍有犹豫,原因是,我最喜爱的是俄罗斯小号演奏家纳卡里亚科夫(Sergei Nakariakov),他柔韧绵长的气息和音乐表现力,吐音时特有的循环呼吸技术,都是世界独一无二的,令人叹为观止，所以一直想与他合作一首协奏曲，纳卡里亚科夫也为此来我巴黎的家两次，与我切磋小号技巧和特点。如果将首次写作的对象改为艾丽森·巴尔松，就会错过与纳卡里亚科夫合作的时机。但出版社并不认同我的观点，认为艾丽森是当今世界趋之若鹜的演奏家，与她合作才能为这首协奏曲带来更广阔的前景。我同意了。2013年春，艾丽森到巴黎演出，我们约好在她排练休息时在香榭丽舍剧院后台休息室见面，她很耐心地向我介绍了她的乐器，一支C调雅马哈小号，以及若干种她常用的弱音器的特点。我一一认真记下。

早在2006年，我利用空余时间建立了我的作曲素材库，将我喜爱的古典民间或戏曲音调进行整理、变化并配以和声，或者将过去创作时没有利用的比较有价值的和声、动机等素材，存放在素材库中，以备不时之需。由于这些素材是平时积累起来的，相较临时写作的素材会更有质量，所以每次写作，会首先看一下素材库中是否有合适的东西，如果有就作为作品核心素材的首选。

昆曲曲牌"万年欢"就是我素材库中的一首，于2006年整理的素材。我之所以选它作为《万年欢》的主要音调，是觉得它适合小号悠长的气息线条，而并不适合由弦乐器或木管乐器演奏，它们的基底力量远不及小号那样足。同时，"万年欢"曲牌原本也是用民间管乐器演奏，用于昆曲仪式性场合，没有鲜明的情绪指向性，可开发的空间大且不会有先入为主的情感标识。

作品难度与作品风格是一个统一体，除了利用小号抒情绵长的气息优势，我也想发挥小号在铜管乐器中最为灵活的特点，形成既紧凑又有动力的氛围。在这一方面，我深受纳卡里亚科夫的影响，他在技术段落的轻松自如又不失音乐表现力的演奏给我的印象太深了。《万年欢》最难的，除了以上两点之外，是它悠长的气息在高音区持续不断的巨大张力，这需要很大的体能输出和爆发力，对不少演奏者来说是最要命的。由于对小号吹奏技术了解有限，我专门登门拜访了中央音乐学院小号教授陈光老师，他为我讲解和演示了一些小号经典技术性段落，使我对小号技术的可行性和极限性有了更多的认识。

我认为协奏曲如果没有技术挑战，就会失去协奏曲的意义，只要不违背内容需要，就要大胆挑战每种乐器的极限，在极限中获得性格的凸显。无论是我的大提琴、双簧管、小提琴、钢琴，还是古琴协奏曲都有一些技巧方面的难点。《逝去的时光》二胡版至今还只有可数的几个人能演奏，但我不会因此而改变。写作必须从精神需要的整体出发，不能妥协，只要音乐领先，而非纯技术的耍花样，作品就会在时间中渐渐显现出它的生命力，而不会受累于技术难度。历代古典音乐大师，比如德彪西、瓦格纳、拉威尔、西贝柳斯、斯特拉文斯基等，他们作品中很多片段都是当时不可能演奏的。如果按照配器教科书的标准，瓦格纳简直就是个白痴，竖琴写得跟钢琴一样，还有很多乐器也不能演奏，而他只根据音乐需要写作，不根据乐器需要写作，这是两种不同的视角。百年过去，当时那些不可能演奏的片段，早已变为证明演奏者水平的标志。

果真，阻力来了，2014年6月底，艾丽森来到北京与中国爱乐乐团首次排练，每到高音处她就不吹，说要节省气力，技术段落的吐音配合也是磕磕绊绊很成问题。在这种情况下，乐队的小号声部以专家的姿态开始发声，说我写的太不小号化，像是为木管乐器写的音乐，指责我不会写小号。我虽然心中不悦，但知道在这种时候既不能对抗也不能认怂，只能对议论充耳不闻，连头都不抬，继续排练。心说，如果遇到点困难就退缩，那还是我吗！

排练连滚带爬，艾丽森越来越失去耐心，整段的吹不顺，高潮段落该她气吞山河的时候，一点声音也没有，完全被乐队淹没。下来以后，她跟我建议将一些难点修改容易些。我经历了那么多一流演奏家，尤其是欧洲演奏家，个个在困难面前跃跃欲试，表现出天下无敌唯我独尊的气概，艾丽森是第一个也是唯一一个在困难面前退缩的，这让我失望。为了保证首演能顺利，我将一些她不能胜任的地方在不影响音乐进行的条件下做了修改。办法是在长音处，让乐队小号声部代替她演奏，让她休息，这样音乐不至于因为她休息而被打断。

7月1号，首演在保利剧院举行，音乐会命名为"余隆和他的朋友们"，是为余隆50周岁生日举办的，很多朋友来捧场。但《万年欢》却仍旧在艰难中踯躅，整个音乐演奏的过程由于技术负担，让人揪心，效果不温不火，没有说服力。演出之后，举行了盛大的宴会，余隆的很多朋友从四面八方来，不乏一些著名国外经纪公司的老板。就在这里，在这场对我来说不成功的首演之后的酒会上，著名小提琴家马克西姆·文格洛夫（Maxim Vengerov）前来向我表示祝贺，说他由衷地喜爱《万年欢》，并郑重提出希望我能为他创作一首小提琴协奏曲。当时我自问，难道我认为自己作品今天演奏失败是不客观的？抑或是他能在迷雾中慧眼识珠？这么差的音乐效果竟然还有如此有经验的大演奏家喜爱？这是怎么了？

7月9号，我随中国爱乐乐团来到伦敦逍遥音乐节参加《万年欢》的英国首演。经过北京、上海的两场磨难，艾丽森回到了自己的本土，在皇家阿尔伯特大厅五千多名观众面前，估计她不再犹豫，横下一条心即便将自己漂亮的小嘴吹变形也在所不惜。演奏出奇地成功，技术障碍荡然无存，全场观众起立鼓掌。我很高兴也很忐忑，知道一首这样难的作品将来也不会一帆风顺，不知它的命运终将如何。

之后的几年，有几位不同的男性演奏家演奏了《万年欢》，特别是法国演奏家大卫·盖里耶（David Guerrier）和委内瑞拉演奏家帕稠·弗劳尔（Pacho Flores）无与伦比的技巧、能量和音乐感召力，让我心服口服。艾丽森认为的那些不可逾越的难点，在他们那里根本不是问题。于是，我又将那些修改容易的段落改了回去。我预计，如同《道情》一样，这首鬼门关般的《万年欢》将会有越来越多年轻小号演奏家跃跃欲试，它将成为一首演奏家技术的试金石。这个预言是否会实现，拭目以待吧。

2013年至2018年，我在躬耕书院相继完成了《乱弹》《悲喜同源》《如戏人生》《江城子》和电影音乐《归来》，以及一系列改编作品，环境的改变和书院为我提供的良好工作条件成就了我此生创作最为高效的几年。

十四　笼子里的野牛
——2008奥运及电影音乐

偶入奥运之门

　　2007年5月底的一天，张艺谋约我到东三环京瑞酒店见面，没跟我说有什么事。自从《大红灯笼高高挂》首演之后，我们有几年没见了，见面之后少不了一番寒暄，但那天晚上的聊天始终没有明确的主题。其间张导问我对奥运是否有兴趣，我说除了足球之外，对体育没有特别的兴趣。那时我还不太习惯中国官场话不明说、全靠猜的习惯。领导如果能说出他想表达内容的一半，就已经是奇迹！而我虽然出身干部家庭，但五六十年代的中国官场还没有这等习俗，老干部们直来直去是家常便饭。张艺谋必须精通此道才能生存，但他不明说，我这迂腐书生自然不明就里，我以为张导可能希望我参与一些奥运音乐的写作，这自然没问题，但我一刻也不会想到音乐总监的工作，因为当时谭盾是音乐总监已经家喻户晓。又过了两三天，张导的助理小庞给我打电话，说奥运开闭幕式部的领导想跟我见面聊聊，并说张导希望我态度明确一些。我虽然还是不太明白"态度明确"是什么含义，但可以想象此次谈话非同寻常。

　　6月1号，我如约到奥运开闭幕式部会见张和平和王宁二位领导，负责奥组委与开幕式导演组之间协调工作的韦兰芬到门口接我进去，显得有些严肃和正式。我事先没做什么特别的准备，心想无论让我做什么工作，我在音乐方面的想法已有几十年的积累，一切尽在心中。而且我不曾期望过担任奥运会开幕式音乐总监，所以一身轻，如果机会让我站上这个平台，我愿意一展身手。与二位领导的谈话出奇地顺利，他们问什么我答什么。对于中国音乐在世界的位置，中国音乐的历史和走向，我有清楚的意识，有天然的使命感，对于领导提出的诸如"如果让你来负责开幕式的音乐创作，你有什么想法"的问题，我的回答不假思索："中国有非常丰富而独特的音乐传统，多少年来无论中外对它都缺乏恰如其分的评价和认识，能够将它放在奥运开幕式这个巨大的平台上予以展示，是我梦寐以求的理想。"这样的回答，看起来冠冕堂皇，但对我来说却不是空话，而是实实在在地顺理成章。这次谈话双方都很愉快，就这样，在没有任何思想准备的情况下，我瞬间变成了2008年北京奥运开幕式的音乐总监。

物以类聚、人以群分，一直坐在一旁聆听并做记录的韦兰芬，会面结束后送我到大门口，并主动提出为我准备过去几年积累的音乐素材和文字介绍。她热情主动，浑身洋溢着一种2008奥运青年特有的阳光与热情，让我很是喜欢。

15年前，1992年，去一个法国朋友家参加Party，在那里遇到一位黑人歌手。闲聊中，我问他："你什么时候学的音乐？"他说："我生来就会音乐。"我当时觉得这简直是胡说八道。那是我头一次接触专业音乐领域之外的音乐人，他们观念中的"音乐"和我理解的"音乐"大相径庭。我们从小经家庭教育和熏陶，然后进专业学校接受培训，经过多少年的实践和磨炼，即便这样还不一定能够摸到音乐之门。而流行音乐人说音乐就在他身上，我觉得这种说法很无知，也很肤浅。

参加奥运开幕式筹备工作之后，我才发现相当一部分流行歌手没有受过音乐教育,并不识谱,甚至蜚声国际的外国歌手连简单的《我和你》的谱子也不认识,要一句一句教,着实让我震惊了。《我和你》的录音,工作得非常辛苦,音准一塌糊涂,需要一位技师专门处理后期问题,经他点石成金的调整后,出来的声音犹如天籁。

北京奥运之前,我对流行歌手都很不以为然,虽然有的人很聪明,很能说,但他们的音乐无论创作、编配、制作、演唱却多是肤浅的宣泄。而通过奥运开幕式工作,与不同类别音乐人的接触,增进了了解,发现有些歌手,虽然不识谱,但过耳不忘的模仿能力惊人,音准和节奏感觉出奇地好,这增加了我对不同类型音乐人的包容心。

奥运开幕式聚集了四面八方来的艺术家,多是各自领域的佼佼者,每个人都或多或少有些自命不凡。但大多数人在体制内生活,再清高,在权势面前也知道弯腰低头。而我只有一个信念:将事情做好,做到极致,其他的无须关照。我决心在奥运之后仍旧远离体制,做回自己的"自由作曲家"。所以进入团队之后,凡事只要我觉得不正确,无论对方是谁,都会据理力争,于是很快获得了"轴"的名声。虽然借此突破了不少正常情况下不可逾越的障碍,也因为不给人留面子,得罪了一些人,留了些后遗症。

经我申请,负责奥运音乐行政管理的歌华公司同意将开幕式音乐创作、制作团队的主要人员集中到我生活的小区居住,以便提高工作效率,降低沟通成本。我为团队制定了严格的时间表,首先从我做起,每天从上午9点直到第二天凌晨3点,每一小时思考一段音乐,或解决一个工作问题,天天如此,没有周末也没有节假日,甚至连大年三十晚上都不休息。这样的工作强度,是我从未有过的。之所以这样,不仅因为我是一个"细节控",还因为时间紧迫,我们对如何做好奥运开幕式音乐,两眼一抹黑。我们除了工作之外,还要学习。不仅音乐团队如此,包括领导、总导演和所有门类的团队均如此。中国的百年奥运，谁也没做过，如何完成一次具有国际水准同时又有鲜明特色的开幕式，对大家都是一次名副其实的挑战。

在工作期间，接触了很多音乐家，无论是中国的还是外国的，他们对能够参与奥运开幕式都反应积极踊跃。不少作曲家、艺人、演奏家通过各种渠道联系我，希望在开幕式上一展身手。也有人通过领导和导演团队的关系向我递材料，希望考虑他们参与奥运的愿望。对此我不假思索地予以回避，并与张艺谋商量采取无记名PK方式来选择合适的音乐和作曲家。参加匿名PK的作曲家也包括我自己。这一做法引发了一些著名作曲家的不满，并联合起来向北京奥组委施压。为了平息他们的情绪，开闭幕式运营中心领导邀请作曲家代表座谈，并向他们解释我们这样做的理由。我记得前来参加会议的作曲家代表有吴祖强、赵季平、关峡、艾立群等。我们向前来的作曲家解释：首先，奥运开幕式万众瞩目，为了杜绝任人唯亲，我们选择音乐的原则是以质量为第一标准，而不以作曲家的知名度为标准。其次，也想借PK的方式选拔和发现人才，特别是发现新人。会议之后，某作曲家向我示好，表示要组织演出我的作品，我客气地不置可否。直至今天，14年过去，他领导的乐团，没有一次演奏过我的作品。对于这样的"损失"，我不在意，我所坚持的事值得我为之付出，而且，天下何其大，我的天地在世界，何惧一时一事的得失。

我们动员尽可能多的作曲家报名参加PK，中青年作曲家们响应相当积极。我们将开幕式不同段落的场景改头换面，以文字形式分发给作曲家，请他们根据场景写音乐。我每周安排导演组聆听一次送来的音乐片段，每次大概听一二十段。聆听之后，导演们提出对音乐的看法，选出比较理想的音乐，并安排入选的作曲家进行深化创作。

其实每一步、每一件事情都很难，都是一天一天熬过来的。有些段落的音乐，真是几个月都找不到方向，最典型的是太极这一段（文艺演出的第七段），然后就是礼乐（文艺演出第五段），都是经过若干作曲家，而且是有名的作曲家，上马—下马—换人—重新来，每一位作曲家写若干版都通不过，最后只能换人，实在是精神崩溃，无论心理、体力都经历了一个很艰难的过程。

张艺谋很重视音乐，每一次与作曲家的对话，有些是越洋电话，他都亲自参加，耐心向作曲家解释他的想法，以及他听了作曲家创作的音乐片段以后的意见。我坐在一旁偶尔插话，但主要是帮助导演向作曲家解释导演的意图。张艺谋虽然耐心，但从不会因为人情而放弃自己的原则，如果经过几次谈话，对方的音乐仍旧达不到他的要求，他会毫不犹豫地提出换人。就这样，我们无数次地换人，而其中不少作曲家是我认识的，甚至是我的同代人和朋友。夹在导演与作曲家中间，面对奥运音乐这样的责任，我与导演一样别无选择，只能是质量第一，其他的不得不让位。

在导演身边，我是一个执行者，同时也是一个观察者，我目睹了一个个作曲家在面对导演、面对机会和权势时的表现。有些人，尤其是平时自我感觉良好甚至牛气冲天的作曲家们，在导演面前一反常态，变得低三下四、唯唯诺诺、细声细气、点头哈腰，一副奴才相。这是我在奥运工作期间的意外收获：认识和了解了一些人平时根本看不清的另外一面。

我非常同情作曲家，因为我也是作曲家，知道平时每作一段音乐，要花若干月的时间，可是在这个特殊时期，没有几个月，只有三天！三天能做出什么？有些作曲家，不是能力不行，是没有这个习惯，不适应这种工作节奏和强度，这类作曲家纷纷落马。但这无疑是个很好的经验，它提醒我，在21世纪的今天，我们除了要有艺术创作和思维能力，还要善于运用当代的技术手段，方能把事情做好。传统的思维方式和工作方式，会将很多机会都错过。

儿子陈雨黎参加了太极段落的音乐PK写作，但没有和我说。

那天晚上听音乐，导演组的人都觉得他写的那一段最好，尤其是陈维亚导演倍加赞赏，但当入选名字披露，我发现是陈雨黎，很为儿子高兴，随后就觉得这样的结果不一定好。我就跟大家说，雨黎是我儿子，如果真用了他的音乐，可能会对我和开幕式核心团队带来不利的影响，建议不用。多数人不同意我的意见，认为举贤不避亲，应当以质量为唯一标准，大家争执不下。回家之后，我跟儿子商量。我说，你以事实证明你是有实力的，大家认可了你的才能，这就够了。但如果你的作品被选上了，可能会带来说不清的误解，因小失大。雨黎同意我的看法。于是我给领导写了一封信（可惜这封信找不到存底了），表明了我的意见。最终领导和张艺谋都同意了我的要求，将雨黎的作品撤下。

音乐总监的原则

下面这一段2008年2月22日《南方周末》对我的采访，很能说明我当时的工作和思想状态。

体育对音乐是限制还是开阔？

开幕式里没体育，只有运动员。运动员是人，要展示的不是体育，而是人文精神、友谊、沟通、和平竞争的精神。我们参与奥运开幕式艺术创作的所有人，并不是体育专家，大多数对体育也不一定有兴趣，但这并不重要。

您理解的奥运精神是怎样的？

沟通是精髓。通过体育，一个大聚会，达到互相了解、理解。其实奥运开幕式最受关注的不是文艺演出，而是运动员入场，因为运动员代表了全世界205个会员国和地区，人们对自己国家关注，就必然会关注奥运，关注我们的工作，关注奥运精神和开幕式。其实是通过载体去达到目的。

运动员入场的时候，大家关注人本身，音乐是否就变得不重要了？

正相反。运动员入场是开幕式创作班子最无能为力的时候，因为这不需要导演，只有一项能做的就是音乐。如果这个时候音乐与入场式不吻合，入场式就失败了。音乐的情绪、色彩、搭配，怎样体现人与人之间的交融、节日气氛，对开幕式至关重要。一般人不会想到这个问题。

开幕式的音乐是像奥运征歌那样征集，还是您自己委约给作曲家？

一开始用匿名征集的办法，保证公正性。然后导演组评选，根据场次、场景要求。通过匿名征选之后，符合要求、质量较高的作曲家进入第二步的工作。匿名严格保密。任何导演、包括总导演都不知道作曲家是谁。

您自己会参与创作吗？

会。

哪部分？

人家不愿意做的，犄角旮旯的，或者导演特别要求的。

您的导师梅西安曾说希望是您的音乐，能够一听就

是您自己的音乐。

这次不同。我们要面对的是完全意义的大众，不是专家，甚至不只是知识界，而是普通老百姓。要让大家都能听懂，同时还要有质量。这对每个作曲家都是个了解的过程。我们参与的作曲家大多数很有资历，水准很高。但是没有一个人曾经做过如此不同的工作。

形成意见的机制、流程是怎样的？

导演团队有一个创意，在此基础上，我们匿名筛选音乐，之后我们安排作曲家做每个段落的音乐。之后，导演团队看音乐是否符合想法，不符合就修改。应该说，没有一个符合的，全部都要修改。因为创意只是创意，没有真正存在过。不像电影配乐，创作音乐的时候影像已经存在了。现在双向的依据都是不清楚的。创意、音乐都在想象。作曲家依据的只是一个文字构思。

过程中接触大量国内音乐家，您对国内音乐是怎样的印象？

不能泛泛地跟国外比。专业音乐家对流行领域了解非常少，过去也非常不屑，不想了解。好像那东西太容易了，质量也不高。这次机会，不得不接触通俗音乐现象、创作。发现通俗音乐经过几十年发展，已成格局。从西方流行音乐的演唱者，以及音乐的不同风格，我发现有很多有意思的东西，搞学院的人不了解。奥运音乐是面对大众的，但是如果我们找流行音乐人做这种开幕式音乐，他们也不会。双向交流需要的时间太长，我们不得已，只能请搞严肃的音乐的人去学习、适应通俗。怎样对接？我们要做大量工作。

您是站在哪边的？

我是在专业音乐集体，但是我和导演组开会最多，最能理解导演在说什么。双方其实都在过程中学习。当导演认为音乐应该更美丽、更动听的时候，我们受到影响。当我们强调，这并不美丽时，导演也受影响。我自己更多去强调风格、鲜明的个性。音乐打动人当然重要，但是如果完全没有个性，就是白开水一杯。他强调的优美，我们可能以前确实不注意。优美对我们来说，是一个综合概念，对他来说可能不是一个综合概念，而是一接触马上就能感受到的现象。这两种东西的交流是很有意义的。

你们这代作曲家，受现代派影响，有时候特别强调无调性。在导演听起来是不是特别不"好听"？

首先我们来做的时候，就知道那样的音乐在这里肯定是不可能的。但是你即使不做，血液里已经有，想放下也很困难。最后往往是折中的结果。

作曲家会特别难以接受吗？

一个作曲家下决心参与，就不难了。这是心理问题。只是碰到具体技术问题的时候，每一次导演通不过的时候，会很困难。

您自己的音乐听起来是非常安静、内省的。您来做奥运音乐的时候，会把自己调整到另外一个状态吗？

我可以找自己合适的东西，不一定做和自己性格相反的。所以说这是千载难逢的好机会，如果奥运音乐由另外一个人做，肯定和我做不一样。我做就是这样，一定会有所表现。

您说中国音乐的特点是细腻的，但是一般人觉得奥运音乐是宏大叙事的。

可以细腻，可以宏大，但是不能浮躁。奥运音乐很容易浮躁，容易是标语、口号。比如一首歌的歌词多么美好、理想，有追求，但一听就是空话，不打动任何人。

往届的奥运音乐有这样浮躁的吗？

差不多都是这样。您看看奥运歌词，基本都是理想主义的，现实世界里完全不存在。已经程式化了。

但是这么多届的奥运音乐都是这样，是否意味着这种活动就是需要这样的音乐？

说空话（的音乐）？不一定，不要低估我们的领导。就像我们的大剧院，一个大圆包，一般来讲领导不会通过，但是领导就是通过了。中央电视台的新楼，斜着。中国的今天不是中国的过去。

实际做起来，这种不能浮躁在这次的奥运音乐里能够得到贯彻吗？

所有导演团队都有这种追求。我相信这次领导也不希望我们浮躁。而且工作做起来，不像想象的那样有各种各样的干扰，工作环境比想象的要好。

到目前为止的进展，您满意吗？

不知道。我们只能尽自己的能力把事情做好。只要努力了，最后就算挨骂也是成功。

您说不要喊口号,但是奥运会还是要传达一些理念。

当然。我们可以传达我们自己对历史、文化、社会的一些追求。不是个人,而是群体在中国大现实框架之内的追求。

这是第二次与张艺谋合作。前一次《大红灯笼高高挂》的时候与张艺谋有实际合作吗?

有。张艺谋很认真。整个编剧、创意是他做的,包括灯光、道具、服装都是他。他经常和我们开会,但是没有这次这么频繁,现在他是基本把所有时间都贡献出来了,每天都来上班。

这次合作感觉张艺谋有什么变化吗?

他是一个不断追求的人,很好学,七年以后进步了。而且他在不断总结过去成功与失败的经验教训。

他对音乐的了解或理解有变化吗?

这次合作过程中,他对音乐的理解力有明显的提高。我对他的工作的理解也有很大的提高。刚开始,互相完全说不通,但是我会一直坚持,我是我们团队里著名的坚持。我没有包袱,我没想在这次之后混个什么。我是个自由作曲家,就算您把我解职了,我还是做自己的工作,不受任何影响,只是增加我的经历。因此我提意见会一针见血,一点不照顾面子。

一般会在什么方面产生分歧?

一些具体的问题。一般情况是,导演说不好,大家听着就完了。或者构思、创意过程中,其他人有各种不同态度。我唯一的态度是从艺术本身出发。时间长了，大家理解了，关系就特别好。

张艺谋最后能接受您的坚持吗？

他能接受我的工作态度，但是我的意见是否接受，是另一回事。我们永远是讨论，这里不牵扯人事关系，没有任何潜台词。张艺谋做了这么多年，对过去做的东西，包括雅典8分钟都有很深刻的反思，不会重复。

雅典奥运会开幕式的比约克的表现让大家觉得很另类。您怎么看？

非常大胆。雅典不太浮躁，但是除了比约克这首歌之外，其他的还是那一类，假大空。听起来好像很美丽，其实您记得住那些歌吗？我所说的"记住"是指不经过包装、宣传、反复强调，一次就能给人印象。包括比约克，都没有做到。

到目前为止有达到您要求的作品吗？

我们只有尽量争取。尽量要求参与征选的作曲家往这个方向努力。但是谈何容易。如果没有这种意识、素质、追求、理解，演唱已经有程式化习惯，您怎么做得到？大家都在看谁喊得响、高，节奏如何鲜明，词要涵盖所有，从环保到和平。做起来挺困难。歌曲不是我们决定的。歌曲只是要在开幕式中演唱，从这个角度，开幕式对歌曲有一定影响力，歌曲要符合场景。但是歌曲的决定权，最高领导和最普通的老百姓都可以说话。因为歌曲要让所有人都能欣赏。

您说最近也听了很多流行音乐。这两年中国风在流行歌曲里非常兴盛。您怎么看他们的表现?

我在这方面的评论比较业余。只是最近七八个月时间做这个工作才发现,做一首好歌谈何容易呀。不要说创作,创作之后的工作也不亚于创作本身:如何训练演唱者符合音乐内涵、风格,如何制作伴奏、和声、律动,让歌最大限度发挥特质,录音、后期制作,所有这些都影响着音乐的质量。一张专辑里的所有歌都非常好,太困难了。一首歌就可以做几个月,如果十几首歌可以做两到三年。可是一般的歌手也就花半年时间做一张专辑。

流行歌曲里面民族音乐的元素,比如周杰伦、王力宏等歌手都这么尝试。您的判断是怎样的?

一般不太容易做好。最好要让它自然地变成音乐动机里有机的一部分,而不是无机的,只是添加剂。最好的中国元素应该是在血液里,而且越简单的音乐,像歌曲,就越难添加。怎样让一个元素从始至终保持,要变成精髓才有意义,否则就只是色彩。

如果再给一次机会做这样的工作,您还会再做吗?

做一次就够了。我自己的专业都耽误很多了。2008年之后,堆了很多事情要补做,想到这个很头痛。如果我要放假,很多人就跳脚发火了。不过我也想通了,你跳脚就跳脚吧,生活和身体还是很重要的。

奥运音乐制作预算是我做的,预算并不宽裕,必须严格控制。基于这样的原因,我写信给奥运音乐管理部门申明,我为奥运开幕式创作音乐,将不按规定收取委托创作费,同时从2007年8月起将自己的工作室（用于音乐制作、录音、混音）免费提供给奥运音乐制作。收到我的申请之后，我记得北京奥组委还专门发了一份通报表扬（不好意思，这并非我要的结果）。

下面是我当时写给领导的信：

> 王总、李总并转奥组委开幕式运营中心：
>
> 在开始计划整个音乐预算时，考虑到录音和制作的费用是不可避免的，所以提出将我自己已有的录音工作室和制作资源以最低的市场价格（一百元一小时）提供给奥运工程。同时提出我自己的创作（是所有作曲家中承担工作量最大的）不享受委托费用。这样可以为国家节省一部分开支。
>
> 前天和王宁部长会面谈紧缩预算问题，除了我已经安排高颖考虑缩减的那些项目之外，决定从8月1日开始，对所有牵涉到我的录音设施的利用（包括录音室、硬件、软件和人工）将取消原有收费标准，完全免费提供给奥运音乐使用。
>
> 特此。
>
> 陈其钢
> 2007年8月31日

《我和你》

2008年奥运开幕式希望以平和低调的姿态出现，开幕式的主题是"和"。我从来就不认同"音乐武器论"和"音乐工具论"，美好的音乐是心灵的表述，所以"和"这个原则正合我意。

说到《我和你》，必须说一下常石磊。2007年5月，我在上海参加我创意的"外国作曲家写中国"系列音乐会，演奏完毕，是打分环节。为了留住观众，上海组织方找了一些艺术家上台献艺，其中有上海音乐学院方琼老师独唱，她的钢琴搭档就是常石磊。他们演唱了云南民歌《小河淌水》，常石磊边弹边唱，他细腻的声线和敏锐的音乐表现力，吸引了我和坐在旁边的法国朋友，我们对视了一下，感叹中国竟然有这样不同寻常的音乐人。

几天以后我进入奥运团队，立即想起常石磊，我想听听他唱歌，特别是他自己写的歌，并希望将它吸收到正在组建的奥运音乐团队，但却找不到人。既然电话联系不上，我决定跑一趟上海。通过中间人，终于在上海音乐学院见到了他。他带我去了他的住所，一间简陋的单元房。他是一个生活状态极端潦倒的孩子，没有工作，没有固定收入，手机长期欠费，与一架钢琴和一条狗为伴，醒了就唱歌，困了就睡觉，有活就干，没活也无所谓。那个下午我们聊了很长时间，我问他是否有兴趣为奥运写作音乐，他没有拒绝也没有表现出特别的兴趣。临走前，我给他留了"作业"，写两首与奥运有关的歌曲给我看看。不久之后我收到了他的作业，但是并不很理想，我发现他不擅长创作"主旋律"那种慷慨激昂的调调。

《我和你》是我在2007年8月为国旗入场环节所做的试验，当时名叫《永远一家人》。我请倪雅丰与杨鸿年老师的童声合唱团录了一版，同时也将谱子发到上海给常石磊请他录一版。童声合唱的版本先出来，我就拿给张艺谋和其他导演听，张艺谋觉得放在国旗入场的环节，无可无不可，没有表现出特别的兴趣。十天以后，常石磊演唱的录音来了，艺谋听了以后眼睛放起光来，觉得简单动听，像是邻家女孩与男孩之间的窃窃私语，非常亲切，与那些宏大激昂的奥运歌曲相比更契合开幕"和"式的核心理念，于是建议将《永远一家人》推荐给北京奥组委征歌办作为主题歌备选曲目之一。之后的八九个月，这首歌与其他歌曲一起历经各种评审，修改，变形，其间文化部、中宣部、北京市的领导，包括常委习近平，都曾亲自关注和聆听了这首歌，并给予首肯，总书记胡锦涛也表示非常喜爱，可以说是过九关斩十将。直至2008年7月中旬，中央政治局常委李长春到鸟巢现场聆听后，才最终确定为主题歌。在万众瞩目的2008奥运会主题歌这个层面，需得到最高层的首肯方可，我作为音乐总监无权参加这些重要的会议，每次都只能听取参会回来的导演向我传达会议精神。

很庆幸我赶上了一个好时候，我的想法非常难得地与领导和导演们契合。导演根据各方收集来的反馈，希望我不断修改，并对歌曲的后半部分加以变化和发展，为此我和团队做了不下几十次试验，包括青年版、R&B版、京剧版、宏大版等，还试着进行变奏和变形，但最终都是画蛇添足，没有哪一种尝试的感染力超过简约的第一版，绕了一大圈还是回到了最初朴实自然的版本。

《我和你》是我这辈子第一次写作通俗歌曲，之前写过一首歌曲还是上大学一年级的时候，但那时只写"艺术歌曲"，看不上通俗歌曲，觉得太无脑。从音乐创作的层面来看，《我和你》是一首很简单的歌，连词带曲用一两个小时就完成了。它的结构按照中国传统理论，是"起承转合"，按西方结构理论是"ABCA"，全曲运用五声宫调式，没有任何调式外音。

由于我对歌曲写作没有兴趣，参加奥运之前并未想到会写作主题歌，进入奥运工作之后，才领略到全国范围对奥运歌曲的热情。很多大咖想出各种办法让他们的歌曲具有吸人眼球的功效。不少人联手美国著名音乐人进行创作，打国际牌，并邀请国外著名歌星参与演唱，以便让歌曲既有国际性，又能与中国传统文化沾边，以激起中国领导人的关注。尽管很多歌曲的创作是很有质量的，但几乎都有一个同样的倾向，就是在情绪上雷同，用张艺谋的话说"大家都朝一条路走，堵车了"。不难想象，《我和你》在这个大堵车的情势之下显得多么独树一帜。这是今天的分析，而在当时，即便知道大家都在一条路上堵车，也很少有人敢在如此巨大的盛会上，用一首平心静气的怀旧风情小调。而我，恰恰对慷慨激昂毫无兴趣，连送审的小样也不会借助大腕儿明星的影响力，而只用当时还名不见经传的常石磊和陈小朵。我相信，音乐征服人心的力量是作品的诚实和表演的真情，其余则是锦上添花，有固然好，没有也不改变音乐的本质。

开幕式四个多小时的音乐，我们花了一年多的时间创作，闹得我满手满脚都起了大水泡，头顶出了白癜风，两次发烧住进医院，而最后，关注这四个小时音乐的人寥寥无几，而这首三四分钟的小歌《我和你》却成为千万人热议的话题，实属不可思议！

对朋友、对晚辈，不因为他们年轻无名，也不因为他们没有提出特别的诉求，而把他们当隐身人。在奥运会开幕式的节目单上，我最大限度地申请将所有参与工作的人员都写在上面，尽管这样做使得音乐团队的编制显得过大，给组织方的工作增加了难度。在《我和你》歌曲的版权收益分配方面，我坚持将我的权益中的1/5分给马文和常石磊，以感谢他们在歌词中译英版本的工作中给予我的协助，以及常石磊在视唱、录音、编配、教学等过程中不辞辛劳的付出。尽管这些付出并不属于《我和你》词曲的原创范畴，尽管马文和常石磊都谢绝我的好意，我还是坚持在中国音著协的分配受益人一栏填了他们二人的名字。只是没想到我这些举措，在多年后，让我这个原创作者常常被讹传为创作者之一。

"修订国歌"之争

开幕式需要创作和统筹的音乐类型很多，一开始我雄心勃勃，

十四 笼子里的野牛

希望借奥运的机会也能改良官方仪式音乐，比如《迎宾曲》，这是重要活动中最高领导人出场时的音乐，曲调、和声、配器均没有什么特色，音乐语言陈旧老套，为此我在征得领导和导演同意后，去了两次总政军乐团，与团长于海和创作组商谈，请他们创作新的迎宾曲。还有一个更为大胆的想法：修改国歌的和声和配器。我觉得一个泱泱大国，其国歌应该有更多的雍容宽厚，音色和音高要避免单薄尖利，速度也不宜过快。比如美国、英国、法国或俄罗斯的国歌，均在和声配器以及速度方面属于这个类型。我向导演组提出这个想法，导演们都说我异想天开，认为有关部门绝对不会批准修订国歌，劝我不要自找麻烦。我就跟导演说，要不这样，你们不用管，我来给奥组委打个报告，如果批准了，我们就干，如果不批准，就算我没说。于是我就写了报告，结果一个星期以后，批准了！所有人都为之惊讶不已。通过这件事，我发现审查制度和分寸，很多时候并非政策制定者的决策，而是执行者对上意的想象和揣测，往往越是高层越理性，越到基层越严苛。国歌修改这件事，高层可以理性分析我申请的合理性，而低层考虑的则是可能带来的风险，宁可不作为，也不惹事，以免影响自己的前途。而我，一介书生，无论批准或不批准都照样当我的自由作曲家，所谓"无欲则刚"吧。可惜的是，以上这两项雄心勃勃的动议，都因为没有足够的时间和精力而未能完成，2008年奥运之后，时过境迁，当时可能实现的计划变成了遥不可及的梦幻。

开幕式音乐与五声调式

我在一开始就决定将五声调式作为整个开幕式的核心调式，要求开幕式文艺演出和仪式全部四个小时的音乐都围绕这个原则，一律用五声调式或民俗风情音乐。结果只有一首在放飞和平鸽环节的歌曲《天空》没有遵照这个原则,用了七声。我当时向作曲家提出,希望他调整,但他说《天空》的音调是昆曲的音调,我虽然不认同,但还是放手了,这可以说是整个开幕式音乐制作过程中少有的一次妥协。

"运动员入场"音乐之战

开幕式四个小时中占了近两小时的是运动员入场。这个部分不太可能用中国五声音调音乐来统一,但我又不想将这部分的音乐做成像其他国家那样的美式电影音乐。为了让这部分与其他部分的风格相呼应,我采用了五大洲民俗风情音乐,它们分别是中国的传统民乐、苏格兰风笛音乐、大洋洲土著音乐、南美玛利亚其民间舞蹈音乐、非洲鼓乐。这个想法被导演组接受之后,准备工作相当繁复。首先要找到各大洲可能参加的团队,同时还要委托各个团队根据我们的要求创作音乐。要为每一支乐曲规定准确的进入时间,并让所有演奏者的动作准确地与扩音器中播放的录音同步,这对于没有现场指挥的音乐家来说是相当复杂的工作。

2008年7月20号,一切准备就绪,进行第一次万人现场模拟入场彩排。奥组委主要负责人和一众领导审查。审查完毕,某位领导说,运动员入场整个过程的音乐不够雄壮,建议用交响乐。我当时坐在主席台前一排,张和平主席向我传达领导的意见,我脑子里一股邪火冲上来。心想,我们动心思,领导动嘴皮。我们一辈子学音乐,领导不学,却要告诉你音乐应当怎样写。我当场向张主席表示:

"我不接受!再说,两个小时的管弦乐,就算能写出来,也是平庸的大路货,恕我不能。"

张艺谋和其他导演组的同事们听说我发火了,都过来了,十几个人在主席台边上围着我,你一句我一句地劝说。

后来我到艺谋的临时办公室继续谈,这是一次印象深刻的对话,有几句话我不会忘:

  我:"我们的创意是大家深思熟虑的结果,非常有特色,不能说推翻就推翻。"
  张:"但是你必须考虑一下领导的意见,不能拒不接受。"
  我:"领导又不懂,不懂就不要说话!"
  张:"你牛,行了吧!"
  我:"本来就是。那你说怎么办?"
  张:"至少要有个姿态,否则下次审查还是通不过!我们已经没有时间了。"
  我:"那我想想吧。"

为了表这个姿态,我写了15秒钟的入场前奏,采用了铜管乐,其他的音乐一点没动。等到下一次彩排,领导不知是忘了还是怎样,总之没再提音乐的事,就这样混过去了。

主题歌演唱者之争

2008年4月,导演团队商定,为了拉近与大众的距离,唤起更多年轻人的梦想,主题歌将由名不见经传的年轻歌手穿着普通志愿者的服装演唱,而不像其他国家那样由国际著名艺人演唱。为了实现这个创意,音乐团队分别到全国各地挑选声音条件好、音乐表现突出、形象不错的演员。经过一个多月的时间,我们在上千名演员中留下了十几名,并请他们到北京进行集训。每周他们会有一次汇报演唱，筛选—培训—再筛选—再培训—排练，经历了一个漫长的过程，一个多月之后，我们从中选出两位主唱和两位备选，并请张艺谋面试。张艺谋最终认可了喻越越和李炜鹏。决定后，常石磊作为辅导老师，每天陪着他俩进行练习，一直到7月下旬。这当中，他们若干次登上鸟巢中央的地球道具参加彩排。

7月下旬的一天晚上，距离开幕式还有两周，张艺谋给我电话：

其钢！
哎，导演！
领导决定将主题歌演唱者换成大腕儿演员。
为什么？
领导觉得用年轻人压不住场子。
可这正是我们的创意亮点，不能领导一句话就否定了。
我知道，但那也没有办法，这事已经决定了。
你是将军，你如果妥协，就等于临阵脱逃，你一跑，大家都会掉屁股跑了！
那没办法，没时间讨论了，想不通也得执行了。

我气得撂了电话。

过了一会儿，我冷静下来，觉得导演的想法其实也有道理，问题的关键还是我们的青年演员没有达到让所有人心服口服的程度，这样上台面对世界，是有风险的。于是，我给张艺谋打回去，为我的冲动表示歉意，并同意换人。

但无论如何，我对喻越越和李炜鹏两位歌手都心存愧意，因为我们的决策改变，让他们俩从追梦的顶峰跌入谷底，而且不给任何理由，没有任何商量的余地，这需要多大的心理承受力啊！奥运结束之后，我为他们分别写了推荐信，令人安慰的是，他们都找到了比较满意的出路,直至今日还都活跃在国家级的音乐舞台上。

围绕音乐著作权的争论

在中国,音乐版权观念的建立和实施是一件复杂的事,不仅社会对此并不关心,甚至很多音乐人自己也缺乏认识。直至今日,绝大多数音乐人对音乐著作权的认识还停留在"经济收入"层面,而不理解尊重知识产权是精神产品承传和蓬勃发展的法律保证。在国内虽然通俗音乐已经建立了一套不太严格的收费标准(网络、迪厅、电台、电视台等),但对于音乐厅演奏的严肃音乐,版权收益几乎还是零,而恰恰是严肃音乐的作曲家,是最困难也是最需要得到保护的创作群体。中国一年的音乐版权收入与法国相比,如果中国是1亿人民币,法国则是70多亿人民币,而法国只是一个6000万人口的国家。

在2008年奥运开幕式工作中,面对音乐知识产权归属问题,我的"轴"也压抑不住地蹦了出来。不妨从我的一封电邮说起。

以下是2007年7月间就奥组委与作曲家之间的合同条款与奥组委律师的通信节选。

赵律师:

我觉得问题不仅牵涉到我,更牵涉到全局。其实中国道家的退一步海阔天空用在这里很是合适的。国家利益大多数人都会考虑,但国家不能因此而无视每个艺术家的最基本的权利。在奥运的大利益和艺术家的小利益之间,为什么奥组委要100%地占有全部权益呢?(我是指合同8.2条款)奥委会计较这件事的原因何在呢?如果是因为钱,那么干脆算一笔账,充其量能花多少钱呢?

叫大家写作是义务劳动，写完了如果选上了还不算他的算奥组委的，以后还不能以奥运的名义演唱……这些道理是谁定的？它既不符合国际知识产权基本法，也不符合奥运平等、自由、博爱的基本精神。其实这里已经不是权益的问题而是起码的尊重和做人的尊严问题了。

我可能措辞激烈了些，但完全不带个人情绪，而是觉得我们这样一个大家，就应当有大家子气。气量应当比国际奥委会大。

谢谢理解。

陈其钢

这是当年奥组委与作曲家合同条款中的8.2修订前的内容：

8.2　工作作品的所有权：所有工作作品均应于其完成时自动视为北京奥组委资产，并且北京奥组委排他地拥有工作作品的全部著作权、专利权、商标权、商业秘密、其他相关知识产权和其他权利，并且任何其他方不得对其享有权利或主张，且北京奥组委不应因为工作作品或其使用或开发而向艺术家或任何其他方承担任何责任。所有工作作品在可能的限度内将被视为适用法律意义上的北京奥组委的"委托创作作品"。北京奥组委为该等作品的唯一著作权人。如果出现任何工作作品被认定为不是北京奥组委的"委托创作作品"的情况，艺术家特此不可撤销地转让和转移工作作品以及工作作品在全球范围内无论目前或今后知道的、现有和将来的无论何种性质的权利和权益给北京奥组委及其继承人和受让人。该等转让和转移应当通过目前的转让和转移永久完成并在工作作品完成时并且没有支付任何进一步报酬的情况下自动实现。为避免误解，艺术家特此不可撤销地永久授予北京奥组委、其继承人或者受让人有关工作作品全球范围内的所有著作权和特权，包括但不限于精神权利（在可能的程度内）。在任何工作作品被认定不是北京奥组委的"委托创作作品"并且前述任何转让、转移或者授予被判定为无效或不可执行的限度内，艺术家特此授予北京奥组委有关工作作品所体现的知识产权在全世界范围内免费、独占的（甚至针对艺术家）、不可撤销的和永久性的特许使用权，且北京奥组委有权将该等特许使用权向任何其他方（例如运营中心）进行许可。

进入奥运团队之后，每一位艺术家都要与北京奥组委签劳动合同。在这个过程中，我对工作条件以及责任与权利的各种条款没有任何额外要求，但我不接受以上8.2条中关于奥组委永久性、全球性地享有100%音乐知识产权的条款。我认为这是霸王条款。由于我是唯一一个不接受这一条款的艺术家，所以代表奥组委与我签约的人事部负责人，也拒不接受我的诉求。从2007年6月第一次与人事部谈合同，直到2008年7月开幕式前夕，我始终坚持我的立场。8月8号开幕式在即，如果我不签合同，演出就可能是违规的，所以张和平主席很着急，来到工作室与我谈话。我虽然心里不无忐忑，知道很多人可能认为我将个人利益置于国家利益之上，但我心里确认这不是道德问题，而是法律问题。我尽量冷静地跟张主席解释我的理由。1. 音乐是音乐人通过劳动创作的，无论按照国际著作权法，还是出于对劳动者的尊重，都应该考虑创作者的权益，而不应当剥夺。2. 创作并不是奥组委完成的，奥组委作为组织者和管理者，可以享有权利，但不应当享有100%的权利。3. 这些作品在公共平台上传播我没有意见，但我不同意合同中所说奥组委可以任意转包而获取商业利益，奥组委没有权力利用创作者的劳动独家获取收益。我希望所有商业开发应当事先征得创作者的许可，并在有收益的情况下与创作者分享。张主席听了我的申诉之后表示理解，并与法律部沟通，敦促修改了合同的附加条款。就这样，在执行层面始终不能通过的条款，在领导了解情况之后就解决了。这次努力，不仅使我个人受益，也让所有参与奥运音乐创作的音乐家们受益。这又一次说明了，很多政策显得不人性化，可能是沟通不畅的结果，也可能因为执行者对原则的僵硬解读。

天经地义的"假唱"

若不参加奥运，我一辈子不会知道全世界绝大多数大型文艺演出都是假唱和假奏。假唱的源起应该归功于20世纪60年代电声扩音质量的不断优化，演唱者的声音通过电声扩大，音质不但不失真，也更为圆润宽厚。大型活动场地内观众嘈杂，麦克风无法仅仅收入演唱者的声音而不被环境噪声干扰，渐渐地，人们事先将演唱录制好，上台时不打开麦克风，只播放录音，演员只张嘴不出声，既省力声音又干净，而且还不会出纰漏。演出时演员戴着微型耳麦，听着自己事先录好的录音，手拿着只不过是道具的麦克风做演唱状。由于扩音器中播出的录音声音很大，观众很难看出台上的演员并没有发声。

奥运音乐制作的基本工作，就是将文艺演出的所有节目在录音棚里录制完毕，包括需要在台上演奏的管弦乐队部分，林妙可"演唱"的《歌唱祖国》、文艺演出第一段的古琴独奏、第五段《春江花月夜》的筝和昆曲、第六段郎朗钢琴独奏和刘欢与莎拉·布莱曼演唱的《我和你》等均采用这个办法。也因为这种方式,林妙可演唱《歌唱祖国》时的声音可以由杨沛宜的声音代替,并引发了一系列新闻事件。

圈内与圈外的世界

2007年6月,在张艺谋和北京奥组委与谭盾的合作出现问题时,张艺谋想到了我。人生的变化除了努力之外,经常取决于遇到的人。很多看似偶然的相遇中是否蕴含着某种定数,不可能预知,所以我对所有的相遇,无论对方是男是女、是老是幼、是官是民、是富是贫,都格外小心。有时就是因为结识了一个人,一条小溪会变成一条大河。高人让你从梦中惊醒,引领你超越。俗人可能让你一点点平庸,走入歧途,从天空跌入地狱。

奥运会之后(更主要是因为《我和你》这首小歌)让我进入大众视野,虽然这与艺术没有太直接的关系,但却在专业领域为我带来一些便利,这种影响在欧美也感觉明显。

过去学音乐,我们就古典谈古典,它是神圣的,有永恒不变的价值,我们必须了解它模仿它,一切都在它几百年来建立的美学标准笼罩之下,它与中国的历史、与中国的30年代不沾边儿,与50年代也不沾边儿,就像是一个永恒的活物,周边发生什么都不影响它的神圣存在。西方古典究竟对我们意味着什么,对现实社会有什么意义,对将来有什么意义,我们并不追问。严肃音乐工作者自己给自己画了个圈,我们只在这个圈里谈成就,谈才能,谈层次,论高低,建功业;圈子是一种自我保护和自给自足,生活在其中,可以高谈阔论挥斥方遒,有时甚至有引领世界的幻觉。而突如其来的奥运让我看到了更大的圈,而且圈外有圈,这促使我审视自己所属的音乐圈,发现圈中的价值取向只对我们这群人有效,无论立规矩的、捧规矩的或是顺从规矩的人,很少有圈外人,很少有真正意义上的旁观者。它与社会生活完全脱节,也就是说,在现实社会中我们可能并不存在。我自问,为这个"不存在"奋斗一生是为什么?作曲家们一心想让自己的作品永存,可在不存在的环境中又如何办得到呢?

与此同时,奥运也让我看到圈子之外数不胜数的乌合之众的愚蠢和无知。圈子里的孤傲与圈子外的无知,归根结底都是一种愚昧,都被某种观念洗了脑,没有属于个体的独立自主。这是奥运于我最大的收益之一,让我视野开阔了,从一个更广的层面看待音乐文化。

转眼2008年北京奥运会已经过去15年,每当我和我的朋友们回忆起那个短暂的、大胆开放的、激情澎湃的梦幻年代,我都会庆幸自己不但赶上和经历了,而且深入其中并贡献了自己一份微薄的力量。

今天,时代变迁,在远离城市的山乡,回忆奥运创意的点点滴滴,恍若隔世。经历过那番大起大落,以及之后的花环奖励飘飘然,我深感回到自己内心世界的紧迫性,以免将生活变成一场无脑的追名逐利的闹剧。

张艺谋约我写的三部电影音乐

电影音乐是一个独特的门类,与过去任何一种音乐形式不同,它不像作为独立艺术的古典音乐那样抽象,也没有古典歌剧综合艺术中的分量,它是用来配合和强化故事情节和影像的催化剂。

最近30年,大批中国严肃音乐作曲家参与影视音乐实践,这对中国严肃音乐领域产生了某种影响,使得中国的现代音乐与通俗音乐之间的界限不像西方那样泾渭分明。西方现代音乐作曲家虽然有意愿参与影视音乐实践,但由于多年来的专业细分,两类音乐的互融性越来越小。当严肃音乐作曲家意识到这种隔绝限制了发展空间时，为时已晚，半个世纪的隔绝，写作习惯已经建立，专业壁垒已经形成，无论圈子、行规还是技能都加大了跨界的难度。如果巴黎音乐学院一位老师想跨界，不但要冒背叛的指责，还很可能因为不擅长通俗音乐语言而水土不服。

通过2008年北京奥运会开幕式与张艺谋的合作，我们之间的了解加深了，在工作的后期，只要他对哪个段落的音乐不满意，会提出希望由我操刀完成，而在开始时，他只是希望我更多承担全局工作，而不过多介入具体段落音乐的写作。

从1999年芭蕾舞剧《大红灯笼高高挂》与张艺谋合作，后来是2008年北京奥运会开幕式，每一次合作碰撞都很多，争论也很多，但都是从工作出发，有什么意见谈什么意见，不因为争论而影响互相间的关系。我很清楚音乐只是电影的一部分，再重要也是为电影服务的，如果导演坚持怎么做，就应该怎么做，但在没有做最后决定之前，我一定会坚持自己的意见，且不断"申诉"，向他解释我的想法。在剧组里，包括在奥运会期间，由于导演很有主见，一般都是他说了算，创作团队有时显得缺乏主动精神，变成了简单的执行者。我觉得这是对艺术的不负责任，所以我始终坚持讲明自己的理念，争论不是为了逞一时之勇，而是为艺术效果达到最佳化，所以这两次合作是顺利的。还在开幕式工作进程中，张导就问我愿不愿意尝试一下电影音乐。我猜测他之所以提出这个问询多半是因为看到了他所需要的工作态度与音乐趣味。原计划最先开始的《金陵十三钗》一推再推，中间他又安排一个《三枪拍案惊奇》，之后又安插了一个《山楂树之恋》。《三枪拍案惊奇》我没参与。而《山楂树之恋》可以说是我电影音乐的"处女作"，也是与张导在电影音乐创作上的磨合试验。这为《金陵十三钗》的电影音乐合作做了准备。

《金陵十三钗》需要大量中西方传统音乐知识，比如西方中世纪宗教合唱风格、管弦乐队的使用、中国民间传统音乐、童声合唱、拉丁文的演唱规范、歌唱中方言的运用等。我的老师梅西安信奉天主教，在巴黎圣三一教堂弹了一辈子管风琴，我接触的法国家庭大多数也都有宗教信仰。一开始由于好奇，我也去教堂，后来是因为朋友非要带我去，有一个阶段每个周日都去参加弥撒，感受宗教音乐氛围。但即便如此，真要写这样一部电影，还是觉得知识不够，所以《金陵十三钗》前后断断续续做了三年多时间。收集资料、听录音、访问不同的专家、到天主教中心了解20世纪30年代天主教音乐的特点，整个过程中我都兴致勃勃。我为张艺谋所做的三部电影音乐中，《金陵十三钗》是投资最多的，也是我下力气最大的。为此我们可以动用最好的资源，请杰出的演奏家，为了最后的音乐合成，我们去了美国旧金山、法国巴黎和瑞典斯德哥尔摩，请乔舒亚·贝尔（Joshua Bell）担纲小提琴独奏、瑞典的合唱团担任宗教合唱的演唱和录音，以至于现在再听《金陵十三钗》电影音乐原声碟，没有什么遗憾的地方，无论是写作、演奏、演唱、录音、后期、曲子的选择都很精致。

一开始我对《山楂树之恋》多少有些犹豫，因为它的文化和历史内涵没有《金陵十三钗》那么丰富。但经过与导演交流和看剧本之后，我对剧本表述的那个时代很有亲切感，毕竟那是我自己经历过的年代，所以就接受了。我自以为对张艺谋的了解比其他人多一些，这不仅因为我们在一起工作，更因为我与他有很多争论，通过争论对一个人的了解远比顺从来得深刻。他喜欢争论，他不因为争论而恼怒，他心地很善良，既能接受别人好的意见，又能毫不动摇地坚持自己的主张。当然也因为他是一个艺术上极为认真的人，是过去20多年中国电影的一位代表人物，所以我愿意推掉自己已有的安排来为他工作。

《山楂树之恋》音乐小样出来之后，导演直接通过，没有像通常那样提很多要求。周折仅在工作的一开始，我在案头工作时的想象与实际拍摄结果出现了差距。导演觉得我想象的《山楂树之恋》有点过于悲情，他概念中的故事要比我想象的阳光，为这个有了些讨论。第一轮讨论后，我们一起看了拍好的样片，看完我就明白他是对的，而且他对音乐的感觉很准确，这不是所有导演都能做到的。之后的调整就比较简单了。根据导演以往和别的音乐人的合作，剧组里评价我们的合作"太顺利了"。

另外一次争论是关于是否用俄罗斯歌曲《山楂树》。我的观点是电影《山楂树之恋》发生的年代和所处的农村环境，不适合以苏联歌曲为基调。音乐是文化，甚至是一个国家、一个民族、一个地区、一个历史环境中的精神，不是只要好听、只要情绪对就可以。我认为，结尾时突然出现俄罗斯歌曲将静秋和老三分离的悲情打断了，是音调的隔断，也是风格的隔断，让看电影的人跳出了情境，听歌去了，在艺术上就显得不完整。但张导认为这首歌曲是情景歌曲，是对男女主角相见之初的回忆和标识。尽管我们双方都坚持各自的观点，最终我必须妥协，这是导演的电影，争论是争论，工作是工作。

《山楂树之恋》这部电影，风格自然清纯，音乐简简单单。但我却将八个多月的时间泡在这件工作上。准备阶段，我花了不少时间看电影音乐书籍。国内这方面的文献有限，翻译书籍水平不高，经常读不懂，所以我找了不少法文书阅读。包括电影音乐史、经典电影和经典电影音乐解析、电影与音乐的关系等，中间穿插着找些电影来看，看别人的音乐如何体现，包括为什么有时我认为不怎么样的音乐最终流传下来，让自己心中有数之后，再跟导演讨论创作。

到了《归来》，可以说熟门熟路了。2013年7月和导演第一次谈《归来》，回家的路上我犹豫要不要做，他希望音乐好听，认为我是他接触的作曲家里写旋律最好听的，出活也快，风格把握到位，很少返工。但我们之间的音乐趣味并不完全一样。与同一位导演合作一部电影很好，属于学习之必需，我很有兴致，两部也可以，属于经验的拓展，但做第三部就有点多了。那时雨黎去世没多久，我执着于雨黎工作室的延续，导演也考虑到这一点，希望能借助他的电影帮助到我。他跟我说，雨黎不在了，如果你要让工作室继续下去，还是要靠你的工作。为了继续儿子未竟的事业，我选择了继续做。

无论我如何看待将要为之工作的影片内容，我的工作态度都始终如一。我不认为对待电影音乐可以比严肃音乐随意，相反，因为这不是我最熟悉的领域，我所投入的精力和时间反而会更多。很多作曲家是在影片拍摄完，片子有了小样之后才开始创作音乐，而我却是在读剧本阶段就开始。我会在剧本中画出我认为需要有音乐的地方，根据这个设想与导演讨论，征求他的意见。一般来讲，导演不喜欢音乐分量过重。我会在讨论之后就开始做音乐小样，先按照我的设想将所有段落的音乐都写出来备用，等待影片拍摄结束。我之所以不愿意在拍摄结束之后才动笔，是因为那样留给思考和回旋的时间太少，所有人都在等待音乐合成，我将不得不为了完成而完成，音乐质量会大打折扣。由于我所做的这三部电影经费都比较充裕，允许我做许多小样，可以将不同风格的音乐试贴在同一个影像段落，观感会因为音乐的不同而变化，这种变魔术般的实验让我受益匪浅，兴致勃勃。同时，这样的方法，也给导演提供了更多音乐选择的可能和空间。

目前，电影音乐著作权的执行，远不及严肃音乐那样规范，大体上有两类方式：

第一类是买断，制片方付一笔钱给作曲家，买断全部著作权，作曲家仅有署名权，与之后电影音乐是否有版权收益无关。

第二类是制片方与作曲家共同拥有著作权，按合同规定的比例分享版权收益，制片方在一开始给作曲家付费相对较低，或不付费。如果电影票房和口碑好，会在之后的相当长时间获得版权收益。

我更喜欢第二类，也是按照这种方式实行的。

在中国大陆，绝大多数制片方（尤其是电视剧）给音乐制作的费用很有限，不少作曲家是为了机会而工作，有时甚至自掏腰包进行制作，寄希望电影的成功给自己带来声誉，属于名副其实的赔本赚吆喝。由于制作费用捉襟见肘，音乐成品难免粗糙。

我参与的三部电影，在版权方面执行得都比较规范，这是我的运气。

我至今还无法客观评价这三部电影音乐，甚至可能有生之年也没有这个能力。有时我觉得它们都很真挚，有时又觉得它们都很平庸。但似乎风评还算不错，没有给我太多的刺激和烦扰。甚至《金陵十三钗》和《归来》都获得了一些褒奖，但我从未出席过任何一次。记得曾经有一次我获得中国金唱片奖项，主办方要求获奖者们上台站成一排，将手中的奖状高高举起拍照，我没有照做，这样有损人格的姿态我做不来。

有不少重要奖项颁奖的先决条件是受奖者必须到场，如果不能到场，奖项就可能颁发给其他候选人，我对此嗤之以鼻。我不认为奖项那么重要，更不认为它可以改变一位艺术家、文学家、哲学家或科学家的价值。我不明白，为什么世界上有那么多明白人，却都津津乐道于一群人颁发给另一群人的奖。尤其是诺贝尔奖，诺奖评审委员会又不是上帝，太把自己当回事了吧。这个世界上如果能再多几个像萨特那样拒绝领奖的人该多好！

如果一件艺术作品或一个科研成果有价值，无论是否获奖都是有价值的，否则无论多么著名的奖项，包括诺贝尔、奥斯卡也不能改变它的命运。更何况艺术作品的评奖，尤其是文学和影视作品的评奖，意识形态和价值观的标准（无论在哪里）都远远高于艺术标准。所以当香港电影金像奖和台湾电影金马奖将《金陵十三钗》和《归来》电影音乐提名最佳原创音乐并邀请我出席颁奖典礼时，我都婉拒了。一想到现场要走红毯，像动物园里的猴子被人盯着看，我头都大了！

  一天晚上我正在书院房中写作，汤唯从台湾金马奖典礼现场兴奋地打来电话告诉我，《归来》音乐获奖了，我是错愕了，我不但没去，而且忘了有这件事。电影《归来》有五项金马奖提名，其他四项提名的艺术家都出席了颁奖典礼，但都没获奖，唯独我这个没去的例外，让人情何以堪！

十五　病中随想

身体的事，不得不信命

人生没有回头路，随着阅历的增加，能力的增长，教训也伴随而来。但是有些教训可以汲取，并在将来予以避免，有些则是无可挽回。人生中很多机会惠顾了我，如果说有什么遗憾，就是我的身体。年轻时，每次面对学习、事业、爱情和身体健康，我都将身体排在末位，似乎一切都"机不可失，时不再来"，唯独身体可以搁置不管，少吃一点，少睡一点，冷一点，热一点，大小毛病都不是问题，熬过去自会恢复。"身体是革命的本钱"这句话，不到老年，不到重病在身，只是一句口号，是说给别人听的。

前面说过，母亲怀我的时候，得了肺结核，这个病根就潜伏在了我的体内，随时等待契机发作。这个契机就是我在中央音乐学院作曲系学习的后两年。好不容易能上大学，我如饥似渴地拼命学习，所有努力都是超负荷的，而与之相应的生活环境、饮食营养和休息完全不对等。大学二年级开始就时时感觉不舒服或发烧，每逢此时我都以为是伤风感冒，胡乱吃些药扛过去。四年级以后，开始长期发低烧，但此时的我正在为参加研究生考试殚精竭虑，没有及时就医。后来，检查出肺结核也不当回事，觉得年代就有了针对肺结核的特效药，吃吃药就好了，所以毅然决然地选择继续为出国考试而努力。在出国之后，没有了家庭的呵护，生活条件大不如前，饥一顿、饱一顿，以致肺部疾病逐渐转为慢性。加之空气污染对呼吸系统造成的伤害，肺部病情逐渐恶化。

如果，如果可以有如果的话，就是，如果当年我意识到环境污染、寒冷、缺乏营养和缺乏睡眠对我形成的伤害，我可以采取一些防御措施……可惜，当年的我没有这些知识和意识，所以后悔药是没有的。

从1982年在大学期间明显感觉不适，到2005年身体危机的暴发，经历了23年。可见，疾病在身体中孕育和潜伏的时间很长，也说明身体有自身免疫力，始终在抵御疾病的暴发。在疾病进攻的过程中，我本可以从预防着手，协助身体抵御疾病，保持健康，但我什么都没做，无视了身体不断向我发出的各种警告。

当然，如果只能在全力照管好身体健康和坚持出国学习之间二选一，即便是今天，即使因为身体不佳而少活十年，我仍旧会选择出国学习，这是我的宿命。

但宿命归宿命，怎么说呢，对比自己父母70岁时还都活蹦乱跳，健硕异常，心里还是有些遗憾的。

2005，病中日记

2005年春节前，第一次口吐鲜血，倒下了。

住在医院里无事，将几天来发生的事情按时间顺序做了个追忆。

1月30日 星期天

从早晨8点工作到下午，开始觉得不舒服，有些发烧，但没有感冒的症状。工作正顺利，有望2月份如期完成新作，胜利在即，满心快乐。分秒必争。千万别生病。

1月31日 星期一

照旧清晨6点30分起来，但身体更觉不适。上午给黎耘打电话，她说感冒完全可能没有流鼻涕、嗓子痛的症状，听了此话，放下心来，先吃药再说。感冒冲剂一袋、板蓝根两袋，多利潘（Doliprane，法国止痛退烧药）一片，VC泡腾片一片。药效显著，照常工作。

2月1日 星期二

还是不好，给一个懂医的朋友电话，她说：会不会是长期在电脑前工作的辐射病呢？心中沮丧，如果是这样，难道要放弃电脑再用纸笔来写作吗？

到网上查有关防辐射的荧光屏护板，没有我这种超大荧光屏的型号，看样子要自力更生了。开车到巴黎郊外Rosny的建材店买了一块大厚玻璃，配了一个支架，回来架在荧光屏前，戴上防辐射眼镜，全副武装，继续工作。一切都会好的。

2月2日 星期三

开车到60公里以外的地方开会，出发前又是照例一大堆药。下午回来继续工作。药劲一过，体温又升上来了。

2月3日 星期四

发烧第五天了，工作到中午，浑身无力，心想："就用两个小时去看看医生吧，到周末如果出问题就不好办了。"

法国医生分为一般医生和专科医生。按照医疗保险制度的要求，首先要看一般医生，如果他们认为有特殊情况，由他们建议再去看专科医生。

工作室对面就是一家医疗中心，无须挂号直接见医生即可。

医生很年轻，彬彬有礼，管你什么病都先和病人握手。了解了我的情况后，照例是一番老程序，量体温、血压、听诊。最后建议我照肺部X光片，验一下血和唾液。

法国的医疗中心或私人医生只管看病，诸如买药、透视、验血、扫描等都是各自独立的机构，即使是在大医院，也没有门诊药房这一说。就如同法国的音乐学院只管教授专业课，什么文化课、体育课、学生宿舍、教师宿舍、修理乐器、食堂等一概不管。更不要说办旅馆、开饭店甚至开工厂了。

还好化验中心和X光中心都离此不远。X光医师觉得我的肺部有些疑点但说不清是什么问题，建议我去做个CT，以进一步看清情况。他的助理帮我联络了他们的关系机构，但最早的预约也要等到下周二下午。CT中心不提供加强CT需要的药剂，我需根据医生的要求到药房买好带去。

拖着疲惫发烧的身体回到家已是晚上9点了。预计两小时完成的任务不但花了5小时，而且看样子要打持久战了。

半夜11点30分睡下，量了量体温，38.2摄氏度。

凌晨1点30分糊里糊涂地接了个中国来的电话。

体温更高了。

2月4日 星期五

早晨8点起来，浑身无力。第六感觉告诉我不能等到下周二再做CT，要出事。抄起电话一通乱打终于找到了一家，说下午4点30分可以插个空，但要持有社会保险机构的证明，否则要缴现金220欧元。我哪有证明，也没有精力和时间去开证明，命无价，没犹豫就答应了。 昨天买的CT加强剂这一家不能用，还要另外去药房买。

想着下午就会有所有的化验结果和CT结果，医生就能对症下药，放心了。

CT要求5个小时之前禁食，上午10点钟吃了点点心和一堆退烧药。将原有的一个会面由下午2点30分提前到中午12点。以免饿了没精打采。

下午3点30分开车去CT中心，一切顺利，医师态度非常好。做完看看表下午4点45分。两个小时后可取结果，决定先回家休息吃点东西。

车在奔驰，胸腔里忽然呼噜呼噜作响，预感不妙，左手把住方向盘，右手捂嘴，一阵不可抑制的强烈咳嗽随之而来。看手，鲜红。车还在奔驰，胸腔里呼噜呼噜继续作响，到处找纸巾捂在嘴上，第二个浪潮比第一个更凶猛，血从手指缝里流下来。车还在奔驰，呼吸几乎被血水阻住，更强烈的咳嗽，冷汗跟着从头而下。瞬间意识到，肺部不能有水，如果内部出血量过大排不出来，将引起窒息，生命会在几分钟内离我而去，就这样走了吗？54岁还没到，来得好突然。车窗外的景象模糊得好似五彩缤纷的色带飘摇而过，对生活的感悟好像才刚刚开始，妈妈还健在，太对不起了。

往医院开，最靠近的医院应当是特农医院（Tenon），但怎么走呢，脑子里一片空白。昨天晚上吃饭时阿姨提到一个朋友病危打了两个电话，一个是15一个是18。老天助我！不然还不知道急救打什么电话。掏手机，拨18：

18，消防队，您好！
很多血。
谁很多血？
我！
哪儿出血？

肺里。

您在哪里？

我在开车……

还在开车！请马上停下，告诉我您的方位。

我没有方向感，不知道。请让我找一下附近的路名标志。

请尽快！

在Level路和L'Amare路的交叉口。

几区？

我不知道，可能是19或20区吧。

什么车？

××3系列，深蓝色。

请停车，闪灯，我们马上就到！

立即给黎耘电话：

吐血了，你快来！

啊！！！你在哪儿？

我在车上。

病了还开什么车啊！？

我去CT中心回来的路上，现在Level路和L'Amare路的交叉口。

在哪儿？

就在美丽城路的教堂往左拐，再往右拐。

哪个教堂，是×××还是×××？

我不知道，就是我经常走的一条路，我没力气说话了，你快来吧。

我至少要20分钟才能到。

没关系，我已给18打电话了。

冷汗还在冒，想想嘴上都是血，一定像个吸血鬼，死也得有点尊严，浑身上下找，又找出一张纸巾，将嘴和手抹一抹。要是救火车不来，就死在这了吧，黎耘20分钟后到，到了又能怎样。

远远地听到消防车警报的声音，不到两分钟。法国真好！

两个年轻的消防队员跑过来，见我头靠在车座上，脸上干干净净。

您需要什么帮助？
吐血。
怎么没痕迹？
这纸上不都是吗？
现在还吐吗？
还会吐。
请您吐一个试试。

我打开车门，对着地面就是一口，红殷殷的一大块，真丢份。

您能自己站起来吗？
能！
来，请上担架吧。
我的车怎么办？停在这里是违法的。
您还顾得挺全，要命还是要车呢？

黎耘风风火火地赶到了，一脸的焦急。让她去处理我的车。

救火车风驰电掣地向离此地最近的特农医院进发，我躺着看窗外飞过的树尖和楼影，到巴黎20年还没有躺在这样的车里以这样的姿态从这样的角度看她，眼泪都出来了。

被推进特农医院的急诊室，消防队员走了。先由护士量体温、血压，问病情。我由于吃了退烧药体温完全正常，带血的纸巾也被消防队员销毁了。我让黎耘赶快去取我昨天的验血结果，她回来时正赶上年轻的女值班医生处理我的情况。她接过黎耘递给她的验血报告。

  除了血沉稍快，一切正常。有什么不适？
  咳血。
  现在吗？
  刚咳的。
  您咳一下我看看。

我咳了一下，心想一定会像刚才一样又是一大堆，但啥也没有，一口清白的唾沫，真丢人。又咳了一下还是一样。于是使起劲来咔咔了几下（像北京胡同的老大妈一样的那种），终于咔出一点血星星。女医生微笑地制止我：

  好啦，要是这样咔，谁都能咔出血来，别把嗓子咔坏了。您的血是从嗓子眼里出来的。您没大毛病，先回家吧。

我和黎耘瞪大了眼睛看着她，语噎。见我们的失望，医生补充道：

  如果需要，我可以给您开点咳嗽药。
  谢谢，不必了。

十五　病中随想

人家人证物证俱在，我有理无处申。就像一个对美国充满希望又不会说英语的人刚到美国一下飞机就挨了一顿打，想喊都不知喊什么。

黎耘开车将我拉回家吃饭，和儿子、黎耘还有阿姨一起。这闪电般发生的事件反衬出家庭的温暖，家庭的理解，平时的火爆少了，突然平添了单纯与和睦。

饭后本想睡在家里，但儿子赶任务要做音响。我不愿影响他的工作，也为了能休息好，还是让黎耘送我回工作室。

2月5日 星期六

凌晨2点45分，被一阵呛咳惊醒，血又来了！溅得枕头上都是。这次没有想到死，反倒想到林黛玉和林徽因，那个时代咳血就意味着死亡的来临，两个人都是绝代佳人，得病后一个为爱情，一个为事业，都坚持生活了十来年，谁也没有放弃，真是好女人，可怜可敬。我难道连她们都不如吗？接着睡，也没有给黎耘打电话，让她休息吧，天亮再说。

有了第一次的经验，决定不再去二百五的急诊处，而是找呼吸道专家。

星期六是黎耘上课最忙的一天，还是我自己来吧。早晨9点整，对面的医疗中心一开门就进去问有没有呼吸道专家，回答说有，等一等就到。我拿着昨天所有的化验单和片子在候诊室等。30分钟过去，没有人来，40分钟过去，还是没有人来，耐不住了。不能死等在这里，万一没有医生来，星期六上午一过，这个周末就没有希望了。给黎耘打了个电话请她帮着也找一下医生。跑回工作室，先给王培文打电话，她的丈夫是医生，虽然不住巴黎，但可能会给我一些建议。好不容易接通了，她们正在为一个春节联欢会忙得四脚朝天，丈夫去邮局了，答应一旦回来马上给我电话。

我不认识其他医生朋友，只有翻找黄页电话簿啦，时间正在一分一秒地减少，呼吸道专家（pneumologue）怎么都翻不到，只有轮胎和充气系统（pneu），一本黄页被我翻过来倒过去地折腾，终于从肺科医生（medecin pneumologue）里找到了，我亲爱的呼吸道专家们，都在这儿躲着哪。挨着个儿打电话，不是没人接就是星期六不出诊。我急得像热锅上的蚂蚁。

黎耘来电话了：

> 我跟哥素（Gosso，我们的朋友）打了电话，她儿子的好友勒费夫尔（Lefevre）是很著名的胃肠道专家。我跟她说了你的情况，她建议你马上去见勒费夫尔。
> 我是呼吸道问题不是胃肠道。
> 她说他都懂。
> 不可能。我们只有今天上午，必须找到呼吸道专家，否则我就完蛋了。
> 他即使不懂，凭他的关系他一定会介绍好医生给你。
> 他凭什么？
> 就凭哥素是他好朋友的妈。
> 你算了吧。

我刚把电话撂了，哥素来电话了。她说勒费夫尔是特别好的医生，又是特别可爱的garcon（男孩儿，在老人眼里你就是60岁了，还是孩子），你必须去找他，他会有办法。我已经和他联系过，他说他等你到11点，诊所在大学路160号。

信不信已经由不得我，我没有选择。穿上羽绒衣，带上足够的纸巾直奔停车场。工作室在20区（巴黎的平民区之一），好男孩儿的诊所在7区（巴黎的最高档区之一），怎么走，不清楚，再急也不能乱开，用两分钟研究一下地图。出发，上午10点整。

星期六的巴黎交通顺畅，我开足马力左冲右突不断超车，胸

十五 病中随想

腔的堵闷告诉我又一次打击很快要来临。快！共和广场，沙特莱地下道，利沃里大街，协和广场，从议会大厦后面拐上大学路后开始怀疑是否160号在相反的方向。迎面看到两个在布尔彭宫殿（法国总理府）执勤的士兵，停车开窗，镇静一下，强压着就要喷出口的血水。

"您好！"女兵说。
"您好，请问是大学路吗？"
"不知道！"女兵说。

竟然不知自己站岗的是什么路！我刚要继续前行，那个男兵说：

是大学路。
请问大号在前方还是在后方？
此处是122号，前进是124，后退是120。
谢谢！

车子如箭离弦，一股鲜血喷将上来，被我用纸巾捂住。什么都顾不得想，眼睛只盯着路边的门牌号，手机响了，放下纸巾，拿起手机：

喂！
我是Duhamel（王培文的丈夫），培文说你病了，现在情况怎么样？
我正在去诊所的路上，现在嘴里都是血，不能说话。对不起！

128号，134号，140号，160号到了，但不是诊所。星期六的街上空无一人。没有任何停车位,就胡乱停在十字路口边上。捂着嘴下车,四处瞭望,看到前方有个绿十字标记,狂奔。166号,是,是好男孩儿的诊所。满嘴的血,满手的血,冲进去,这等狼狈相,真对不起了,对不起谁?

门口小姐问:

您找谁?
勒费夫尔医生!
这里不是门诊,是住院处。
我约好的,他知道。
在一楼。

我冲上楼。又一个女秘书。

您是?
我找勒费夫尔医生。
他不见外来病人。
我约好了,是他让我来的。

女秘书让我等着她去叫。半圆形的候诊室环境优雅,都是舒适的皮沙发,一位太太也是病人,坐在那里等什么。见我这等形象,故作无事状地将脸扭了过去。

终于,我的救星,好男孩儿来了,一个四十开外风度翩翩的高大男子。我用那透着血的纸巾捂着嘴走上去,一边咳,一边说是哥素介绍我来的。他见我的状态,第一句话:

您是呼吸道问题,我是胃肠道专家,您必须找呼吸道专家看病。

我知道。

我当然知道,还能说什么呢?眼睁睁地让这宝贵的星期六上午渐渐离我而去。看着我那一脸的绝望,好男孩儿拿起电话找他的"好友"哥素的儿子,但另一个好男孩儿愣是不接。天下的父母总是过高地估计自己孩子的能力,也过高地想象他们自己对孩子的影响力。其实孩子大了以后驾驭父母的能力远远超过父母影响孩子的能力。

"最好的办法是赶快到一家离你家近的医院挂急诊。"好男孩儿建议道。

想到昨天那可怕的一幕又要降临,真不情愿,但别无选择。走。

好男孩儿递给我一个接血的盘子(到此唯一的收获),帮我叫了出租车,直奔17区比沙(Bichat)医院。

11点到达位于巴黎西北圣安东门的比沙医院急诊部,这是一家兼有医疗和科研教学的大医院。急诊室里已经有十几个病人等待处理,一直熬到下午1点才轮到我。

接待我的男医生高个子、一头蓬松的小卷毛,和我握手很温和,一边听我自述一边认真地在电脑上做记录。无法展示人证,喉咙里的血又都逃跑了,只能给他看物证:带血的纸巾。一个女护士进来,干净利落,量体温、血压,又连抽了五管血,还抽了动脉血,说是为了了解肺部血液情况。

他们都出去了,我一个人躺在诊室里,看着天花板:"该吐血时不吐血,不该吐血你偏吐血。平常那点本事都到哪去了!"真恨不得把全身的血都咳出来以证实我的清白。这话还真灵,鲜血顿时涌上来,正好用上好男孩儿给的接血盘子,这次不但不紧张,吐得还真有点愉快,这可是救命血啊!

医生来了,见状比我还认真,决定必须住院,在等待床位时,先去拍个X光片。

两位金发碧眼的白衣女郎一左一右推着我的担架车,款款地谈着些不经意的话题,我面向上躺着,医院走廊柔和的灯光配着橘黄色的墙壁和从下看去的美女们的面庞,心想:"又是一个不可多得的画面,两个法国女郎推一个中国病老头。"

急诊室里床位有限,同时又不知我得的是否是传染病,只能暂且将我安排在急诊室的淋浴间里。

黎耘在课间匆匆赶来,还是一脸的焦急,带来些吃的东西,陪了我一个小时。我们都不再是30年前的青年,生活经历也不再那么单纯,但她对我的那种感觉好像是老天给她施了定形术,40年不变。无论我在情感的旅程中走得多远,也无论她自己经历了什么,我们的关系往往只需要一个电话、一个手势就完好如初。尽管性格极端不同,爱好也大相径庭,但40年的历史就是我们共同的话题和生命,其他的力量尽管强大都未能与其抗衡。

下午4点30分,医生告诉我不能排除是类似肺结核的传染病,比沙医院没有传染病隔离区,决定将我转到贝然(Begin)法国军队医院。

贝然法国军队医院地处巴黎东部万赛森林的边缘。我被拉到五层热带病和传染病隔离病房的最里面一间。这里的每一个房间门口都有一个架子,分成三格,分别放着成打的橡皮手套、隔离服、口罩和消毒液。护士和医生每进一个房间都要重新换衣服、口罩和手套,出房间之后,将还是全新的衣服、口罩和手套扔到垃圾桶里,再用消毒液洗手。

两个女护士热情,麻利,七手八脚将我包装成新人,大口罩,"囚犯服"。接着又是抽血,量体温,测血压,拍X光片,吊盐水瓶。看看表,从我昨天咳血,到现在整整经历了24小时。谢天谢地,总算安定下来了。我的房间里有一台电视、一个冰箱、两张小桌、一张单人沙发、两把软椅,还有一个卫生间。窗外是一望无边的万赛森林,环境优雅、安静,空气清新。军队医院的井井有条给我安全感，纷乱的头脑骤然安静下来。求生真累，但在希望中活着真好。

晚11点，黎耘带着儿子，冲破医院的重重阻拦来看我，脸上的焦急换成了微笑和关爱。三个人谁也没管传染病不传染病，天天都在一起的，该传染的早传了。互相握着手，心里暖暖的。没有家的人可能不能理解家的意义和感觉，对一个闯荡世界的人来说，家是避风港，是加油站，是大本营。没有家，我可能是浮草，是飘叶。

2月8日 星期二

为了搞清病因，72小时以来拍了两次CT，抽了四次血（每次是四个手指大的玻璃管外加小半个奶瓶的量，最多的一次就抽了15管血！），化验三次分泌物。清晨6点，一位温柔的护士将一根塑料管笑容可掬地从我的鼻孔捅到胃里，说是吸收夜间存留在胃里的积液进行化验，一次不行，还连着三天打持久战。每想到这不比当年灌辣椒水好受多少的酷刑，我都心惊胆战。听医生讲，下星期还要用更粗的管子捅到肺里去视察一下。还好我心脏没毛病，否则，一定会受不了。

护理人员的素质是一流的，医院的管理也很严格。每天医生查房两次，早晨9点一次，主要是向病人了解情况，并将医生们的处理意见向病人做概要的说明。晚上8点一次，主要是安抚一下病人，比较随意地谈话。护士在病人正常的情况下来三次，早晨7点30分、下午4点30分和晚上睡前，主要是量体温、血压、脉搏、血中氧含量，了解大小便次数，并将所有信息记录在病人床头的病历中，以备医生随时了解。护士之下是医务助理，主要管每天给病人换一次"囚犯服"，换一次床单被套，送一日三餐和下午茶，同时帮助重病人洗澡。

连着输液三天不能动，在病房里没有朋友，没有电话，不能上网，生活忽然变得单纯，似乎回到了它的原本。除了求生这最基本的目标，其他一切都离你而去。你不再会在看书或做事的时候想到要给谁打个电话，不会担心有人通过电话传真或Email来干扰，也不会在自己的办公桌上放一个备忘录提醒自己那些还未解决或希望解决的问题。平时看起来重要的事情，在此时此地，都失去了价值。唯一能做的就是思考和阅读，静下心来不受任何干扰地向生活本身学习。这种与世隔绝的状态真是好，因了身体的缘故放弃了一切平时认为重要的事情之后明白了，其实人生没有哪件事是不可以放弃的，在可上可下时选择下，可进可退时选择退，可要可不要时选择不要，可说可不说时选择不说，可做可不做时选择不做，等等，应当是每一个人经常可以择取的态度，其结果远没有想象的那样糟糕，反而常常会感到退一步海阔天空的愉悦。尘世间，特别是流行的美国通俗心理学那一套永远应当争强好胜积极进取、老子永远天下第一的哲学，有时是相当害人的。

今天是中国的大年三十，黎耘下午带来一个青菜炒蘑菇和一罐鸡汤。原本家里请了一些客人一起过年的，黎耘想取消了来陪我，我劝她按原计划进行。过年过节过生日于我更多是一种感觉而不是一种形式，心到了就可以了，排场和热闹并不绝对必要。从初中开始，我就经常愿意在大家都热热闹闹大吃大喝过新年的时候，一个人溜到教室里看书，以自己的形式过节，好似对流逝时光的一种抗争。2004—2005年的新年夜也没有例外，陪家人吃完晚饭，我回到工作室从2004年12月31号的23点写作到新年的凌晨2点，平心静气地工作，然后心安理得地休息，很是愉快。

今年这个春节从形式到内容都令人难忘，没有朋友也没有家人，一个人在病床上，一个青菜炒蘑菇和一罐鸡汤，静静地面对万赛森林，将过去几天的经历和思考记录下来，与爱我的也是我爱的朋友们分享。

2005年2月14日

2012年，生与死的赌博

自2005年肺部大出血后，我的肺一直困扰着我。经过充分的论证和思考，在两种不同的医生意见中，我选择了激进的一种：手术切除长期发炎坏死的部分肺叶。即便手术成功，将来的体能也不会恢复到正常，但如果不做手术，面临的将是不可知的潜在危险，当它暴发的时候可能危及生命。这是一个相当难下的决心，也必将是人生路上的一次转折。在降低生存质量和生命危险之间，两害相权取其轻，我选择了前者。尽管如此，面临手术还是不无紧张。终究是有生以来第一次，终究自己的躯体将变得不再完整，面临的手术风险与良好结果之间恐怕也是一线之隔，纯属一场为了生存的豪赌。

2012，住院日记

巴黎，比沙（Bichat）医院
（2012年3月21日—2012年3月31日）

21日

下午住进医院，进行手术前的最后检查。麻醉医生专门用一小时时间为我讲解了麻醉的不同种类，由我自己选择。我选择了最有效但是最痛苦的PERIDURAL麻醉方式，即在不打麻药的情况下将麻醉针穿入脊椎，并通过脊椎直接输入麻药和镇痛剂。

选择手术需要勇气，选择麻醉方式也需要勇气。但是，选择究竟只是选择，当手术来临，麻醉开始实施时，需要的勇气完全是另一个级别。

晚上睡前，护士给我两瓶碘类洗涤液，要求晚上睡前和早上6点起床后各洗一次澡，保证身体各部位的绝对清洁，以防感染。尽管三天前为手术专门搓澡，进医院当天上午又彻底清洗了一次，晚上和早上还是遵医嘱又洗了两次澡，真是洗掉了两层皮！

22日

早晨6点起床，洗澡，并穿上医院发的一次性手术服装，护士最后一次抽血化验之后，躺在全部换了床单的床上准备上手术台。

早晨7点半我从10层的病房被推到地下手术室。进入之前有两道关：第一道由一位护士询问我的姓名、病情、手术部位等。可谓验明正身，准备拉进去"宰"了！护士同时给我相当的安慰，从心理上让我放松。

第二道关，同样，由另外一位护士询问同样的问题，以免弄错。想当年梁启超就因为手术错割右肾而丧生，如果有当今医疗这等严谨，何至于出那样的悲剧。

8点我被准时推进手术室，大约有十来个医生护士在场，有管理器械的，有负责麻醉的，有负责照明的，有负责手术的。手术室的温度较低，为了让病人不着凉，给我盖了一床很薄的宇航被，并在被子里鼓进热风，在里面完全不冷。

两位医师向我介绍了我的麻醉师，一位30岁左右的女医生，由她来安放脊椎麻醉设施。我侧坐在手术台上，尽量弯腰低头让脊椎凸显出来以便麻醉针头的安放。安放的疼痛简直超过了我的任何想象和承受疼痛的极限，一开始医生还拉着我的手尽量跟我聊天以转移我的注意力，但后来由于疼痛的急速增长，我渐渐要丧失知觉，同时呼吸开始困难。注意到这一情况，另一位更为有经验的男医生实施了麻醉安放术。之后我被扶倒在手术床上，闭上了眼睛。

睁开眼睛时，脑海里还是刚才放麻醉针那惨烈的一幕，我问医生，手术开始了吗？告诉我，已经结束了。听说已经结束，尽管自己十分地无力，但心情真正是十二分的愉悦，这样一个手术难关，竟然已经完成。我在术后监护室，据后来家人告诉我，他们曾经在下午2点进来看了我，并与我说话，我当时还回答了，但我完全没有印象。监护室里大约有十几张床位，做好手术的病人被推进来推出去。这时候的我两臂插着输液管，右肋腋下被打了两个洞，插进两根直通肺部的引流管，鼻子里是氧气管，背部是麻醉导管，下面是导尿管，右后背是绷带，总之三头六臂五花大绑，一动不能动。如果觉得痛就自己按一下左手边的镇痛导管，吗啡直接进入体内，15分钟内起作用。

当天下午4点，康复医生就开始指导我进行呼吸训练。她告诉我术后尽量不要一个劲地睡觉，不要怕用镇痛剂，目的是要在不感觉疼痛的情况下强迫自己进行深呼吸，养成良好的呼吸习惯，以弥补一部分失去的肺功能，不要因为怕痛而浅浅地呼吸，一旦养成习惯，残肺将难以长大。但是不论怎样用镇痛剂，疼痛是不可避免的，尤其是深呼吸、咳嗽、打嗝时，都会疼得我一头冷汗。

由于手术时的麻醉药并没有完全丧失功能，第一天几乎是昏昏沉沉过去，没有太多痛苦，睡觉吃饭都很正常，但是没有说话的力气。

23日

法国医院的医护人员分为医生、护士、护理、病人运送员和清洁几个不同的等级。在各个等级中又有更细致的划分。医生中有见习医师、住院医师、医师、主治医师、教授医师、教授主任医师等。给我开刀的是一位四十多岁的男性教授医师，非常自信，但显得有些个性。

　　早上大约6点多钟，两位女护理给我洗脸清洁全身。由于术后监护室不允许病人带进自己的个人物品，所以她们用一次性海绵牙擦和口腔清洁水给我擦牙擦舌头和口腔。背部先用肥皂再用清水，包括敏感部位都清洗得一丝不苟。

　　一个星期中，让我深有感触的是法国医院的卫生条例规范。每一个医生、护士和护理，在进入每一个病人的房间（都是单间）之前都必须换一次性的衣服、一次性的手套，进来之后如果要接触病人还要用消毒液洗手。接触病人之后再洗一次。出门之后立即脱去一次性的衣服、手套。进入另外一间病房时重新开始这一整套的程序。来探望的家属和亲友，也必须按照医院程序在进入房间之前换衣服和手套。给病人洗面、洗澡全部用一次性的合成纸毛巾。病人的床单、被子、枕套每天必须换一次。

　　下午4点钟第一次从窗户里远远地看到了来探望的家人，我向他们伸出两个手指以示成功！心里很为自己庆幸。

　　当天晚上我被转到二级护理室，这里的条件要比一级护理室安静多了，是单间病房，医疗和清洁设备齐全。

24日

　　凌晨1点半，心跳突然加速且非常不平均，每分钟可达到180下（当时不懂，现在看来是典型的房颤）。护士艾米莉（Emilie）是一位有经验也非常有耐心的"80后"

金发女郎。在试验了多种方式都不见效之后，请示医生用了降低心率的药，半小时之后起作用。这时已经是早上7点了。

二级护理病房从下午2点到晚上9点可以探视，家人按时来陪我一直到晚上9点以后离去。这时的我，有很强的依赖心，觉得有个人在身边，尽管没什么事情，尽管不太愿意说话，也比没人好。当然，这时的我又不希望任何人来探望，因为精力不允许自己做任何礼貌和外交的表示，即便是拿起手机发个短信都要付出全身的力气。

连续三天的镇痛剂开始显现其副作用，最主要的是：胃部不适，胃酸增多，口干，大量出汗，大便干燥。为此停掉了一些点滴镇痛剂。

晚上体温38摄氏度。有些担心。

另外，全身紧张，全身抽紧，好像只有在进行前滚翻的状态才能入睡，只要一放松就醒。

25日

艰难的一天。由于手术时的麻醉效应完全消失，有些镇痛剂有过敏反应不能用，PERIDURAL几乎变为唯一的镇痛剂，但是由于它的非持续性，疼痛变得越来越不能忍耐。尤其是右胸里面插着的两根引流管，身体稍有移动都会像针刺一样痛，加上背部的创口火烧火燎，无论怎么躺着都是受罪。

为了恢复得更快，护士按照规定，扶我在轮椅上坐了2小时。

晚上体温38.1摄氏度，自己有些担心，但是医生说从验血结果看没有炎症，属于术后正常体温升高。

26日

早晨起来,护士开始让我自己在床上靠着,练习洗脸刷牙。但刚开始动手就觉得疲惫不堪,触发了第二次剧烈的心跳。从早上7点半开始,心跳一直持续到下午2点半。速度最高达到了一分钟200下,这下把医生吓着了。人的心脏最快只能承受一分钟250下,我的情况已经相当危急,不少医生护士都来关注,并请了心脏专家介入。像24日晚间一样,经7个小时才让我的宝贝心脏安定下来。医生说由于动了肺部的大手术,心脏紧靠着肺,无论是氧气还是血液输送的状态都有很大改变,心脏不能马上适应,所以大手术之后,心脏有异常反应是常见的现象,我只能相信了。

从21日至今已经6天没有大便了。由于生活形态的改变、饮食的减少、伤口的疼痛、止痛药的副作用等,术后大便不通是外科手术之后普遍的一关。首先大便面临着不能自理的尴尬,病人不能起床如厕,必须在床上用便盆呈仰卧式进行排便,如果没有100%的便意是便不出来的。再加上,由于不能自理,病人平时的自尊完全丧失,要由他人帮助解便也是一大心理障碍。内向如我,面临如此局面还真是第一次,但只能面对。尽管护士的职责之一就是帮助病人解决一切因手术引起的不便,但终究是外人,再说护士有诸多病人要料理,便盆一旦放好,她们是不会在旁边等着你大便的,而且病人一旦便完,按铃叫护士,很可能护士需要很长时间才能来,病人就不得不躺在便盆上过一段"有趣"的时光。

儿子这次专程从北京赶来陪我,让我体会到孩子长大了。他从小娇生惯养,有事求父母,各方面都发展得不错,但还没有看到他对父母的孝心。这次他的表现,让我刮目相看。每天进进出出联络医生，照料饮食，擦脸洗脚，接大便……面对这些尴尬他没有任何犹豫，从探视的第一天起到我出院，黎耘由于工作不能常来，他每天都来陪我8个小时，让我很是感动。

下午，医生根据体内积液排除的情况，决定取出一根引流管，并将埋在脊椎里的PERIDURAL止痛导管撤掉，以免在身体里引起炎症。这意味着，从今开始，就要依靠外用药抑制疼痛了。

晚上9点，护士为我注射了吗啡，这是我有生以来第一次打吗啡。昏昏入睡之后，产生了很多幻觉，从病房的窗户看出去好像是在东南亚海上小岛上的别墅，鲜花，鸟语，宁静优美……没有任何痛苦。

但这种幻觉仅仅发生在第一次注射，以后再也没有出现同样美好的幻觉，镇痛作用也逐渐降低。而且吗啡有明显的副作用，主要是大便极度干燥、口干、兴奋、心跳剧烈增速，等等。但是面对严重的疼痛，打吗啡是没有办法的选择。

27日

上午，根据我的整体情况，医生决定让我离开二级护理室，回到胸外科病房。这里虽然没有了各种复杂的仪器和监控系统，但更加人性，护理更周到，也更安静。导尿管被去掉了，这下晚上要用尿壶，至少要醒来三四次，并且要叫护士倒尿壶。

深夜心跳又开始加速，到了170下。凌晨我忍着剧烈的疼痛，拒绝用镇痛药，要求等待医生来找到心跳过快的原因才继续用药。但是医生一时找不到准确的原因，到了上班时间，老教授主任都来了，劝我还是先用镇痛药。在西医理论中，去除疼痛感是病人恢复的重要条件，在所有环节中都强调减少病人痛苦，不提倡忍耐。

28日

胸外科病房的康复医生也显得更为专业耐心，她上午来带领我进行呼吸练习，给了我很多信心和启发，也增强了自己练习的兴趣。

毕洛窦出版社的克利斯多夫（Christophe）来看我，这在法国是很少有的。他来前三天就和我约定了来访时间，尽管我没有气力，还是很愿意见到这个和我相处了26年的老朋友和随处不在的我的专业管理者。他专门买了4本书送给我，希望我在养病期间阅读。同时还带来了我今年将要演出的曲目和日程，说在这样短的时段有如此多的交响乐作品被世界各地不同的乐团上演，在出版社是绝无仅有的。

29日

除了疼痛和心跳不规律之外，其他都基本正常。家人每天下午还是来医院8个小时陪我，并给我带来自己习惯的饮食，有时也给我带来一点外界的消息。过去几年和儿子之间时有时无的紧张关系，全部因为生病和他的关心而消逝了。我们可以更加直接地谈他的生活、未来。他也很耐心地听。

今天康复医生第一次扶着我在病房外的走廊上慢慢走了一圈。站起来走才知道自己有多虚弱，也才第一次看到自己所住的病房周围的环境。这里一共有22个病人，都是因胸科疾病有关的手术住进来的。多数是2人一间，1/3是一人一间。因为按照法国医疗保险的规定，双人间享受100%的报销，而单人间需自己负担超过标准的部分。

30日

周五，医生根据引流量的减少，决定将第二根引流导管取掉。终于这根让我痛苦了8天的插在肺部的导管被拿掉了，疼痛明显减轻。医生根据我伤口的恢复情况决定明天出院。

鉴于明天要出院，由专门的病人运送员将我拉到地下放射科照片子。由于是第一次自己去拍片子，拍好之后，放射科的医生将片子交给我带回给医生。我第一次有机会在术后看到了自己的片子。一看不要紧，吓出了一身冷汗。只见原有的右肺全部提升，下半截几乎是空白。我说，切除的不是上叶和中叶吗？怎么是下叶没有了？难道他们搞错了，将我的好肺叶切掉，留下了两片坏肺叶？我的妈呀，梁启超的倒霉事也轮到我了吗！？回到病房就叫医生，医生不在，护士来了，我让她看了我的片子，说了我的疑问，这不是护士的知识范畴，但她也被我吓着了。直到医生来才为我解释：无论切除哪一片肺叶，剩余的肺叶都会首先向上提升，将上部分肺的空间占满，然后根据病人呼吸训练的情况逐渐向下延伸，能够延伸多少视个人情况而异。对这个解释，我将信将疑，心想无论如何手术已经做完，而且整个过程都显得如此严谨，这样起码的错误应当不会发生吧。而且到底是什么情况，早晚会通过不同的医生了解清楚，着急也没有用了。

31日

出院日。走之前，医生又让我拍了一次X光片，验了血，确认没有任何问题才开了出院单，并给我开了出院之后的口服止痛药、需要购买的绷带、外用消炎药，以及康复医生需要进行的疗程和内容的处方。

病人出院不需要向医院付费，一切由法国医疗保险系统处理。法国的医疗系统将药品、医疗器械与医院系统完全分开。病人需要服用的药、要用的绷带、消毒用品等由医生开处方之后可以在任何一家药房购买，价格都是一样的，而且都由药房直接与医疗保险系统处理报销事务，病人不需要向药房付一分钱，可谓非常方便。由于法国医疗的这一特点，很多穷人，尽管付不起医疗费，也可以先看病，看完病走人，一分钱也不付，如果这个穷人确实没有条件付费，也没有医疗保险，由国家相关部门承担他们的医疗费。总之，医院的义务是救死扶伤，没有权力拒绝任何一个有病的人就医，医院不会有意延长病人的住院时间，也没有可能通过开药赚取回扣。

3月31号出院，一个月以后，5月10号，要出席英国威尔士的音乐节。因为音乐节做的是我的专题，如果不去，组织者会非常失望。他们破例帮我请了一个"护理"，是正好在英国进修的任小珑。小珑特别热心，他在英国买了一辆二手车，那阵子就成了我的"专职司机"。一有空我们就到周边的森林里漫步，聊艺术，聊音乐，也免不了说些愤青的话题。总之，都是美好的回忆。

2021，时间与意识

我好像从青年直接跳跃到了老年，没有中年。三十、四十、五十、六十都那样顺利度过，无论智力、精力和体能都与年轻时没有明显差别。而2012年3月肺部手术后从医院出来，完全走不动，我的体力像突然被耗尽了。

有效的人生主要是在20岁到60岁这40年里发生，20岁之前发生不了什么事，60岁之后一切均在意料之中，已经没有回头路可走。年轻时前景如烟，一片雾茫茫，现在则是往事如烟。我很早就明白，人生没有后悔药，每当选择出现的时候，我选择最喜欢做的事，而不选择最安全的事。即便选择错了，也是丰富多彩的经历。人生的遗憾是因为想做但再也做不了了，可能因为岁数、因为时机不再、因为时局变化、因为被人家抢了先机等，而最主要的原因，是顺从了传统标准和潮流，而没有顺从自己的心。

有人说跟我接触没有年龄感，我不知是否是溢美之词。但这次生病，拄上拐了，心里还是沮丧，2020年大概有一个多月，还抑郁了一段时间，但最后靠自己调整心态，还有朋友们的关爱，终于挣脱出来。书院阿戴（躬耕书院创始人），给我派来两位年轻人陪伴，她们对我无微不至的照顾，也起了很大作用。这时候朋友们愿意陪着我，从早到晚，把自己的工作和家庭事务放下来分担我的困扰，以至我丝毫没有被抛弃和遗忘的悬空感。

在病榻上，我经常天马行空地乱想，闲得无聊，也会自导自演。我有个空气质量测量仪，叫"空气贝贝"，一摁，就会显示出室内空气质量。如，3—PM2.5，表示室内PM2.5水平为3；再按，显示二氧化碳水平；再按，显示温度；再按显示湿度。住院开刀时我也带着它，经常跟侯湃（助理）说，摁一下空气贝贝。侯湃就告诉我空气指标。开完刀在家躺着，小董（助理）在边儿上，我也时不时让她摁一下空气贝贝。根据这个场景我编了一出"话剧"。假设观众买票到剧院里看我这场真人秀。大幕徐徐拉开，舞台上只有一张床，我躺在床上，跟护士（小董）说："小董，摁一下空气贝贝。"小董就走过去摁，说："3—525—21—56。陈老师——"没有回答，"陈老师——"没有回答，"陈老师——"仍旧没有回答，"陈老师！——"大幕缓缓落下。观众热烈鼓掌，掌声经久不息。观众热烈地议论，哎呀，太感人了！演员演技真高超……全剧只有一分钟。

在家生病这一年多，经常在床上编剧，一会儿演这个，一会儿演那个，模仿各种各样的人。只有到了现在，才有放下一切，在床上玩耍的心态。年轻时，会不好意思，一味坚持我那严肃的"美德"。

生病最重的时候，连思想都不能运转，躺着听广播。有的时候失望，有的时候希望。好一点儿的时候情绪会好，差一点就会纠结，会莫名地恐惧，晚上经常睡不着，即便是为了睡觉，心理压力也很大，压力大更睡不着，睡不着就会房颤，一房颤整个人就不行了，恶性连锁反应。第二天一点劲儿也没有，然后各种思绪，脑子里乱七八糟。幸亏有这些朋友帮助我，即便是坐在身边，不需多说什么，也是一种温暖。我深感他们的真情，但我没有什么可以给他们，权力、金钱、机会都没有，他们中的绝大多数都比我年轻很多，除了关心之外，他们看起来好像都很愿意跟我聊天，听我天南地北，让我感到自己存在的价值。人类的情感很复杂也很丰富。

我不是那种游走江湖、到处会朋友，两肋插刀帮助人，以交友为终生乐趣的人。我尽量没事儿不跟人套近乎，我也不是很愿意把我的职业变成帮助人的职业，这有点像我父亲，而我母亲的职业似乎就是帮助别人。我虽然不是，但我却积累出这样一些真心的朋友，这是出乎我预料的。虽然我独往独来一生，但我却无意中收获了友谊。

人死了以后就什么都没有了，我不信其他的，就此一遭，没有来世。我最害怕的不是死本身，而是心脏还在跳动，呼吸还在继续，但生命已经离开了你的掌控，人生的尊严和乐趣荡然无存。像父亲最后卧床那个样子，他并不知道外界发生的事情，没有知觉，但是活着的人还要认认真真照顾他，这很无奈，但是如果我碰到了又能怎样呢？谁也不会杀了我，还要花钱花时间，消耗心里储存的记忆和感情。我自己没有能力站起来，没有能力说话，但我还活着，这是不舒服的。如果还有疼痛，那就更不舒服。疼痛就要吃止疼药，吃了止疼药又会有更不舒服的地方，有时比疼痛带来的并不轻松多少，消化系统紊乱，甚至造成肠梗阻，对于重病患者，肠梗阻之后又不能开刀，最后大小便全部都没有了，这种痛苦是非人的。现代医学能做到的有限，这种时候，既不能让他活，又不能让他死。想到这些，真宁可一跤摔死。

　　我有时给朋友看自己年轻时的照片，我年轻时多好呀！但奇怪的是，周边的人看了照片却说，现在的你更好！那时嫩得不得了。这种不知真假的鼓励，有时把我搞糊涂了。有人告诉我，一脸皱纹没关系，阅历、沧桑是美，和善、理解也是美，智慧、悟性更是美。现在我想开了，愿意笑了，皱纹反正要来，笑一旦解禁，觉得自由多了，那个绷着的自己消失了。

　　但无论我如何感受，风华正茂的年代已经过去了，岁月的辉煌不再了。

　　人生的每一个"当下"都会有一种永恒感，好似年轻会永驻，未意识到它只是暂时的。"当下"的永恒感，会让有些人狂妄和不可一世。过来以后才知道，在人生的每个阶段，自我意识和自我认知，都是残缺的、扭曲的。完善自我认知必须要经过时间，只有时间过去之后，才能对自己渐渐看得清楚，且越远越清楚。40岁时看自己40岁，以为自己是美的。50岁回看40岁，还是美的。60岁看40岁，已经不那么美。70岁再看40岁，觉得太幼稚。80

岁看40岁，羡慕当年的无知与无畏。随着时间的推移，过去在自己的眼中会变化，可能变得不美，也可能越来越美。但是幼年的美是永恒的，2岁，3岁，一辈子都不会变化。因为那时候，人是真实的，是纯洁的，是不受外界影响的，永远都无可超越。其他的时候总会有狂妄啊、自负啊、失落啊、装腔作势啊！只不过在当时都无感觉。比如说自信，走着走着就会发现，那其实也是一种无知。

如果在三四十岁就对当时的自我有现在的眼光和要求，那是多么美妙。这可能是此生最感遗憾也无可追回的。无情的人生，无情的单行道。

十六 告别雨黎

失独心路

2012年9月4日,是我跟爱子陈雨黎诀别的日子。8月底,雨黎从北京出发去瑞士访友,在苏黎世的高速路上出了车祸,再也没有回来……那天早晨我还未起床,接到这个噩耗的瞬间,就像开水烫到身上,皮肤瞬间感到的不是灼热,而是冰凉,脑袋一片空白,甚至理解不了儿子死亡的含义。直到我和黎耘当天下午从巴黎赶到苏黎世,看到雨黎的遗体,才意识到儿子不在了。从那天起,我就像无辜的孩子被扔进荒原,人变得木呆呆的,失去了笃定和方向。

在医院里,一位德国心理医生跪在我们面前的地上拉着我们的手,与我们分担这份巨大的心理冲击。遗体从太平间推到一个专门的房间给我们看。由于事故原因还在调查中,两位警察也在房间里,不允许任何人在他们不在的时候靠近遗体。已经晚上8点多,下班时间早已过了,但如果我们不走他们也不走。黎耘哭着说:"今天晚上我不走了,就待在这儿!"听了此话,在场的医生和警察没有表示任何异议。心理医生说:"你们愿意待多长时间,就待多长时间。"我虽然非常悲痛,但要求自己理智,大概待了一个多小时，我对黎耘说："我们走吧！让那么多人陪着我们，不好。"

雨黎出事时，在高速公路上参与救助的一位德国女孩，知道我们人生地不熟，也始终与我们在一起，帮助我们解决困难。

从医院出来，我们被叫去了当地警局办理手续，取回出事时雨黎的遗物：血衣、照相机、手机、证件等。回到酒店，伴着挂在墙上的遗物袋，我们彻夜未眠，一会儿哭泣，一会儿回忆，一会儿互相劝慰。

几位朋友从北京和巴黎赶来，他们事先说好见到我绝不能哭，怕我更伤心，结果大家在酒店大堂一见面就忍不住抱在一起哭成一团。我们在瑞士森林墓地为雨黎置办了寿衣、棺木，并举行了简单的遗体告别仪式。一天以后，从森林墓地取回雨黎的骨灰盒，上面刻着"CHEN YULI 04.09.2012"，几天前还活蹦乱跳的儿子已化成灰烬封存在里面，我撕心裂肺，彻骨悲凉。雨黎走了，思念从那一刻起在我心中横生一株青藤，从此藤蔓无限缠绕，无法挪开。

之后的几天，我们将儿子最后几天走过的路又走了一遍，试图找到一些儿子留下的蛛丝马迹。我们带着恐惧、渴望和怜惜入住他最后下榻的酒店，用着他用过的洗浴液，走进他泡过的露天泳池，对照着他发在微博上的照片，小心翼翼地靠在他曾经坐过的角落，想象着感受他的体温。我们走进酒店边的西班牙餐厅，眼泪就着美食，品尝雨黎点过的菜肴。在高速路的出事地点，我们在草地上一寸一寸地翻找儿子散落在那里的点点遗物……

2012年的北京，秋天来得格外早，漫天飞舞的黄叶被秋风裹挟，我像着了魔一样不停地播看雨黎从小到大的录像。重看这些录像，发现自己对儿子经常那样严厉，一味严格要求，期望他出类拔萃。此时此刻，内疚涌来，甚至想到2008年北京奥运会开幕式我无情拒绝儿子的作品入选，后悔我为了自己的"公正清廉"，折断了他飞翔的翅膀。如果时空倒转，我定会冒着被人质疑的风险，支持他。可现在，永远没了机会……

有一件事还算欣慰，雨黎18岁时，决定放弃音乐学习，去巴黎行政管理预备学院（IPAG）学习企业管理。我说："你觉得快乐的事情就去做，我支持你。"儿子笑了，眼睛眯成一条缝。雨黎商学院毕业之后，希望去纽约录音工程学院学习音乐制作。人说这一辈子冥冥中自有安排，哪怕兜兜转转，最后还是会受命运的召唤，让儿子渐渐靠近我所站立的地方。这让我很开心，所以欣然支持他去美国。遗憾的是，在我的记忆中，这种馈赠并不多，记忆中有大片的空白，他离开了，无法弥补的遗憾让我的痛苦雪上加霜……

记忆拾零

在整理雨黎的遗物时，发现他邮箱中有800多位联系人，我对这些人的了解少得可怜，于是就给他们群发了邮件，管他们是谁，我要获得更多雨黎的点点滴滴。

不久以后，我收到了各种语言的回信，就算只有短短几行字，我也如获至宝。

通过这些邮件，我渐渐拼凑起更为完整的儿子的轮廓，仿佛看到他栩栩如生地回到身边……

雨黎生于1983年7月，我赴法留学时，他只有1岁，在他妈妈和两家老人的呵护下成长。当我1986年第一次回国探亲时，雨黎已经3岁。他跟院子里的小玩伴说："我家来了个爸爸。"4岁开始，雨黎就跟外公黎英海学习钢琴，并很快就显示出非常鲜明的音乐表现力。1989年夏天，我们在巴黎的生活稍微安定下来，就决定接儿子到巴黎团聚。登机那天，两家三位老人都到北京机场送行，6岁的雨黎，背着一个双肩包，两手各提一件小行李，在老

1989年11月，雨黎与梅西安夫妇

1992年，雨黎9岁

1993年4月,蓬皮杜文化中心,《孤独者的梦》世界首演,陈其钢与雨黎在操作台前

1994年,正在家中练琴的雨黎

1996年,与儿子在纽约世贸中心双子座顶层

1996年,与儿子在法国汉斯大教堂

1996年7月，在法国诺曼底海边

2008年6月22日，父子在录音中

2008年8月8日,鸟巢,雨黎与张艺谋在奥运开幕式现场

2012年2月18日,雨黎、汤唯、常石磊在雨黎的工作室

2012年4月,雨黎与倪妮在第31届香港电影金像奖颁奖活动期间

雨黎与谭欣婚前合影

2012年9月23日，北京世纪坛，参加雨黎追思会的家人和朋友们合影

2012年12月,雨黎去世三个月,广州交响乐团演奏《逝去的时光》后陈其钢上台致谢,背后为余隆

人们担心的目光中义无反顾地独自走上扶梯,要去找妈妈了,头也不回,只管向前。

　　法国实行全民义务教育,只要是在当地生活的适龄儿童,无论来自哪里,都可以享受同等免费教育。想到要在法国上学了,雨黎异常兴奋,高高兴兴去了学校,但从第二天起,上学对他就变成了痛苦,死活也不要去了。每天早晨黎耘一路哄着,他哭得撕心裂肺,上学的路变成了与妈妈战斗的路,五分钟的路要走一个小时,最后常常是黎耘和他两人哭成一团。孩子心里的苦,我们都理解,用他最常说的一句话就是:"他们都是外国人!"在学校一个人都不认识,同学们说的话一个字也听不懂,孩子们的快乐与他完全无关。雨黎本是性格开朗的孩子,但一天天站在角落里看着别人玩耍嬉笑,他怎能理解?怎能承受?

　　这个过程,几乎是所有第三世界去到第二世界国家生活的半大不小的孩子们经历的第一关。这一关无论如何都会在孩子幼小的心灵中留下阴影。虽然对于6岁的雨黎,混在孩子群里不到一个月就可以听懂周边的语言,也可以简单地加入对话,但伴随整个少年时期和青年时期的文化融入、种族融入、心理承受等,比在原籍国复杂得多的社会、文化和人际关系问题,使得雨黎比同龄孩子更敏锐、更审慎、更周到。

　　雨黎除了需要与法国小孩一样接受学校教育,还要学会理解和面对法国多样的、复杂的、殖民主义国家留下的各种问题。不仅如此,他还需要在过了语言关之后,继续学习中文,学习钢琴,领悟不同文化之间的差异。为了保持双重文化的优势,我要求雨黎在家里不能说外文只能说中文,并为他请了中文老师。黎耘每天指导他练钢琴,稍大之后,课余时间我们送他到区里的音乐学院接受更系统的音乐教育。高中以后,雨黎进了专门为艺术特长生开办的学校,接触了法国社会精英阶层家庭的孩子们。他逐渐变得与众不同,更加善解人意,对不同类型的人适应力很强。他热爱交友，热情开朗，乐于助人，变成了一个人人见了人人爱的青年。

但，这只是表面。我是在他24岁回到中国工作以后，发现他在中国工作和生活中表现出一种前所未有的幸福感。个中的原因我猜想有：他的性格与本地孩子不同，很招人喜欢；他的知识结构与大陆的同龄人很不一样，让人觉得新鲜；他的专业技能高人一筹；等等。但最重要的是，他一下子就融入这个原本就属于他的人群中的那种如鱼得水般的自由自在之感。反过来说，在法国的时候，尽管他也有很多朋友，尽管他的家庭是一个受人尊重的存在，但他内心永远留有6岁初到法国时那种"他们都是外国人"的不适和外来人的烙印。

在雨黎朋友的来信中，苏娜的来信提到一件趣事，给我印象很深：

> 我和加百利在2010年的时候跟著名音乐人张亚东签约发行了雨黎和我们合作的专辑，当时邀请了雨黎来参加新专辑的发布会。在发布会音乐演出之前，我们做了一些后现代主义的设计，在舞台上做了一个沙龙，邀请了我们的老板张亚东、我们小说的出版商、我们的朋友兼音乐合作者雨黎三位嘉宾上台与我们聊天。我们准备了四款饮料，分别是酸梅汤、甜牛奶、苦艾酒和辣椒油，其中只有雨黎选择了辣椒油来喝。哈哈，或许很多人会觉得我们的设计挺弱智的，但我们自己特别喜欢，尤其欣赏雨黎选择了一款最不同寻常的"饮料"。雨黎表面上给人的印象是温文尔雅，彬彬有礼，但在我和加百利看来，他的骨子里其实有那种颠覆和革命的东西，不然他也不会在众目睽睽下大喝辣椒油。

雨黎通常给人的印象是热心、开朗、随和、大方，但了解他的人知道他有很强的独立意志和冒险精神。在他去世的前一年，他曾经自己一个人跑去英国报名参加了为期一周的野外生存训练，七天时间生活在原始森林中，两个人一组（互相不认识），没有任何食物，没有照明，没有火种，完全靠自己的双手用树枝搭建避雨棚户，钻木取火，找野菜浆果充饥。结果他靠自己的手和意志活下来了。带领他们团队的是一位英国退役特种兵，最后给雨黎的评价是非常优秀。

雨黎从小酷爱汽车，喜爱赛车电子游戏，认为自己的驾驶技术超过一般人，去世前一个小时的录像中他还在和朋友说"我们回去开一个驾校，教人怎么开车"，丝毫没意识到他缺乏开车最基本的安全意识！每次开车，他妻子都会因为他缺乏安全意识与他争吵，但他不改。曾经出过几次车祸但都没有伤人，所以并不接受教训。一次是在北京东单十字路口，他直行到中间突然右拐，因为速度太快，撞到左侧等待拐弯的车。还有一次，他在直行道上，忽然右拐而不打指示灯，没有注意右面道上还有一辆直行车，就撞上了。开车不仅仅是踩离合器、刹车、左拐右拐、打闪灯、看后视镜，最起码的是遵守交通规则，不超速，安全礼让。公路上不同路段的限速标志并不是简单的符号，而是来自血的教训的提醒。命运其实早就为他埋下了伏笔。

我经常想，一次恶性车祸让他瞬间离开人世，没有受罪，是不是不幸中的万幸？如果他没有去世，而是半身不遂，卧床几十年，是不是比现在更惨？朋友们先是同情，慢慢疏远离去，被世界遗忘。如此说，他的人生虽然不长，也算圆满，像流星一样划破天际，闪亮，发过光和热，瞬息即逝。

生活中，伟大、成功、爱情终究很少，给我印象深刻的很多瞬间，都是最平常的点滴，是它们将人生变得鲜活。

记得雨黎到法国不久，每天放学我接上他之后，总要在路边的小摊上给他买一个可丽饼，有巧克力、苹果酱、杏酱、草莓酱、火腿等各种馅的，雨黎特别爱吃。买好后他抓在小手里，另一只手牵着我，满足洋溢在脸上，一边吃一边跟我去音乐学院上课。

雨黎刚上小学，还不会说法文，每天下午放学都是我到学校门口接他。那天我迟到了，在地铁上我心急如焚，生怕他一个人在校门口孤单，更怕他自己走丢了。出了地铁我拼命跑，远远看见雨黎一个人坐在校门口长椅的椅背上翘首张望，我心里一通酸楚，他见我跑过来，一下哭了出来，冲着我喊道："你到哪去了？！"我一把将他拥在怀里，心里怜惜得不得了。他那委屈的样子至今还记忆犹新。这一幕也让我想起自己在右安门大街小学的煤堆顶上翘首等待妈妈的情景，父与子何其相似！

2012年初，我在巴黎动肺部大手术，雨黎专程从北京赶到巴黎，每天8小时守护我，照顾我，直到出院。出院后，我们经常一起散步，天南海北地聊，包括对未来的设想。他总是面带笑容……谁又能知道，那时他在这个世界上的时间只剩5个月了？

关上悲伤之门

雨黎不在了，我除了在记忆中搜寻这些点滴，每天必打开有他的视频或相关文字浏览个不停，悲伤之情挥之不去。我像祥林嫂一样，逢人三句话不离儿子……直到有一天，汤唯跟我说，这件事是您的家事，与他人没有关系，总这样会让人误解您在乞求同情。我骤然惊醒，自己怎么如此软弱！这样下去，难道要毁掉自己的余生？那以后，悲痛慢慢在身体里变成了黑珍珠，我将它包裹在心灵深处。像儿子的一位朋友为他写的：

像多年前错过的一缕风

绕过异国的荒野
将一个未完的故事
尽付予心中的山川河流……

现在的生活经常被淡淡的忧伤笼罩着，每当想起雨黎，总会问自己，为什么当亲人在的时候，聊起过去的点点滴滴只当笑谈，而当亲人不在了，这些点滴往事会变得那样痛？难道爱只在失去之后才真正发出力量和光辉？

自己经历了"文化大革命"的挫折、病痛与手术、父母离世、儿子离世，也在有生之年亲眼见到自己的作品在世界各地的传播以及获得各种荣誉和奖项。我走遍世界，领略了人类的区隔与相融，享受了人生的千姿百态，我一度自信满满于自己成功的人生。突然雨黎走了，我的内心生出了莫名的变化，甚至坐飞机严重颠簸时，我都不会有任何恐惧，反而会有一种摔下去很痛快的坦然。过去看重的人和事，变得不那么重了，无论多大的荣誉，我都不再在乎，无论多高的官员，我都不屑于见，无论多么重要的演出、委约和颁奖我都可以随意拒绝，所有人世的喧嚣于我都如粪土，与生命相比，都显得那样不值一提。

我变成了失独老人，传统家庭"传宗接代"的本能意识和行为模式随着儿子的消逝而消逝。但生活的一扇门关上了，另一扇门却徐徐打开，我决绝地离开了闹市到山村生活，原本在儿子一个人身上的注意力，不经意间转向了更大的世界。

十七 我的世外桃源
——躬耕书院—陈其钢音乐工作坊

山村疗愈

自毕业后,我就拒绝到学校任教,无论请我当老师、做主任或当院长,我都没有接受过。我认为学院教育已形成某些难以打破的套路,传播的知识主体是西方学者20世纪初建立的体系,在很多方面束缚了现今学生的眼光和思维,但我又没有条件和能力为学校教育增添一些不同的东西。

2013年春,应杭州龙井草堂老板阿戴之邀,我从城市移居到浙江遂昌黄泥岭村的躬耕书院。这里是阿戴于2009年建立的一处兼顾有机农业、平民教育和文化传播的公益基地。阿戴将我的生活安排得井井有条,为我创造了一个理想的世外桃源。我每日除了读书写作之外,白天看山景,晚间望着满天的星星发呆,生活的安逸和清静,更加让我感受到丧子之痛无时无刻不压在心里,明知这样下去会毁了自己,却无力挣脱。

为了从痛苦中解放出来,我经常思忖如何能在躬耕书院做些有益的事情。

一日,在书院支教的陈琳老师(中央音乐学院指挥系主任)找我,提出是否可以举办作曲学习班,这样一方面可以让年轻人受益，另一方面也可以为书院带来些许收入。她相信，无论收费高低，都会有人慕名而来。我觉得办班这个主意是好的，但收费却不符合我一贯的原则。可是如果不收费，办班不但不能为书院带来收益，还会增加更多负担。于是我提出，是否可以不收学费，只收食宿费。阿戴听说后，立即表示，既然不收学费，也不要收食宿费，书院不缺这点钱。结果，抱着给书院带来些许收益的初衷，我们兴致勃勃地决定做一件让书院赔本的生意。

大家建议取名"陈其钢作曲研修班"，我觉得"研修"太过技术化，而且忽略了躬耕书院的大环境，突出了我个人，这不好，最终定名"躬耕书院——陈其钢音乐工作坊"。

有了目标，我就撸起袖子准备大干一场了。我给自己定的目标是，既然要做，就一定要做出不同，不但要不同于学院教育，也要不同于世上已有的任何一种学习班，让学员在收获知识的同时，启迪开拓未来的眼光和勇气。

首先，我希望打破学员成分的同质化，将不同经历、不同教育背景、不同文化传统、不同专业、不同年龄的人混合在一起，他们中须有已经小有名气的活跃分子、大学老师、自由作曲家，也有正在摸索的学生，以便使教学与人文、教学与社会有更多交融。

为了保证学员在走进教室时，消除功利目标，思想放松、精神解放，每期工作坊不设专题，没有学习进度要求，可以想到哪里说到哪里，有话多说，无话少说，想听音乐就听，不想听就聊，可以聊音乐也可以聊社会聊生活。

工作坊尽力抹平教师与学员之间的等级界限，鼓励学员与学员、学员与教师之间的争论，禁止溢美之词，提倡开诚布公、实事求是的讨论。经过几期工作坊的尝试，我进而在第四期提出鼓励学员对我本人质疑。这最后一点说起来容易，做起来不无难度。学员们可能因为各种理由，不愿意"向我开炮"。个中原因复杂，估计有以下可能：

1. 他们是带着功利目的来的，犯不着得罪老师。
2. 他们即便看到老师有缺陷，也没有胆量说出来。
3. 他们还没有批判老师的眼光和能力。
4. 他们已经习惯了学校教育中老师一言堂的氛围，并不动脑子。

但无论他们怎样想，我必须这样鼓励大家。出于人的本性，我也不喜欢听到批评，但无论我喜欢与否，批评和质疑一定存在。有机会发现自己的缺陷，对我是非常宝贵的，既可以提高自己的心理素质，又可以更客观地看待自己所做的一切。一个人，尤其是艺术家，容易高估自己的价值，这是千千万万艺术家的通病。而我，不想犯这个病。

艺术家如同政治家，通常生活在非常主观自我的世界，他们的自我批判能力如果不说极差，也普遍偏弱，而举办工作坊是我有生以来第一次真正意义上的近距离直面社会，我不知将要面对的是谁，我特别好奇这面镜子中的我是个什么样子。

优秀的学员构成是保证工作坊质量的重要条件，我需尽量减少选择学员的失误。为此，工作坊要求每位报名者手书一份"作曲对我意味着什么"的文字，加上简历、作品和简短的视频陈述，说明申请参加工作坊的理由。通过这些手段，我会了解他们的专业水准、思维水平、性格特点和语言表达能力。性格特点是作曲专业学员的首要条件，其次是专业水准，再次是思维水平，最后是语言表达能力。但我发现，无论我将哪一条作为重点，也无论我怎样审慎，都会有人逃过我这双相当吹毛求疵的眼睛。人太复杂，他们有意无意地以各种方式将缺陷掩盖起来，尤其那些具有鲜明性格的人更容易掩盖空虚的内心。结果每次选人都有失误，也都有惊喜！还好惊喜稍稍多于失误。我相信，那些被淘汰的报名者中也必然会有"大鱼"，没办法，只能遗憾了。

在决定录取名单之后，我会时不时将每个人的材料拿出来重读，边看边记，要求自己在见到真人之前就可以根据照片说出他们的姓名、经历以及性格特点。

开学那天，二三十个学员走进书院第一次与我见面，看得出每个人都有些兴奋和紧张，其实我也很兴奋，因为我要进行记忆的自我考核了。当我毫无困难地叫出每位学员的名字时，当看到他们因此而目瞪口呆时，我的成就感不亚于他们！通过这样的努力，初次见面交流的效果出奇地好。他们因受到我的认真对待而放松了心情，我则因为对每位学员已经有了深入的研究和了解而胸有成竹，师生之间的关系一下就拉近了。

为了办好课程，在开班前两个月，我就开始准备需要讲述的大致方向、结构、内容和方法。特别是第一期，一点经验也没有，必须像搞创作一样，将我最希望表述给听众的内容进行认真思考和准备。我要对自己不容乐观的记忆进行修补，找资料，找音响，写提纲，甚至写整篇发言；我要安排六天课程的每一天、每一小时，根据学员申报的讲座内容安排每个学员演讲的先后顺序，甚至吃饭、娱乐和睡觉的时间表；我必须保证第一天的课程能够启动得给力，中间的课程进行得平顺，最后一天结束得圆满。根据每个学员的学历、岁数、习性和文化差异，我亲自为学员分配宿舍，进行合理搭配和交叉，以便他们有宾至如归的舒适感。

我要求自己在课堂上做好引导，不独裁，照顾每一位学员的自尊，同时让讨论沿着既定的方向进行而不跑题，还要防止讨论内容伤及不在场的第三者。

我既不能在课上也不能在课下对任何一位学员表示特别的关注，即便是一个非常优秀闪光的好苗子，或是一位初出茅庐水平一般的学生，我希望每一位学员都感到自己是工作坊的主人。

我鼓励他们在课余时间多串门、多讨论，甚至多喝酒也没问题，以促使他们在最短时间内敞开心扉互相了解，大胆面对所讨论的每一个课题。

躬耕书院被绿水青山、蓝天和星辰环抱，学员们在七天时间中同吃同住同学习，热烈讨论，畅所欲言，相互启发，彼此触动，无意间工作坊成了同行之间友谊的孵化器。学员们最大的感触是，在短短几天中找到了自己志同道合的好朋友，他们之间的友谊甚至超过同窗几年的大学或中学同学。

工作坊绝不鼓励统一的创作风格，更不鼓励学员学习"陈其钢风格"，而提倡自由、开放、独立的创作精神，启发学员找到自己。

这里看到新天地

原想通过举办工作坊分享我个人的人生经验和感悟以帮助到年轻人，但我惊喜地发现，它竟然也成为我学习和自我洗礼的地方，通过自由开放的工作方式，如同照镜子一般，我看到了一些自己在认知方面的盲点。印象最深的是有关作曲是否一定要有民族风格的讨论。我第一次意识到，在创作中强调"中国民族风格"是一个狭隘的、非常中国化的态度，而不是艺术创作的普遍问题。一旦走出中国，民族风格在音乐创作中远没有中国人认为的那么重要，而个人风格则远远重于民族风格，甚至可以说，个人风格是民族风格赖以产生和发展的基本条件。一位台湾同学质问，如果一个中国作曲家只有运用中国民间传统音乐素材进行创作才可能产生优秀作品的话，那生活在台湾土地上，从小只接受了日据时代和欧美外来文化影响和熏陶的台湾人，就不能写出优秀的作品了吗？这何止是台湾人提出的问题，几乎是全世界年轻人都可以提出的问题！我们之所以那么执着于民族风格这个过不去的藩篱，是不是因为我们忽视了或不愿触碰远比民族风格更重要的个人风格问题呢？如果更进一步挖掘这个问题产生的原因，是不是可以追溯到我们表面看似自信而实则生怕别人不承认你是个"强大"的人这源于1840年以来的民族自卑感呢?

2015年1月,我做完第一期工作坊以后,觉得意犹未尽,于是9月又接着做了第二期。由于要来的人太多,就接受了30人,接待能力饱和,工作量也饱和,连着六天从早到晚一点空闲都没有,大家有些疲劳,但是讨论仍旧热烈,场面有时甚至激烈到失控。第三期是2017年1月,那年我没有时间做准备,就与前两期的部分学员一起做了一次回顾。2019年1月第四期,工作坊全面更新,无论是工作安排、学员筛选方式还是讨论内容,都是四期中最成熟最深入的一次。

每一期工作坊结束,我要求学员们各写一篇总结或感想。大多数学员的总结都写得很认真,我也会认真回复,尽管这要花去我大量的时间,但回信的过程,也是我思考、学习和总结的过程,别有收获,重要性甚至不亚于工作坊本身。

每期工作坊的全过程都进行录像和录音,并于工作坊结束之后,将涉及每一位学员的课堂录音交由相关学员进行文字整理。这个过程相当于复习,让学员有机会事后静心聆听和解析自己的课堂表现、思维水平、表达能力,消化其他学员的批评与建议,这让每个人收获很大。

四期工作坊下来,积累了150万字的课堂记录。2020年,在家养病期间心生一念,将工作坊课堂的部分对话整理成精简文字出版。

我邀了几位学员和上海音乐学院音乐学系的四位研究生,花了三个月将文字中有关"真我"的话题整理出来。2021年1月,资深编辑和作家黄菊到书院做客,谈话中我提到工作坊文字,她想看看。读了我们编辑的"真我"之后,她希望看工作坊记录全文,我很担心因为太冗长她读不下去。没想到,她的读后感完全出乎我的意料:

陈老师,今天有完整的一天时间,赶紧抽空看了2015年第一期工作坊的内容,从早上到此刻(此刻是晚上9点半了),刚看完第一个文件夹工作坊录音整理,有些按捺不住地想要给您留言。最想说的是,陈老师,这些内容真好呀,真诚、鲜活,多么"真我"呀!这是我在没听到所有音乐,只在文字里就读到的。有好些次,读到好的地方,就不得不起身来,在书房里走动一会儿,想让时间暂停会儿。这个好,不是文学性上的漂亮,也不是观点的精辟独到,就是你看到一群真实的生命,在真实地探讨一些问题,每个人都一点点敞开、接纳,是这个过程动人、好,所以如果做书,在文字的编排上,其实是特别需要耐心地呈现过程和现场的。请求您先别着急删减文字,等我看完,我们一起讨论,可以吗?

陈老师,今早4点起来继续看第一期工作坊的信和回复,我想先把第一期的大概感受说给您。我自己是听音乐的,《雨黎的故事》里那些音乐人我们都认识,大多听过作品和现场,但是你们这一类音乐,接触机会太少,即使听,虽然会有作为一个人的本能感受,但听力是很模糊、混沌的,特别渴望有指引,教我们把听力变细。昨天一整日封闭地看完第一期的文字,看完后非常激动。

一是文字本身的好,像昨天和您说的,这个好,不是文学性,也不是观点性,是作为一个真实的人,听到一群完全不是文字经营者的人,在一个线下的讨论而不是文字表达里,也就是说,在那种完全不会、忘记去经营语言的环境里,我看到了语言最本能地被使用着,那种朴素、真诚、热烈、善良、开放,使我感动,也使我羞愧，这是职业文字工作者不会有的，也渐渐忘记了的。

一是人的好。看完后，我真的清清楚楚看清了每一个学员的脸，他们的性格，在一场师生关系的讨论里，我也借此看清了背后那张老师的脸，就是陈老师，您是要有怎样的师德，才会让这些初次见面，只有几天时间相处的学员，真正敞开自己呀。

最重要的，是在完全没有听到音乐作品的背景下，只是借助文字，我完完全全被音乐所吸引，也是第一次明白了管弦乐的一些基本知识，明白其中的不易，明白其中的美，所以看完后最直接的冲动，就是去找音乐来听，去音乐厅现场听。如果有一万名读者看到这些内容，就会有一万次走进音乐厅的冲动。

第一期工作坊的文字量，在28万上下，细心编辑后，至少可以留下10万—12万字的体量，我觉得第一期、每一期，都应该单独成书。

这其中的编辑工作也是巨大的，需要细细地打理。所以，我想厚着脸皮向陈老师申请这份工作，做的途中，您可以随时无情地批判、纠正。而工作方式，比如我远程和您沟通，我去书院和您一起工作一段时间，或者去北京，都可以随您方便的。就像书院无偿地做工作坊，我也无偿地来做这份编辑工作。这周末我会见到我的出版人，是我心中国内现在最好的出版人之一了，我也会和他讲到这几本书的大概内容，相信他也会兴奋的。

我给黄菊回复道：

谢谢你的热情评价。我建议等你全部看完再下结论。

因为每一期的质量不一定均衡，内容也不一定都那么丰富。关于出版，也先不急着谈，还是要根据内容来考虑哪一家更合适。我的印象中，似乎第一期与第四期最充实。第一期是摸索，第四期是成熟。

目前这本工作坊的"大书"正在出版编辑过程中，但愿它能像黄菊所说的那样，成为一本内容充实且有意思的书。

十八 《青年作曲家计划》圆梦

作曲是靠他人才能完成的职业

作曲,尤其是严肃音乐作曲,是一个艰辛的职业。作曲家的起步阶段都免不了要从求爷爷告奶奶开始,让他/她的作品能够被演奏、被听到,即所谓实现"二度创作"。如果作曲家写出来的乐谱没有人演奏,就等于是一堆无声的废纸!所以,作品是不是有人演奏、演奏得好坏、是否经常被演奏,决定了作曲家能否积累足够的经验,是他的音乐是否能够存在和发展的重要因素之一。而"被演奏"谈何容易,特别当作品是需要近百位演奏者共同完成的交响乐队作品时,被演奏简直就是奢侈了!历史上有很多作曲家就因为得不到演奏的机会,或者请不起音乐家为他演奏而消失在历史尘埃中,即便著名的作曲家如柏辽兹,也因为凑不到足够的钱,在他有生之年只听到一次他的《幻想交响乐》被演奏,且是一场被糟蹋得一塌糊涂的演出。著名作曲家舒伯特在他有生之年,没有听到过他自己任何一部管弦乐作品的演奏。

圆梦国家大剧院

1983年,我在中央音乐学院作曲系的毕业作品之所以能被演奏,是因为我有一个好妈妈在电影音乐领域做领导工作,她托人找电影乐团承担了我们班五位同学的毕业作品音乐会,而那一年我们班部分同学的毕业作品,最终是没有听到声音的哑巴作品。

出国以后,我发现法国专业作曲学生和青年作曲家,要比中国同龄人幸运不知多少,除了高等音乐学院可以提供非常好的演奏条件之外,法国政府有长期的支持音乐创作和演出的机制,可以保证每一位投身创作的作曲家在没有意识形态限制的条件下获得一定的机会。我就是在这个机制中不断获得支持和历练,并让更多人了解了我。

中国青年作曲家长期处在纸上谈兵的环境中,主要靠听前人的作品、模仿前人的经典来进行听不见声音的创作实验。随着中国管弦乐团数量的增多、质量的提高、学校教育经费的充裕,有些乐团和院校开始不定期演奏新作品,但大多数还是围绕着那些已经比较有影响的老师和作曲家的作品,青年作曲家的大型管弦乐创作仍旧得不到系统的支持。

其实,支持中国青年作曲家这件事与我无关,但作为一个走南闯北,在各个国家参加音乐会、参加评审、参与组织音乐节的人,我深感中国在这方面的状况限制了中国音乐创作的提高和发展。我作为一个从困境中挣脱出来的作曲家,本能地希望做点什么。

近些年,中国有钱了,也开始将大笔经费以国家艺术基金的方式投入对创作的支持,但太过重视意识形态框架下的"正确的创作",而忽视了音乐创作是一门非常特殊的,兼具科学性、技术性和手工艺性的专业。无论作品的意识形态多么正确,题材多么伟大,只要作曲家不具备以上三个基本素质,就可能是流于表面"正确"实则低俗的作品。中国青年作曲家需要最基本的、不带功利目的的支持,需要走出学院围栏面向社会去检验创作的方方面面。

2010年8月底,国家大剧院管弦乐团经理任小珑问我是否有意会见他们院长陈平,我立即就想起这件积压心底的计划,于是就按小珑的建议约了时间。

之后的一天中午,我和陈平院长、任小珑以及韦兰芬在国家大剧院西餐厅共进午餐,陈院长给我的印象是自信、敏锐、言语直率,具有统帅气质。他操一口我非常熟悉的"50后"北京腔,话题滔滔不绝,其他人几乎插不上嘴,尤其我这种语速较慢的,每次还没说两句,就被接了过去。

席间他说他也喜爱作曲,曾经于1977年与我们同时报考中央音乐学院作曲系,但没考取,之后几年在音乐学院旁听作曲系的课。后来,从群众文化工作做起,相继管理过东城区文化馆,后任东城区区长、书记,他没想到最终主管了中国最大的演艺中心国家大剧院,言语间可以感到他满满的自信和成就感。当我们的话题涉及中国音乐创作的现状时,我将自己多年来希望建立"鼓励青年作曲家的创作机制"的设想,以及始终没有机会实现这个愿望的遗憾说出来,没想到陈院长立即说,他有兴趣,并表示大剧院愿意每年拿出一笔经费支持青年作曲家,希望我将设想写出来给他。他如此痛快地表示要推动这件"没有效益"的事,让我备感欣喜,也让我非常敬佩,有这样具有战略眼光的领导实在难得!我到处奔走而无果的努力,竟然"踏破铁鞋无觅处,得来全不费工夫"!

希望之路

我花了一天时间起草了《建立以国家大剧院为中心的中国交响乐委托创作机制的设想草案》,我在这个草案的最后提出的实操建议，就是后来《青年作曲家计划》的雏形：

委托创作机制在初始阶段的基本方向

委托创作机制，作为一个理想，必定是一个长期的、艰巨的事业，可以分成若干步骤来实现。中国目前最紧迫最缺失的是对青年一代作曲家提供在教育、机会和实践经验方面良性公平的支持。让他们看到希望，看到真诚，看到自己的国家对他们实实在在的支持，让他们在一个时期内有一个可以努力的学术方向，从各种功利的重压之中看到一点曙光。相对音乐教育和教师队伍的腐败现象，中国青年作曲家创作推广计划将会是他们的希望。为此，在这个初级阶段，对这些青年人来说，机会带给他们的意义远大于金钱。大剧院可以将有限的经费主要用于支持演奏团体的演奏和评委及工作人员的费用。

初始阶段最重要的工作：

a. 宣传，将自己的理念传导给广大青年音乐家和听众。让他们知道和相信世界上还有真诚，还有希望，还有理想。让他们积极地参与到这个有意义的良性竞争中来。

b. 征集和选拔作品（每年度根据实际演奏团体的可能场次进行相应数量的选拔）。

c. 安排演奏，对于每一个愿意来大剧院演奏的乐团，要求他们演奏一首新作品，同时给予一定的补贴。

d. 阶段性地根据新作品的演奏组织学术研讨会。不要只是专家发表意见，要鼓励青年人自己的争论。

e. 年度性地评比出最佳作品。（听众评，专家评，青年音乐家和演奏家评出不同层次的奖项。）

在这个草案的基础上，我请任小珑和韦兰芬分别提出他们的建议和修改意见，于12月初与陈平院长又一次会面落实了实操细节和组织机构，并正式命名为《国家大剧院青年作曲家计划》。

下面是我在"青作计划"初期接受采访时的对话节选，它概括了对《国家大剧院青年作曲家计划》的设想与基本诉求：

问题1：如何在最后的"十二进六"评比中保持公正公平？（"十二进六"是指十二首青年作曲家的作品在一年时间上演完毕之后，评委从中选择出六首，进入终评。）

陈其钢：公正是保证青年作曲家计划成功的基本条件之一。从开始到现在，我们坚持做到以下几项：

参加评选的作曲家匿名；评委与作曲家不联系；评委之间互相不联系，全凭分数说话，没有感情因素起作用；我个人的分数和观点与其他评委一样，每个人都是一票。

最后终评除了要保持以上原则，还强调：交给评委进行终评预选的录音只有编号和音乐标题，没有作者名；终评音乐会的演奏顺序由参选作曲家自己抽签决定；乐队排练时间长短对每一个作曲家尽量公平；在终评作品的取舍方面，评委之间的意见不进行沟通（任何人的意见都没有优先权）。

当然，这样做也有利有弊，好处是公平，不利是中庸，没有观点，大家拉齐，对结果谁也不用负责任。但是，我没有更好的办法，为了避免国内常见的暗箱操作恶习，我不得不选择平庸。

问题2：在评选过程中，有没有您印象深刻的事或者人，您认为青年作曲家在今后的发展中，最应该具备的品质或素质是什么？

陈其钢：这是一次中国年轻作曲家面对社会的重要展示。除了对他们本人是一次重要的经验和经历之外，也可以通过大剧院这样一个跨出学院金字塔的平台让更多人了解中国作曲教育的状况和水准。我们做的是搭桥的工作，至于作曲家和社会能不能建立一个良性的关系，更多取决于作曲家本人。我印象最深刻的应当说是，学院式的作曲教学和当今社会美学取向之间存在的巨大落差，以及西方现代美学观念对中国创作教学的深度影响与中国历史和国情之间的巨大差异，如果这一对矛盾不能解决，中国专业音乐创作在中国文化发展的历史进程中将发挥不出什么作用。

如果说有什么建议，我个人的观点一如既往：无论什么类型的音乐，没有个性和真诚就什么都不是，过去的音乐大师们无一例外地用他们的作品证实了这个道理。要想挣脱西方现代文化和现有学院音乐教育对中国音乐创作思维形成的束缚并且做出成绩来，首先需要胆量。

问题3：一些选手表示，通过青年作曲家计划，从不同方面获得了宝贵的经验积累，并受到了社会的关注。您认为青年作曲家计划对于这些年轻人的最大意义是什么？

陈其钢：听到自己，收到反馈，引起思考，继续探索。

大剧院做这样一件没有即时"实惠"的事，其意义非同一般。将原来停留在纸面上的作业变为了声音，帮助年轻人建立经验，将年轻人推到第一线接受检验，它引发社会对于当今作曲现状的反馈。无论人们对这些年轻人的作品是褒是贬，最终会起到引发思考，调整思维的重要作用。

不无忐忑的前行

"青作计划"设十位评委,五位中国,五位国外。为了冲破专业小圈子和学院教育的局限,在评委的选择上,我们打破了一般作曲评选由作曲家担任评委的常态,而选择由指挥家、演奏家、音乐机构艺术总监和作曲家混合的评委组合,这样,一方面可以拓宽美学视野,另一方面也为青年作曲家带来更多的推广机会。鉴于参选青年作曲家主要来自音乐学院,为了避免评选中的任人唯亲,"青作计划"尽量少用音乐学院的老师做评委。

这样虽然不敢说可以做到百分百的纯洁,但至少可以保证最基本的公正性。

从第一期到第五期的评审过程中,我没有与任何评委有过私下接触,甚至避免与大家一起开会,只是在终评音乐会时才出席并不得不与所有人见面。但在2019年12月,第六期终评音乐会之前,我主动安排了一次与国际评委的见面会。我想利用这个机会向西方评委们介绍一下过去40年中国音乐教育和演奏环境的特点和变化,介绍一下举办"青作计划"的目的和初衷,以及为什么邀请各位西方评委来参与这项计划。

我不希望他们来一趟仅仅留下他们的打分,而希望他们能借机多了解中国这个如此不同的国家、如此不同的文化,了解"青作计划"不仅在中国很特殊,在全世界也独一无二。当今世界,没有任何一个国家,有像"青作计划"这样的能力和愿望组织如此规模的评选,没有哪个国家有能力和愿望在一年时间里,在国家级舞台的专业音乐会中公开演奏十二首年轻人的管弦乐新作品,并进而委托其中三位佼佼者创作新作品予以推广。我希望每位评委利用和珍惜这个机会,不仅作为一个指导者带来他们的艺术观念,也作为一个来访者,多了解中国的青年音乐人,与他们交朋友,不要浪费这个难得的机会。

我的潜台词是,"青作计划"不是一个西方国家的作曲比赛,而是一个从内涵到形式都希望不同于世界上任何一个地方举办的评审,选出来的作品,应该是不同于任何西方评比的、让人耳目一新的。我不知道这番意思能否被外方评委理解,但我相信,有缘必心有灵犀,无缘终形同路人。对于那些固执己见、唯我独尊的评委,无论他多有名,多有影响力,我都会拒绝,因为他们能够带来的是与时代严重脱节但自以为是的老一套。

今年已是"青作计划"诞生的第十二个年头,四年前大剧院领导换届,很幸运赶上2008年北京奥运会开幕式的老领导王宁履任新院长,他继续认可"青作计划"的原则,并大力支持"青作计划"的推进。

"青作计划"主张尊重创作人的独立精神,给年轻人提供创作自由空间且不设限,这并非当今常见的做法。能够做成这件事,并坚持十几年,实属运气,心中不无忐忑。我不知道"青作计划"能坚持多久,但只要它存在一天,就会继续朝着品质、独立、创新的方向努力。为此特别感谢我的伯乐们以及大剧院的领导和同事们对计划的支持和付出,但愿中国音乐领域能保留这不可多得的声音。

十九　创作与人生的所思所想

我对作曲为何物、作品的基因为何物、创作者与作品的关系、创作者与社会的关系时常会有思考，但多数是在生活与写作的实践中的思考与总结，没有形成完整的理论体系，甚至缺乏逻辑严谨的表述。但作为作曲家，我不能回避这些问题，不希望做一个仅仅依附于灵感，埋头写作，"活在当下"的游吟诗人。

以下，是在工作中碰到、经常思考、不能回避并随时记下的体会。

艺术与时代

艺术创作不能刻意与时代结合、与生活结合。生活在这个时代的绝大多数艺术家，必然与这个时代有联系，想挣脱都不可能，但刻意与时代相结合，是什么意思？

时代是由一个个个体构成的，而不是由一个概念构成的。精神价值，在一堆人中无从体现，只有通过每个个体以及他们各自不同的特性体现出来。就如同每一个伟大的时代，都是由那个时代杰出的哲学家、艺术家、科学家、政治家代表的。个人的情操、个人的感受、个人的追求、个人的创造和创作，勾勒出一个时代的风貌。反过来说，个人不会因为想要代表时代就能代表时代，只能通过表现自己而体现时代的一部分，甚至成为改变时代的动力，尤其是艺术家。比如《红楼梦》描绘的是曹雪芹自己的生活、自己的体会，是他沧桑人生的写照，这是《红楼梦》能够代表一个时代的最基本前提，也是它能具有文学、历史、人文价值的前提。如果曹雪芹写《红楼梦》时脑子里不想自己经历的爱恨情仇，而是想代表时代，与时代相结合，那他就是个神经病。而今天提出这种口号的人们，是不是有点什么问题？

音乐并不为展示某种时代特点而生，而是以人的精神为核心，恰当地运用语言，无论什么语言，不仅仅是时髦的语言，去揭示人的精神。之所以贝多芬、勃拉姆斯、拉威尔永不褪色，而格里塞（Grisey）、古拜杜丽娜褪色（我个人的看法），之所以莎士比亚、雨果、巴尔扎克不褪色，而昆德拉由红极一时，到渐渐褪色（也是我个人的看法），是否因为后者写作时受了更多西方时髦思想潮流的影响，过于看重思想的革新性和语言的独特性，而将人的精神本体和平凡人间的故事放在其次了？

古典音乐经典在先锋音乐潮流发生之前就存在，在先锋音乐发生的同时也存在，在先锋音乐发生之后的今天仍然存在，而先锋音乐本身，却从20世纪70年代的举世追捧逐渐滑坡，年轻的先锋比年老的古典衰老得快，这是否说明了什么？

我在工作坊的交流中，说到大环境与小环境的关系。很多人在小环境中投身于一个看似伟大的事业，之所以看似伟大，是因为这个事业赖以存在的环境很小。人们的精神投入，一旦开始，本能地赋予这个投入以意义。没有人会承认已经做的事业是没有意义的，就如同战争，天下无义战，但没有哪一位战争发动者承认自己的战争是无意义的，甚至在失败得一塌糊涂之后也不会承认。西方列强到处掠夺，却永远自诩为正义的化身。艺术同理，

20世纪后半叶的先锋艺术潮流，始作俑者怎么会承认那数不胜数的皇帝的新衣？"那是革命性的创新，代表了时代也代表了将来。"他们讲这个故事，一方面为了安抚别人，另一方面，更主要是在今天这个时髦已过的时代安慰自己。人们只要投入了一块砖，就有一块砖在他心里的价值，两块砖有两块砖的价值。投入十块砖，就再也不可能否定自己了。投入一块砖都不明白，投入十块砖后，就更不可能明白了，还会投入一百块、一千块砖，除非最后"大厦"倾倒。这是人类的悲哀。

优秀作品的三个标准

一首称得上优秀的作品，要具备三个条件，即鲜明的个性、良好的技术性与活生生的心性。

个性：是在形式和内容上不同于古今中外任何作品的，属于创作者独有的气质。常常会在听音乐时感受到某位作曲家的魅力，但却不能依靠模仿他而成就自己，因为那个魅力属于他而非你。作曲家须在零基础之上，打造自己的世界，这就是个性表达的难处。

依我的经验，个性隐藏于音乐表述的所有方面，看似简单，却是一个复杂而庞大的综合体。它从一个人出生就开始积累，不断积累，不断丰富，直到有一天他具备了足够的表述愿望、技巧、能力和纯度的时候，个性就成为他的代言。这包括作者作为一个人的特点（性格、知识结构、视野、胆量），作者的技术手段（听力、和声、配器、节奏、音色、结构把控力、熟练程度），作者表达的真诚度（"真我"而非"假我"发出的愿望、为谁表达、愿望的烈度、思维的深度），等等。我曾经在工作坊中说："在艺术创作中，个性的完美呈现就是创新，因为每个人都是独一无二的。"从个性与时代的关系来说，作品如果具有鲜明的个性，就具备了时代性。但个性又不等同于时代性，因为时代性并不一定都带有个性，时代性不能成为作品基因是否优秀的标准而单独存在。

技术性：将形式和内容完美融合并呈现的手段。

心性：诚实的心灵展示。它是作品的魂，与作品的个性你中有我，我中有你，不可分割。只不过，个性是一种状态，包含了技术因素，而心性与技术无关，是活生生的、立体的灵魂展示。

要达到这三条，并不容易，是永无止境的自我超越和追求。

音乐的表现形式，不仅仅是调性与和声、音乐风格的演进，也不仅仅只有和声和复调，这些在音乐学院教育中太过简单化了。勋伯格20世纪初在音乐语言方面的"革命"，其实也只是和声上的突破，他用十二音体系写出来的作品，如果从音色、节奏、结构来看，其实还是传统的。

和声是多个声音纵向组合起来的方式，组合方式是多样的，尤其当它同时发声与另外一个组合相连接的时候，方式几乎是无穷尽的。所以我认为永远不能说传统已经被穷尽，只不过一些声音的组合可能与传统有多一些或少一些的联系，这不可怕，重要的是和声组合在横向进行时是不是有特点。这还仅仅是从和声一个角度来看，音乐构成中还有很多其他因素，比如说是否细腻，是粗线条还是细线条，是复杂多变的节奏还是单一型节奏，在音色方面也有成千上万种可能性，这些都是风格体现的重要方面。即便仅用一个大三和弦，当音色很有特点的时候，怎么能说这是传统？还有音调，比如中国的京剧音乐素材、昆曲音乐素材、民歌小调素材，以及从这些传统音调中演化出的变型等，如果将这些因素融化在音乐进行中，它们必然与西方古典风格、西方现代风格和中国古典风格截然不同。

创作的方法不可能被哪个时代或哪种手法穷尽。之所以有人这样认为，如果不是因为没动脑子或是智力缺陷，就是有意为之。跳出这种思维模式，可以看到在教育的边界之外，世界无限大，可能性无限多，连思维逻辑的种类都不可穷尽，更何况艺术创作。

理性逻辑与感性思维的碰撞与融合

我的早期教育属于纯粹中国传统，原因是中国50年代至70年代与西方的隔绝，相较其他国家或地区的东方艺术家，比如日本、韩国、中东、东南亚等，他们在过去无不持续地受到西方文化影响，没有中国从1949年以后与西方30年的隔绝。而我正生长和受教育于这个封闭的年代，这使我具有了实实在在的中国音乐文化感性知识和对这种音乐的情感。我仍旧拿萨义德作为参照，他的小学和中学教育尽管在巴勒斯坦和埃及，但受的却是完全的英美教育，所以对中东音乐概念很少。尽管他在国家主权、人权、民族自尊等方面是一个斗士，但在音乐文化上却与一个西方知识分子差别不大。从他所写的音乐批评文章可以看出，他的审美和价值观，酷似一个西方现代文化人，他酷爱瓦格纳，崇尚卡夫卡，鄙视普契尼。对西方现代审美观给他的影响，他并没有如他在对待知识分子独立人格那般的批判意识。

中西方美学标准相差很大，很长时间，我没有意识到这其中的成见，以为不过是一些经过沟通和解释可以被理解的审美习惯。很多专门从事现代音乐演奏、指挥、作曲和评论的西方专家，对其他民族的"新音乐"，有一种高人一等的优越感，这与西方道德价值观的强势和优越感并驾齐驱。现代音乐几十年来一家独大的美学垄断，已经相当政治化。这一点，通过我的作品在不同地区收到的不同反馈，以及通过中西方评审对作品的评价差异可以清晰感受。由于大多数非西方学者接受的也是西方教育（如同萨义德），西方美学在西方以外的任何地方，都被接受为"标准"，使得现代音乐美学优越感更显得不容置疑。我认为，美无所谓高低，喜欢或不喜欢是每个人、每群人、每个族群或每个民族的自然选择，也是各个民族文化和传统习惯之下形成的结果。不同民族文化之间的差异恰恰可以促进人类文明的多样与互补，不应强加，更不应该像亨廷顿认为的那样盛气凌人。

过去200年，西方知识分子为民主、自由付出了巨大的努力，也取得了不可否认的成果。但今天，西方民主价值观成为一些人排斥异己的借口。当自由作为一种价值观可以打击异己，认同自己的为高等，不认同者为低等，这种价值观就成了霸道无理的通行证。我在法国生活的过程中，感觉人与人之间可以基本讲究尊重、平等、自由，而在国与国、民族与民族之间，只要价值观不同，法国人就会毫无顾忌地无视他国的传统和自由，无视各民族独立的历史、文化和价值观，盛气凌人地蔑视和批判。

生活在法国，我在享受周围人群的互相尊重（至少在表面上），享受无拘无束的创作自由的同时，又无时无刻不被包围在"高人一等"和绝对的、唯我独尊的艺术标准之中，很少有人愿意或能够挣脱。高人一等的"价值观"潜伏在社会生活、家庭环境和教育体系的各个方面，人在生长过程中不知不觉地被洗脑，却不自知，只有那些自我意识非常强大和性格特殊的人才有可能挣脱。

创作与实际

艺术创作是一门神圣的职业，是抽象于任何其他专业门类的精神产品创造。切合实际不是艺术创作的主要特征。所谓切合实际是指作品的"实用性"，从实用的角度出发，要求作者站在需求者的角度思考并服务于他，这时创作者的个人经验、个性特质、个人幻想空间必将受到限制，由主体的创作，变为对客体的取悦，这是绝大多数通俗文化的特点。而通俗文化最需要的是即时性和效益性。历史留给我们的优秀音乐遗产，无论其是否脍炙人口，均充满着创作者的鲜明个性，即使如斯特劳斯圆舞曲那样悦耳、通顺、家喻户晓的作品，也不例外。

所以，是否需要切合实际，是作曲家的选择。或者因为他（她）的个性使其永远不会切合实际，或者生活与环境的影响和压迫，使其不得不切合实际，逐渐将他人的标准变为自己的标准，在鲜花与掌声之下，迷失了宝贵的自己。

有趣的是，"取悦他人"在不同社会不同文化环境不同的圈子有不同的含义，并不一定"通俗"就等于取悦，"高深"就标志个性。比如，在学院这个小环境，符合学院传统美学观念的"高雅"是取悦，违反学院传统美学观念的"通俗"则需要勇气和个性。

想象与实现

成品与创作者的初衷有时差距很大，动脑和下手、想象与实现经常会有距离，达到高度统一很不容易。自己对结果的要求虽然很高，但仍然经常眼高手低。创作的过程就是让结果接近想象的过程。虽然反复试验、反复琢磨，但是达不到想象的神奇，找不到理想的声音，这种现象经常发生。这时我没有灵丹妙药，唯一能够告诫自己的就是静心谢客，坚持工作，继续寻找。不仅严肃音乐创作如此，通俗音乐也不例外，需要倾全部心力而为。

经常，听别人的音乐，好像很简单，但自己去试试，却做不出来，或者做出来了，没有神韵。音乐很神奇，在一个固定的时间长度，每个音的进入与退出，高低、节奏、音色、组合等都有分寸，同样类型的音乐，你作和他作可以表面相似，但实质差之千里。近几十年，很多年轻人干活偷懒，喜欢捡现成，抄别人的东西（行话叫作"扒带子"），但是抄得再像，也没有灵魂，因为那灵魂是别人的，移到你身上就死了。一位中国家喻户晓的歌手兼创作人××，十几年前在他创作的影视音乐中直接用了我的音乐（大概因为我那时没太多人知道），将其作为自己的作品。音乐虽然很"高级"，但由于与他的灵魂相去甚远，用在他的创作中就显得格格不入。

音乐之所以感人，是因为它有灵魂，而经过抄袭之后，变成了行尸走肉，即便是一段静态纯音乐，抄袭出来也会变为一个静态的赝品，貌似一样，全然无神。音乐的灵气，是不可复制的，想偷懒，不会成为艺术家，只能成为工匠。

在"青作计划"中，会听到一些年轻人的作品，看起来听起来都很漂亮，但无论作者怎样用文字解释自己的"倾心之作"，我却觉得，作品与作者之间缺少心灵契约，是一首在形式或者内容上的赝品。

坚持按自己想象的音色，自己需要的目标去琢磨，让思想和下笔之间的距离越短越好，这是我写作的过程。在初始阶段，有时觉得已经很好了，时间会告诉我还很差，当时不知道，是因为水准不到。在不断探索和实验中积累，趣味的提高和变化是在不知不觉中实现的。

作曲对我来说，不是事业的目标，而是心灵寄托的彼岸。作曲的"成功之路"没有什么窍门和捷径，就像冥想一样，须放空一切，凝神于心，不计较结果，需要时间。

一首好作品，会有人演奏，通过演奏能变成更好的作品，之后会有更多人演奏，这是作品流传的正常逻辑。一首不太好的作品，也有可能一时被演奏，甚至演奏得比较多，这其中有权力的作用、作者的影响、人为的推动，但无论怎样都不会让坏作品变得优秀。如果平庸，无论怎样家喻户晓，仍旧平庸，一旦脱离权力和人为的力量，它就会"死"。

经历告诉我，作品无论好坏都无须着急、无须求人，那些在作品写作之外的努力和各种各样的荣誉与奖项，丝毫改变不了作品的命运（我认为即便是诺贝尔奖、奥斯卡奖也同样改变不了什么）。作曲家需要的只是坚持写好音乐，剩下的事情，时间自会告诉你。

"民族音乐"语言的魔咒

我是到法国以后才对中国文化更亲近、更有感情的，才发现了它的质量，而在中国上大学时看不见也看不起中国传统音乐文化，这与80年代初国内的思想风潮有关。直到今天很多学西乐的还是会轻视中国传统，无视中国传统音乐文化鲜明的特点。这种特点是文化的属性，是民族的性格在音乐理论、音色、演奏法、旋律等方面的体现。无论它平庸还是出色，都是我的元文化，我只能认同它，否则就没有了定位和出发地，如同无源之水、无本之木，进而在浩瀚的世界文化海洋中迷失方向。

出国以后，中西文化之间的比较自然呈现，不容回避，尤其作为一个从中国到西方寻求真理的音乐创作者，首先受到的激励就是找到属于自己的语言。我从早到晚思考的都是音阶、音程、音律、音色、调式、调性、和声、节奏，在选材、搭配的过程中，中国传统音乐的特色显而易见地凸显出来。它们与西方音乐语言如此不同，我本能地意识到自己从小就深受影响的元语言太独特了，我不能摒弃它。剩下的问题就是，如何在用好元语言的同时，又不让自己显得像个过时的"满大人"（旧时代的中国官员），我需要在东与西、古与今的互融方面下功夫。

在认同自己的基础之上学习别人才能丰富自己，否则学习别人又有什么意义？将别人的风格和手法都学到了，变成了文化传声筒。刚出国时自然认为西方艺术家做什么都是对的，自己的任务就是学习，对西方艺术理论中那些保守僵化的思维，西方世界对文化美学观念的垄断习以为常。认识的转变和启蒙需要时间，之后有机会离开那个小圈子才发现天地很宽，在如此浩瀚的天地之间必可找到自己的空间，呼吸的空间、想象的空间和发展的空间。今天我可以确定地说，初期学习在中国，中期学习在法国，但真正开窍需要走出中国，也走出法国，走回自己的世界。

也幸亏生在中国又去了法国，两个非常有历史和文化的国度，中国因为她独有的悠久历史和传统，法国因为她特殊的魅力，一个很多历史名人向往的地方，在那里有风格迥异的文化遗产供我学习，加之梅西安对我的提醒与鼓励，驱使我有勇气寻找独立和自决的方向。

从文艺复兴之后，有了"作曲"这个音乐创作观念和社会功能以来，作曲家（无论严肃音乐或通俗音乐）就取代了无名氏，成为音乐文化和音乐风格的代表。所谓音乐的民族风格，不再是一个空泛的不知从何而来的包括民歌、小调、戏曲、曲艺、说唱等的混合物。当我们说到法国风格、德国风格、英国风格、西班牙风格、意大利风格、波兰风格、匈牙利风格等时，也不再仅指那里的民间音乐，而更多是指那里的作曲家所创作的音乐表现出的特色。肖邦，他的音乐没有非常确定的素材来源，有时灵感仅仅来自某个舞蹈节奏型，但由于他鲜明的个性特点和音乐质量，没有任何一个作曲家与他雷同，由于他是波兰人，他就成为波兰音乐的代表。同样，当我们想到法国音乐自然会想到德彪西、拉威尔，想到德国音乐就会想到勃拉姆斯、瓦格纳、巴赫，想到英国音乐就会想到布里顿，想到捷克音乐就会想到德沃夏克、亚纳切克（Janacek）、斯美塔那（Smetana），想到芬兰音乐就会想到西贝柳斯，想到意大利音乐就会想到威尔第、普契尼，想到俄罗斯音乐就会想到柴可夫斯基、肖斯塔科维奇，等等。音乐的伟大，不因为它的民族性，有民族性不一定伟大，也不一定不伟大，伟大与否同作曲家和作品的质量及个性有关，与是否有民族性无关。莫扎特和贝多芬，他们的音乐有多少奥地利的因素？在莫扎特的音乐中什么风格都可能有，意大利的、法国的、德国的，但却是世界公认的伟大作品。历史上也有一些以运用民间音乐素材著称的作曲家，比如俄国的鲍罗丁、格林卡，西班牙的阿尔贝尼斯、拉罗，等等，他们尽管用了很多民间素材，但仍旧不能避免二流作曲家的命运。我们是中国人不假，但更重要的是我们是人。所以，在表现我们自己的时候，首要的是作为人的感觉，有中国元素可以，没有也未尝不可，原则是所有元素必须有助于人的心灵的表达，而不是装点门面。

简单与复杂

要简单，但不要简单化，简单地表述和处理一个复杂的问题，将很多线索融汇到一起，以简单的方式呈现出来不容易，不但需要技巧和经验，还需要胆量。大多数搞艺术创作的人，不甘于简单，觉得复杂比简单更能证明自己。如果一个完整的音乐作品有两面的话，它只能以综合体的状态呈现，简单与复杂必然共存，很难单独存在。我的体会是，一个立体的音乐作品，有不同的层次，如果可以分为前景、中景和后景的话，各个层次之间的关系给人的印象通常是，简单加简单等于简单，复杂加复杂也等于简单，而只有简单与复杂兼有才会丰富。但是，在一些现代作品里，我们常常见到复杂加复杂的构成，至少看谱面非常复杂。复杂与复杂相结合结果就会层次不清，人的耳朵不能区分太复杂的线条和音色变化，就如同绘画中的色彩搭配一样，搭配得多不意味着搭配得有神，铺上太多颜色的结果等于没有颜色。复杂加复杂的音乐手段，会使音响变为一个厚重的综合体，没有了空间和呼吸，听觉效果就变简单了。

音乐与时间

尤瓦尔·赫拉利《人类简史》一书中有一段说到，一段痛苦的经历，最后都是用故事来记忆的，他举了一个例子。比如说做肠镜，是一个很不舒服的体验，医生做了一个实验，一种是快做，痛苦时间少，另一种是慢做，持续时间长，让做检查的病人打分（0—10分，0分为没有痛感，直至10分为痛的顶点）。每隔一分钟，医生就问一下："现在痛吗？什么程度？"病人说5或是8。那么快做的呢，持续8分钟。最痛时，比如是8，到结束时是5，最后病人给个总体感觉分，是7.5。慢做的持续25分钟，最痛时病人说也是8，最后结束时是1。结束后问病人："你觉得这个手术痛苦指数是多少？"他说4.5，就降下来了。结局影响整体疼痛的标准，病人对疼痛的总体印象就改变了。而实际这两种方式最痛的时候都是8。如果在做完手术以后，医生给病人一点饮料、让病人玩一会儿来转移注意力，病人就会觉得手术不太痛苦。时间让病人的心理状态改变了，而并未意识到。

这使我想到听音乐的经验。如果一段音乐最容易记住的是开头、高点与结尾，其他部分就是这些点之间的连接、变化和积累。如果将这些过程都拿掉，上来就是最美丽的高点加结束，那一首乐曲一分钟就结束了，这就是为什么很多音乐需要写20分钟、30分钟、40分钟，变化和推进的过程有时可能无聊，甚至烦人，但这却使高点和结尾成为心理的疏解、释放，使听者得到了心理满足。

真我与创作

评论他人与自我呈现是完全不同的两件事。有趣的是，评论他人时体现的却恰恰是"真我"(自己的偏好、自己的趣味、自己的追求……),而自己创作音乐时,却看不清自己所作所为为何物。这就像自己看不清自己,而看别人则很清醒,头头是道。如何将自己的心灵和趣味在写作时体现出来,是作曲家至关重要的课题。不解决这个问题,即便想说真话也是不可能的。

"真我"体现的前提是,作曲不能想老师会怎么看、同学会怎么看、演奏者会怎么看、评委会怎么看,而只能想自己要什么,有没有胆量将自己要的明明白白地表现出来。特别当自己要的不符合周边人的观念时,这种体现更为困难。如果有勇气不看他人眼色行事,并且长期坚持下去,"真我"不但会显现出来,假以时日还会逐渐形成一种延续的风格。

因为"我"是独一无二的,所以可以简单地断言,"真我"等于自由,"真我"也就等于创新。人从童年起就多多少少有趋炎附势、明哲保身、趋利避害的倾向,这样最安全,但这恰恰是创作的大敌,它压抑着"真我"的呈现,最常见的表现就是风格和内容上的朝三暮四,在不同的社会风潮中没头没脑地开顺风船,以期迅速成功。

有时,人在世俗社会中本来就受一些思想和观念的限制,不能随便说话,不能挑战权威控制的强大学院体系和多年深入人心的传统观念。而音乐创作是表达自己无拘无束的思想和精神的天地,写出的每一个和弦,每一种组合,都应该在自由的精神状态下形成,都是达到"真我"的媒介。

同时,"真我"又不仅仅是胆量和愿望这么简单。音乐技能的掌握、音乐素材的使用、多音组合时横向与纵向关系的把握、不同乐器共同发声时的平衡、各种音乐风格的了解和区分、声音在时间中流动形成的结构想象等,是实现"真我"的基础工程。如果没有开放的、不断进取的努力,"真我"的表达就是一句空话。

趋炎附势与特立独行

一个作曲者从学校开始到走上社会，都会受到不同的鼓励或批评，这是历练的必然过程，对于专业探索和建立美学方向会有帮助。每个人内心都有专属于自己的爱好，这是自然的流露，也是最核心最宝贵的，不能丢失。不少人会因为自己的爱好受到别人的质疑，而放弃自己，而另一些人会遵从内心的声音，继续探索，不断突破，形成自己的风格。

历史上多数评论家是保守的，但他们很难总结经验，因为他们的主业不是寻找自己的灵魂归宿，而是观察他人。所以多数评论人在用他们从学校和书本上学来的标准衡量眼前的作品，以社会主流文化观念和趣味作为依据，有时看似性情中的语言，却被无处不在的"教育"和主流观念裹挟，所以无法客观。比如西方音乐学者多以"创新""独特"作为评论的基础，而中国音乐学者则总要谈艺术家的"良心"和"社会责任感"，所有这些，与性格各异的创作者的追求毫不相干。

趋炎附势是人类的弱点，自己没有观点，左听听，右听听，看看风头，不愿冒头。一旦有人带头，一窝蜂跟着上。好比一个坏人当街杀人，路人没有一个敢于阻止，一旦坏人被制服，所有人又都争先恐后上去打一拳、踢一脚、啐一口。作品也是如此，困境之中的凡·高最需要理解和支持，但没有一个人给予；当他的作品走俏，有谁再敢说凡·高不好，人们又都会指责这个人没品位。曾几何时，马勒，可能因为是犹太人，在欧洲几十年没人演他的作品，也没人为他说话，当伯恩斯坦（犹太同胞）带领纽约爱乐乐团和维也纳爱乐乐团推广马勒，所有乐团和指挥看到了商机，争先恐后地演，音乐评论由原来的视而不见，变为一片溢美之词。不少不懂音乐的人，以谈马勒、听马勒作为显示他们"高人一等"的音乐趣味的证明，以至于我这个不喜欢马勒的，每次表露我不加掩盖的不屑时，都会遭到指挥家们的质问。不就是一个作曲家吗？喜欢或不喜欢都是很正常的，怎么就成了标志艺术趣味的分水岭了呢？

　　我现在到处说，不要推崇任何风格和流派，需要支持和鼓励的是自由开放独立的创作精神，每个人要说自己的话，不要做别人的传声筒。有影响的人不要利用自己的影响控制别人，你这样写，他那样写，或是他们那样写，包括学院派那样写，都不要扣帽子，只有鼓励每个人的个性，才能形成一个良性的局面。人太渺小、太局限、太主观，怎么可能知道历史的必然？最好的方式就是让所有的人创作自己喜欢的作品，不要引导，你凭什么引导？这是创作。

天才与理性

　　勋伯格，是属于整天犯琢磨的一类，他原来的音乐语言很传统，但他要琢磨出一个创新来，于是给自己立规矩，最后形成一个学派——十二音体系。而德彪西从小作出来的音乐就不一样，一开始别人不习惯，但这是血液中的与众不同，他没有一定要标新立异，建立什么学派，但他就是不同的人，如果有天才，这就是天才。这样的天才创造出来的东西，由于他的天马行空，来无踪去无影，无法形成规则进行流水线制作，所以也就不可能形成什么学派或体系。

　　大多数人都不是天才，包括勋伯格，要靠挖掘、计算、实验、不懈地工作和努力、探索和总结，逐渐发现并建立体系。我觉得大多数情况，人类的发明创造是属于这一类。

　　如果一个人的创作仅凭感性和直觉会显得单薄，但如果仅靠理性，又缺少了生命的活力。这也是为什么梅西安说"十二音体系的音乐是灰暗的"。

独立与依附

年轻时很懵懂，看不清方向，一抬头满眼都是大师，都是杰作，自己被压得喘不过气来。对我个人来说，找不到路的主要原因是害怕自己的东西不够革新，已过时，怕被人说成保守落后，但又对那些"充满创意的经典"毫无感觉。在欧洲的专业环境中，作曲家们宁愿被扣"胡来""标新立异""与众不同"的帽子，也不愿意被说成毫无新意的保守派。专业环境是这样，而到社会层面，标新立异对大众来说就是："什么乱七八糟的！"想起老海员听说我要拜梅西安为师时的第一反应是："他（梅西安）简直是狗屎！"

探索中的人被这两类压力扭曲，很容易放弃自己、忘记自己。对于年轻的探索者来说，受众不会形成实质的影响，甚至根本接触不到，而专家的批评和封杀，可能使你的作品在被听到之前就死亡了。作曲学生每天接触的是同学、老师、历代经典和学院标准，想要挣脱难上加难。多数人因为挣脱不掉，变为学院功能的牺牲品，随后变为学院标准的贯彻者和推广者，葬送了自己宝贵的艺术生命。

我一向认为，独立的灵魂与伟大的艺术创作是相辅相成的，但有时，我又对此产生怀疑。比如，普罗科菲耶夫，他时而向往西方的自由世界，到国外流浪生活，时而主动投靠当时的苏联政权，讨好谄媚。但他的多数经典作品，诸如歌剧《三个橘子的爱》，舞剧《罗密欧与朱丽叶》，歌剧《战争与和平》《彼得与狼》，清唱剧《亚历山大·涅夫斯基》等却都是在回国之后创作的。按照他本人的解释，离开故乡让他失去创作的状态和灵感的源泉。

艺术与人格的关系真有那么绝对吗？我是否太过绝对地看待政治、权利与艺术质量之间的关系？过去的伟大艺术家，比如米开朗基罗、鲁本斯、拉斐尔、贝多芬、莫扎特、瓦格纳、布列兹等，他们都不同程度地依附于权贵。如果离开教会、贵族、政府的支持，他们还能创作出那些杰作吗？

20世纪以后，西方国家越来越民主，艺术的主导权由过去的贵族转移到政府部门文化机构，艺术家因此有了更多的自由。从那时开始，出现了更多真正意义上的独立艺术家，照理说，既然行为不受约束，应当产生更伟大的艺术创作才对。但从绝对质量来评定，"独立自由"以后的艺术家，艺术水准不但没有更高，反倒出现了更多欺世盗名的骗子。

今天，很多大型的艺术创作，仍要依靠政府的财政支持，比如歌剧、交响乐。非营利性的文化创意，不依靠政府几乎没有可能。有时，为了艺术理想的实现，只要不违背艺术家的良心，是不是可以既不谄媚权贵，又不排斥公共资源的利用呢？

自己的路不是标新立异，这是我这些年一路走来逐渐清楚的。其实当你走出一条自己的路的时候，别人什么帽子都不再扣。因为这就是你的说话方式，它既不是标新立异的，也不是保守的，与其他人的语言是不一样的，但又不割断历史，因为我喜欢历史。

即便是今天，每次写作还是会问，自己所做的事情是自己要的吗？这个东西与传统的关系是什么？我认为，似曾相识不可怕，可怕的是全部都是影响或全部都是"创新"，没有自己的搭建和消化。当时我的老师梅西安跟我讲："什么时候听到一个音乐不用别人讲，我就知道这是你的音乐，你作为一个作曲家就成功了。"他并没有说这个音乐一定要是先进的、落后的、创新的、守旧的、中国的、外国的，因为那些都是标签，不是实质。

不同门类的艺术作品之间的商品属性是很不一样的，音乐作为本体，最少商品价值。商品能供人娱乐，并进行买卖交换据为己有，如同用金钱买件衣服穿在身上，它属于我，这时衣服就是商品。而音乐作品，任何人买不走，乐谱是无声的，如果要发声，需要进行二度创作（演奏），而发出来的声音是给大家听的。即便是委托创作，版权仍旧归作者，即或委托方将版权独家收购，音乐作品仍旧不能被占为己有放在自家地窖里供着。这也是为什么再伟大的作曲家的手稿，也卖不出多少钱的原因。有史以来作曲家总是贫穷的，除非去做流行音乐，做速热速冷的音乐，而严肃音乐的最高境界是做自己喜欢的作品。写作的出发点往往影响到作品的质量和生命力。

当我们评价艺术作品的时候，会发现美术作品的质量评定受到了金钱的影响。并非因为作品的质量越高，价格就越高，而是价钱越高就越有人追捧（如凡·高、塞尚、毕加索……），价钱低似乎就等于质量低。而音乐作品的质量向来与价格无关，没听说哪位大作曲家的作品卖钱，顶多因为演奏家有名而卖座。评价音乐作品，因为不受市场影响就相对客观，让时间过滤，经过一代又一代指挥家、演奏家与听众的筛选留下来的才是经典，里面不掺杂金钱的味道，作曲家早就不在了，作品还一代代流传，三四百年生生不息。而绘画拍卖来拍卖去，大家用它们投资赚钱，艺术已经退居二线。

作曲家难还有一个原因，画作完成以后，就可以挂在墙上供人欣赏，而作曲家作完以后却没有成品，作品需要经过二度创作由演奏者实现。而且实现一次演奏，犹如昙花一现，几分钟就过去了，要实现多少次才能让人留有印象，尤其是管弦乐作品，演奏者少则几十人多则上百人，有时比在场的观众还多，要花很多钱才能演奏一次。作曲家要求爷爷告奶奶，好不容易演奏了一次，如果没有录音，什么痕迹都留不下，如果要录音又是一笔钱。所有这些都会影响作曲家的思维，有些人坚持不了，就想走捷径，但走捷径就距离真正的艺术越来越远。

与听得懂的人对话

如同人与人之间的沟通，听音乐有没有感觉，取决于听者与作者心灵之间的距离有多大，而与文化差异没有关系。譬如，我听拉威尔的音乐不需要教育，直接来电，而听马勒的作品，除了个别浪漫忧伤的段落之外，没有感觉。

《归来》主题曲，有人说××唱得最有感觉，可我觉得他唱得就像狗熊叫，这不仅是趣味不同，也是心灵差距。

作曲职业专业性很强，一般人不容易理解，多数人的评论，不论是恭维还是批判，在我看来，都与实际相距甚远。家庭环境不同，教育不同，文化背景不同，经历不同，导致了趣味、理解力与看法的不同。能够理解得沾一点边就不容易，完全理解几乎不可能，即便是同行也不例外。但也正因为各人有各人心中的声音，只可意会不可言传，才使得音乐更显神奇。

人生无意义？不要人云亦云

当下人们经常讨论人生是否有意义，最时髦的观点是"人生没有意义"。这种观点到处传播，我不知道人为什么这样爱鹦鹉学舌，因为这种观点只是一个观点而已，既不能证实也不能证伪。人生千奇百怪，除了生死是必然，人生的过程没有哪两个是一样的，仅此一点就说明只要存在就有不同的意义，只不过大小不同而已，不是一句"没有意义"可以一概而论。比如我，我的生命可能本无意义，但因为有了音乐而变得不同。年轻时懵懵懂懂进入这个行业，那时将音乐作为工作和事业，说不上喜欢不喜欢。直到雨黎去世以后，我笃定地意识到我爱音乐，对它有了更深的感情。尽管一路走来，遇到诸多磨难和波折，但音乐始终与我同行，是我最忠实的伴侣。随着时间的推移，这个伴侣成长为另外一个我，今天假如我离开这个世界，它将代替我与人们聊天，这很让我欣慰。作为从事创作的人，这是多么奢侈的梦想成真，它难道不是音乐的意义和我人生的意义?

"宗教的契约与灵性的旅程"

艺术创作不应当用一种派别去替代另一种派别,如果说老的派别已经变成学院派,用新的东西代替,新的东西早晚也会变成学院派。创作人都想引领潮流,都想不朽,这其实是一种本能的劣根性。真正的艺术永远应当是活生生的,派别是一种成型的观念,与艺术创作的原则是违背的,我认为不需要建立学派,而应当提倡一种精神,不受任何官方或非官方观念的束缚。

尤瓦尔·赫拉利在他的书中说到一个观点,我很认同,在音乐里也一样。他说:"宗教的契约与灵性的旅程。"灵性的旅程是艰难的,但它无限生长,永远没有结束,始终向前,而这条路的方向你看不见,它随着你的变化而变化着。可宗教契约告诉你"你必须这样",这样你能升天堂,否则就要下地狱。人们既不知道天堂什么样,也不知道地狱什么样,却被这个思维束缚着、控制着。西方音乐史在过去100多年就是这样牢牢地控制着人们,很多人为了这个契约而锁闭自己的精神世界,去做契约中规定好的事情。我要求自己不在任何特定的学术环境中求得认可,也不在任何学术机构中任职,以保持创作者独立自由的心灵状态,只做自己认为有价值的事。

服务性的艺术与独立的艺术创作的区别犹如做餐饮与高雅艺术,餐饮需要有投其所好的一面,不能仅凭厨师自己的一厢情愿。顾客不喜欢吃,你自认为做得再好也是白做,这是服务行业的特点之一。我坚持认为艺术创作不是服务行业,否则只能称为娱乐而不能称为艺术,艺术是精神领域的探索和追求,没有投其所好的空间。之所以做电影音乐时有纠结,就是因为那已不是单纯的音乐创作，它必须与电影行业投其所好的属性配合，电影要赚钱、要观众越多越好，无论是文艺片还是商业片，如果想继续拍下去，最重要的是叫座。能兼顾"文艺"固然好，但如果因为"文艺"而收不回成本，"文艺"这个面子，导演是可以不要的。

即便是科学创造，与艺术创作相比，功能也极不相同，因为绝大多数科学终归是服务于实用的，而真正的艺术不是，艺术像宇宙一样无边无际，如果让它服务于一个非常实用的目标，就太委屈它了。

要做一个纯粹的精神世界的朝圣者，必须走自己的路，这不是唱高调。当然，如果一路上全是失败，没有一点认同，没有一点温暖，也很难坚持。精神领域的探索，困难重重，本就孤独，艺术家本能地希望理解，如果永远看不到曙光，遇不到知音，像凡·高一样，谁都难免绝望。

创作一首音乐作品如同人的一生，是很劳心的过程，开始时什么也看不清，边思考边学习边摸索，做着做着清楚一些，中间各种感受渐渐露头，后半部分越写越丰富，快到结束时想法多到压抑不住，一天，结束了，没有成功的兴奋，怅然若失。这个过程，像一个人的孕育、出生、长大、成熟，一种过程中的痛苦与喜悦，时而轻松，时而迷茫。完成之后，写作时的状态不复存在，重新进入怀疑，既不知道已经出生孩子的命运，也不知道下一部作品将会如何。大多数作品带有写作时个人精神和生活的影子，这也就是作品基因的一部分。

适当的时候做一点副业，写个电影音乐，在精神上得到缓冲和休憩，就像是两条腿走路，转移一点注意力，用另一种思维和视角看待艺术，学一点新的技能。在另外一种思维里也会发现，即便在做"服务性行业"，仍旧有与众不同的空间。严谨、细致、认真地做一件相对容易的事情，也会有极大乐趣。相比西方音乐家，我很幸运，因为那里的严肃音乐作曲家绝大多数没有机会写不同门类的音乐，一旦入了严肃音乐的行列，就要严肃到底。

作曲家的责任感

部分西欧作曲家对苏联时期的一些作品嗤之以鼻，最直白的批评就是庸俗，尽管我个人并不认同。评价肖斯塔科维奇不可能与他所生活的社会和文化环境脱节，他的作品有力量并非因为他是政治化的，而因为他所表述的是内心世界的压抑与爆发。但他没有用简单的政治标签，没有声嘶力竭的喊冤叫屈和空洞的歌功颂德，没有直白地批评社会的黑暗，没有任何标语口号式的简单化……我觉得一些学者认为肖斯塔科维奇是通过作品抗争苏维埃制度，是无稽之谈，是受某种简单化的意识形态思维模式的影响所致。

我更不同意说我们这一代作曲家相较上一代是没有社会责任感的，正相反，自由、开放、诚实、独立地表述自己的内心，表达自己的生活观和情感，是社会责任感的根本体现，也是最需要勇气和智慧的。音乐是人们表述心灵的语言，如果政治化了，不但庸俗，也是最不负责任的表现。

定　力

定力，在独处的时候容易做到，难的是面对强大的反对者的时候。一个创作者，必须生活在自己的世界，别人的观点再优秀，如果自己没有切身感受，就仅仅是一些信息和知识，对自己的创作并无补益。这也是为什么我更希望远离社会中心,躲开人际关系的烦扰,静下心来思考,避免与人争论。与人争论经常会像抬杠,双方各执己见,你说一句我说一句,或你写一篇文章我写一篇文章,由寻找真理,变成了证明自己。这样的讨论不但没有意义,还很伤神。相反,如果没有对立面,一个人独立思考的时候有些观点反而会包容得多。自己的作品无论写成什么样,要贬低的人永远是要贬低的,所以不要辩论,走自己的路就是了。

自知之明

人体自身的味道自己闻不到,就像你身上抹了香水,自己闻不到,别人能闻到一样。如果大家坐在一辆封闭的车里,新进来一个人,他身上可能有香味,可能有臭味,但是自己不会知道,所有人都闻到了,但都不说(特别如果是臭味的话),如果这个人自己知道的话,一定会不好意思。这就像一个人身上的缺点,自己不容易知道,无论是香的还是臭的。

一个比较成功的人,周围会有一批人抬轿子,时间久了自己再难客观看待自己,需要外部力量的刺激使他清醒。但是谁敢去刺激?就好比在饭局上,侃侃而谈的主人脸上粘了一个饭粒,只有最亲密的人会提醒他,可多数时候最亲近的人又不容易客观。况且精神层面的东西,不像饭粒那样明白地粘在脸上可以拿下来。艺术作品是抽象的,一般人很难评价,亲近的人看不出瑕疵,其他人只说好话,不愿批评。所以,艺术家的自我意识和自我超越如同政治家的自省一样难,如果没有足够的悟性,是做不到的。只有那些对自己时刻不满的人才能进步,否则,就只有往下溜。

人再智慧再聪明，都可能没有自知之明，因为这是自然规律。有些人觉得自己很棒，有些人很自卑，可是他可能没那么好，也可能没那么差，多数人一辈子不了解自己，傻子一样地过了一生。世界如此之大，自己知道的实在太少，认为自己了不起必然是可笑的。我真不想像傻子一样地度过一生。

历史改变了人，还是人改写了历史

西方音乐历史100多年前到底发生了什么使它走向今天？都说20世纪先锋音乐是二战导致的历史必然，真是这样吗？有没有可能是因为某个人或某一群人，把历史的方向扭转？二战自己并不会说话，音乐学院传授的西方音乐史必然是某个人或某些人写出来或编造出来的。我为什么一定要相信它？

听说，今天我们听到的《黄河大合唱》是20世纪60年代一批作曲家修改的，那伟大的、中华民族的代表作《黄河大合唱》的作者还能说是冼星海吗？伟大的冼星海为什么自己写不好一首作品而要你们帮忙？你们既然承担了如此光荣的任务，为什么都不留下姓名？

这个世界上，你还能相信谁？你需要相信谁吗？

读　人

从人身上能感受到和学习到的，对我来说比旅游要多很多，旅游看到的东西只是一点点，可是人身上蕴藏的东西，可以是浩瀚的海洋。他们或是优秀，或是怪异，或是精灵，或是性感，或是博学，或是上进，或是幽雅，或是愚蠢……我对博物馆没有感觉，我更爱从人和书中寻找感觉，读书是直接读人，读一个很有想法的人。

人都有表象和内心，多数把自己好的一面放在外面，内心世界则是要去读的。外表光鲜，内里肮脏，就是伪君子，可惜的是，人群中伪君子的数量大得惊人！我确信伪君子不论技巧多么高超也掩盖不住，只是远近与时间问题。因此，再阅人无数，我也不愿轻易给人下结论，脑子模糊一点最好，特别不要仅凭社会印象去评价没有直接接触的人，比如一个演员、一个政治家、一个公众人物……他们行为背后的原因复杂，不一定是他们自己的意愿。没有亲自看到、听到，亲自接触过，尤其不要下消极的结论，否则一定不准确。

作曲家、神经质、贵族

英国作家毛姆说过这样的话："好的作家都是商人。"细想起来，这句话不一定对所有艺术家都有效，但还真有些道理。有哪位艺术家不希望将自己的作品卖出去，并且卖得越多越好越贵越好呢？成功的大家，多是非常有个性的怪人，但他们中的不少人，特别是那些有生之年就很成功的艺术家，又同时工于心计。他们与权贵的关系，自我包装，无论能否处理好，都会积极处理。

即便像贝多芬那样自诩蔑视权贵的音乐家，如能得到贵族的青睐也照样受宠若惊。虽然他嘴上说"皇亲贵族多得是，我贝多芬只有一个"，但他喜欢的女人却一律是贵族小姐。德彪西年轻时，每年暑假会到俄国贵妇人梅克夫人家弹琴，他一辈子就想娶一个贵妇人，最终梦想成真。瓦格纳绝对是精明的商人，也几乎是王公贵族豢养的狗，面对社会不可一世，面对权贵极尽卑微。我不否认他的才能，但我总感觉他的音乐是装腔作势和虚张声势的。

靠严肃音乐作曲养活自己是困难的，历代如此。大多数作曲家没有权贵豢养，只能去教私人学生，或在音乐学院担任教师。肖邦靠教私人学生生存，他的身体很差，死于肺病。舒伯特没有被贵族看上，极为勉强地过活。

不过，伟大的前辈们，无论与贵族的关系如何，最后留下的都只是他们的音乐，贵族并不会给他们加分。

艺术家在权贵面前争宠这件事，多发生在封建时代和极权国家，权贵有对艺术家生杀予夺的权力，艺术家依附于他们既可以获得机会又可以衣食无忧。如果没有文艺复兴以来很多伟大艺术家的卖身，就不会有那个时代的伟大艺术创造。妥协是人生中不得已的选择。但也有人绝不妥协，有人主动妥协，有人被动妥协，有人则不择手段完全丧失人格。凡·高不与权贵妥协也不向时代潮流妥协，他就更接近于一个神经病，所以死得很早也很惨。毕加索是一个机会主义者，住在有钱人家里，知道怎样交易、怎样宣传自己，将他的作品留在主人家进行交换，逐步成就自己。

作曲与名利

2005年余隆和北京国际音乐节想做歌剧《霸王别姬》，他希望我来做，当时我也有这个愿望，但更多是从事业上考虑，没有多想其他。2007—2008年参与北京奥运会开幕式工作后，视野更开阔了，心反而静下来不少，我更清醒地意识到艺术不是表面功，必须做自己喜欢的事，而不做自己不擅长、不喜欢但看起来重要的事。所以还在奥运会进行中我就把歌剧创作推掉了。为此，余隆专门与柏林歌剧院经理到北京与我谈，希望我不要放弃。其实我心里也难受，不是因为拒绝此事，而是觉得对不起余隆。但即便如此，我还是咬着牙不松口，为此欠余隆很多。后来国家大剧院、天津大剧院、上海都找我谈过写歌剧的计划，有些领导找我谈了多次，我都觉得不好意思了，但还是坚决不应允。

当然，如果写歌剧是为了挣一笔钱，而这笔钱我特别需要，为了还贷、还债、养家糊口，不得已之中就不能随心所欲，变成了金钱的奴隶。只有生活基本有保证，有饭吃有衣穿有房住，才能有选择的自由。

如果不踏踏实实实现自己的艺术理想，想走捷径，特别是在有了名誉地位之后，渐渐忘乎所以，在阿谀奉承的包围之下冲昏了头脑，认为自己真的伟大起来，一切均以是否能保住和获得更多名誉地位为目的，进入恶性循环，就再也不可能随心所欲。

随心所欲非常重要，但随心所欲的前提是"无欲"。当人家给你多一点或少一点，叫你"大师"或"小师"，封你为院长或主任，这些对你来讲没有任何意义的时候；当你知道无论你有多少名、多少利、多少权，都不会因此使你的作品提高质量的时候；当你知道依靠权力和金钱指使他人为你劳动非但不会增加你的荣誉，只会最终让你失去尊严的时候；当你知道无论多么强大的潮流都不会因为你认同它或不认同它而让你自己找到美的时候，随心所欲就应运而生。

意大利20世纪的作曲家S有个助手在他去世之后说，S的大部分作品是他写的。争论的结果就是S以及他的作品在后人心目中的价值大打折扣。出现这种状况的原因很简单，就是作曲家在活着的时候本应该自己做的事情，让人家做，而且看起来做的量不小。这还不要紧，关键是用了人家的劳动，没有标人家的名字。这就是在金钱或名誉面前没有做到无欲，就不可能则"刚"。如果看轻名誉，看轻金钱，事情就很简单。或者在让人家替自己做事的时候，出足以与其劳动相匹配的金钱，将劳动买断；或者限定好对方的工作内容，将他的名字写在作品首页（配器，改编，编配，伴奏……）。如果是我没有时间或精力配器，找一个人配器

（也确实发生过），那配器是谁就标明是谁。比如我的《逝去的时光》民乐队版，我请新加坡的罗伟伦先生配器，因为我当时没有时间，那除了付费之外，出版的乐谱上还要写"配器：罗伟伦"，然后他应得的版权的百分比也在合同上规定得很清楚，这样做心里坦然。

时运与努力

我经常感叹自己这样一个从小愚钝的孩子，怎么会有这等好运，有些时候似乎明白，但多数时候又很是莫名。明白，是觉得我所处的时代洪流、社会风尚、父母为人、教育的宽松、天生性格、努力进取、酷爱思考、贵人相助等都让我不能放弃、无法潦倒，并获得更多机会。莫名的是，相同家庭条件、比我聪明、很有性格、也很努力、更受重视的同代人比比皆是，但相继沉沦的不在少数，为什么命运能眷顾我？所以，我更倾向于人生的成败，运气是绝对条件，其他条件有也好无也好，作用是相对的。比如上面说的成就自己的八大原因中除了努力进取和酷爱思考外，其他六个条件都属于运气，与我个人努力无关。算命先生经常讲运势，我的生辰八字说不定早已为我做了安排。

话说回来，大时代和家庭条件是先天存在，我们无法选择，但遇到什么人远离什么人却多数时候是某种选择的结果，与个人努力和价值观直接相关，它是人生进取至关重要的条件。

我一路走来，遇到过不少伯乐，没有他们的出现，很难想象我会有后来的一切。所谓伯乐，这里并非指一切给我带来好运的人，这样的人太多了，比如小学中学大学的老师，工作中碰到的各种有影响力的人物，比如，罗忠镕老师、迪图瓦、马友友、赵汝蘅、张艺谋、文格洛夫等数不胜数，他们虽然很重要，但并非他们发现了我,特意支持了我,而是借由其他机会偶遇到一起,并且愉快工作过的人。我这里所说的伯乐,是指那些占据重要岗位,或有巨大影响力,在重要关头发现你、认同你、支持你,让你有更宽的视野,发挥更多的能量,给予你更多的机会,并改变你的命运的人。

我的第一个伯乐是梅西安自不必说,之后是法国国家广播电台的总裁让·马厄和音乐部门的负责人以及法国国家交响乐团。在他们的支持之下,我成功说服马友友首演《逝去的时光》,他们委托我创作了《五行》。2001年,法国广播电台新音乐负责人勒内·鲍斯克(Rene Bosc)上台。上台伊始,他就联系我的出版社,要求调阅浏览我的全部作品。后来他告诉我,这一切都因为他一日偶然听到了我的《五行》。他为人聪明,弹琴、作曲、指挥样样精通,有过六个同居女友,生过无数个孩子,但都没结婚。他对我简直好极了,但不是同性恋。直至2010年他离任的十年间,他给予我非常有力的支持,特别是委托创作和首演了《蝶恋花》,引荐我认识了很多优秀的演奏家和指挥家,利用法国电台巨大的国际网络和人脉资源以及资金支持,帮助我实现了各种首演、录音和国际合作。

从1986年起,在自己还很陌生的欧洲我就有了最专业的出版商毕洛窦,并与他们结下了深厚的友谊。这是一家创建于1896年的老牌家族企业,对于当代音乐有极大兴趣,我创作于1985—2007年的全部作品均由他们独家出版。老板弗朗索瓦·戴尔沃和推广经理克利斯多夫·达尔戴纳(Christophe Dardenne)都对我很好,使我从一个对音乐版权、原创精神知之甚少的菜鸟,逐渐成长为独立作曲家。他们对我几乎有求必应,竭尽全力为我的事业铺路,使我在其出版社从一个不起眼的外国作曲家开始,逐渐变成为数不多的招牌作曲家之一。由于是家族企业,他们规模不大,但严肃认真,讲究诚信和责任,不像英美出版社那般商业化、效益化和数字化(比如,制作乐谱是音乐出版社最本质的工作,但英美系统出版社为了降低成本，连这个费用都要向委托创作方索要，也就是说出版社从作曲家手中得到一首作品手稿直至将乐谱制作出来提供给乐团演奏，费用是由与出版社没有一毛钱关系的委托创作方出的。委托创作方如果拒绝出制谱费，出版社就不向乐团提供首演的乐谱）。但英美出版社的优势也是传统欧洲出版社不能比的，特别是它们的商业网络和推广效率。

2008年，英国出版商布西与霍克斯出版社（Boosey & Hawkes）与法国毕洛窦出版社谈判将我转社（这让人想起足球运动员的转会），毕洛窦一口拒绝。我思考再三，最终为了事业发展，忍痛离开了毕洛窦出版社，将过去全部的作品留在了那里，与布西与霍克斯出版社签署了独家合约。布西与霍克斯出版社是跨国大出版社，分别在柏林和纽约设有分社，旗下有很多著名作曲家，无论销售规模还是著作权收益都是全世界严肃音乐出版商的No.1，是我年轻时做梦都不敢想的出版社。与他们签约缘起于2001年英国BBC大师奖，当年《五行》作为全世界1000多部管弦乐作品中选出的五首在伦敦由伦敦交响乐团（LSO）和丹尼尔·哈丁（Daniel Harding）指挥演出，引起布西与霍克斯出版社老板杰妮丝·萨斯沁（Janis Susskind）的兴趣，并从那以后开始关注我，直至2007年下决心，派出版社的代表朱小蕾到北京与我谈签约事宜。

大师奖的演出同时也吸引了EMI唱片公司总裁阿兰·兰瑟龙（Alain Lanceron）的注意，他之后积极联合法国广播电台，推出了包括我的《蝶恋花》《逝去的时光》《五行》三首作品的个人专辑"蝶恋花"（Iris Devoilee），被《留声机》（GRAMOPHONE）杂志评选为当时古典音乐的十佳唱片，并且大卖。20年后的今天，这张专辑还在世界继续产生影响，发挥作用。

2000年之后，大批西方音乐家和经纪人来到中国组织演出并开拓中国市场，中外交流变得活跃起来。以芭蕾舞剧《大红灯笼高高挂》为例，2001年北京首演之后，很多西方演出经纪人来到北京，邀请和组织《大红灯笼高高挂》相继去了很多国家和地区，第一年就包括中国香港、新加坡，接着是中国台湾、伦敦、巴黎和德国、北美、南美，所到之处好评如潮，票房大大超过西方演出商的预期。比如巴黎和伦敦，原计划各演六场，结果场场爆满，供不应求，但不能临时增加场次，演出商后悔莫及。随着中外音乐交流活动越来越活跃，我在国内合作的频率开始明显增加。

1999年，《水调歌头》被选参加钱程创意的"唐宋名篇音乐朗诵会"，由余隆指挥。当时我不在国内，后来听在场的李西安老师说，演出效果不好。2002年初，我和余隆共同的好友毛京波撮合我们认识，但我认为余对艺术不负责任，余则认为我只会写莫名其妙的作品，没啥意思。但架不住毛京波的热情，最后由她做东请我们共进午餐。席间尽管有些尴尬（两个性格很强又非常不同的人在一起的那种尴尬），但最终通过毛京波的协调，余隆愿意由北京国际音乐节组织一场我的专场音乐会，推出《蝶恋花》《逝去的时光》《五行》的中国首演。

2002年10月22日，专场音乐会如期举行，由中国爱乐乐团演奏，汤沐海指挥。但由于打击乐声部张景丽迟到，让满场的观众坐等了45分钟。为了不冷场，余隆上台向观众致歉，周游同我一起上台即兴对话，一波三折之后，音乐会最终取得圆满成功。让我最感意外的是，演出结束后余隆到后台向我表示祝贺，说他被《蝶恋花》震撼了，表示一定要自己指挥这首作品。他没有了我印象中的高傲，而是一脸的诚恳。经历过无数音乐会的我，熟知音乐会后各类人等的表现，一般性的礼貌、不温不火的敷衍、言不由衷的恭维、令人厌烦的"高论"和由衷的感动等。从余隆的祝贺中我感到了满满的真诚，发现在余隆自尊的外表之下，是一颗不计虚名看重品质的心。我和余隆20年的友谊自此开始。

在世界上与我关系好，并且喜爱我作品的指挥家和音乐家有不少，但没有谁像余隆表现得那样极致，能有这样的朋友，是我的幸运。在中国严肃音乐历史上,余隆作为中国指挥家是迄今为止国际国内舞台上活动能力、组织能力和影响力最强的,没有之一。他所代表的不仅是个人,也是一个符号,一个"中国文化走出去"(尽管我不喜欢这类虚妄的口号)的典型样式。做到这些仅凭聪明是不够的,还需要视野、品味、对中外国情的了解、调动各方积极性的整合能力,以及将事情做到极致的充沛精力。我们经常听说"中国文化走出去",但多数是靠政府资金或宣传部门组织音乐会,出重金到国外租场地、买乐团、请专家、蹭热度,看起来似乎在地理位置上进入了西方世界,实际上却与当年跑出去租维也纳金色大厅开音乐会如出一辙,仍旧是送票填场子,90%的观众是当地华人和家属,场内始终乱哄哄,像是旧时的堂会,不但赔本不赚吆喝,还在国外毫无影响。之所以这样无意义的事20年来屡做不衰,我认为是决策者对世界太不了解,以为宣传就是架起扩音器到人家门口喊话,其次是有人通过做这样的事获得私利。

自信的底气

所谓文化自信应该是一种气质、一种资本,是那种有就有没有就没有、只可意会不可言说的底蕴。说要建立"中国学派","中国文化走出去",说了几十年却不见长进,只能说明既没有学派,也走不出去的现实。文化不是科技,不是军事,更不是工业生产,是很难移植的。美国著名学者亨廷顿在《文明的冲突》一书中认为:"冷战后的世界,冲突的基本根源不再是意识形态,而是文化方面的差异,主宰全球的将是文明的冲突。"我怀疑,一种文化相对于另一种截然不同的文化,有没有必要费那么大力气让对方懂得。比如中国的诗词,是一个民族的DNA,根本无法翻译成拉丁文字，即便翻译过去，也意境全无。至于说中国当代文化质量的提高和改变，最需要的是改善创作环境，让人们静下心来自由创作，待有高质量作品产生的那一天，自信也就不必说了。让外国人在我们的演出中唱《我爱你中国》，不是傻就是天真。难道他们唱了《我爱你中国》就真爱中国吗？设想一个人每天唱"我很伟大"，也要求他人歌唱他很伟大，随之以为全世界都认为他很伟大，是个什么感觉？

说回伯乐，个人需要伯乐，音乐人需要伯乐，文化也需要伯乐，历史上很多伟大的作曲家，如果没有遇到伯乐也不会顺利地生存下去，并为人所知。对于作曲家这个缺了二度创作就难以存在的群体，演奏家、指挥家和艺术管理人尤为重要。当今世界，那些产生著名指挥家的国度，作曲家的活跃度就相对突出，比如英国指挥家到处推广英国作曲家的作品，芬兰指挥家大力上演芬兰作曲家的作品，法国指挥家只钟爱法国作曲家……而中国，无论是指挥家、演奏家还是作曲家，还有很长的路要走。

过去几十年，邂逅了很多优秀的音乐机构、演奏家、指挥家和乐团，我的重要作品中有不少都是由国际一流的机构委托并由非常杰出的音乐家首演，他们为我在事业上的进步积累了积极和有益的经验，我自觉非常幸运。

由《江城子》首演引发的思考
——与张可驹对话的精简版

我之所以想以我为苏轼的词《江城子》创作的交响合唱作为回忆录的结尾，是因为这首作品从很多方面概括和总结了我几十年的创作和人生。相比我过去的任何一部作品，《江城子》在技术与观念层面更全面、宏观地体现了我想要表达的"精神"。它虽然用了不同的技巧和语言，但却没有现代与传统的区隔，没有东方与西方的分界，这是在我几十年为之探索和努力却始终觉得不够成功的方向上一次稍觉满意的突破。《江城子》也是我面对天际，望着父母和儿子所要抒发的真情。

张可驹：你曾引用奥登的观点，将作曲家分为有才华的、真正的和伟大的三类。那么请问在你看来，怎样才堪称一位伟大的作曲家？

陈其钢：这个问题太大了！从客观上说，肯定要写出非常有生命力的、经得住时间检验的作品。同时，一部作品肯定是不够的，那不叫伟大的作曲家。一定需要通过一系列的作品，将作曲家的形象——他的"四肢""眼睛""耳朵"等全貌和轮廓呈现出来。而且有一样东西是我们没法说的，那就是一位伟大的作曲家必定是天才。伟大太难了，这是一个无可讨论的话题。我们可以争取把事情做好，但"伟大的作曲家"，他就是那个样子，他不用"去伟大"，他就是伟大的，他在他所生存的那个年代是独一无二的。伟大的作曲家非常稀有，我想从内心来说，伟大的作曲家不太可能是高高兴兴的人。莫扎特，是很痛苦的人，贝多芬也是。在音乐历史长河中，有些不痛苦的例子，譬如门德尔松与李斯特，我们就很难称他们为伟大的作曲家。当然他们已经很了不起了，可能有很多原因造成了某种限制，宗教题材的限制啊，作品的思想深度啊，作品类型多样化的问题啊，作品的数量问题啊，也可能有生命时间太短的问题。而瓦格纳是一位伟大的作曲家，他符合前述一切条件。

张可驹：那么在你看来，到目前为止，最后一位伟大的作曲家是谁呢？

陈其钢：在我的眼里，是里盖蒂。里盖蒂是一个奇才，他写了太多的作品，并且每一种形式，练习曲、为孩子而作的音乐、合唱曲、独唱曲、器乐曲、管弦乐作品，都非常有个性，非常丰富。他是特征非常鲜明的作曲家，没有屈从于时代对他的要求，别人都说要先锋、要革命，里盖蒂其实是最先锋的，但他并没有为先锋而先锋，去做纯学术的写作，而忽视人的神经和感情。同时代的人，或者是非常学究气，或者是写得非常漂亮，或者是纯艺术，或者在结构上有非常大的突破。但艺术必须是全方位的而非单方面的呈现，单方面的呈现成就不了伟大。比如米开朗基罗的才华并非单方面的，而是兼容并蓄，宏伟至极，细腻至极。反过来说，罗丹，你说他伟大吗？也不错，但不是一个级别。

张可驹：你在中央音乐学院的演讲中，先后讲述了作曲家所需的知识、技能、视野等。同时你又指出，伟大和天才的作曲家仅是"浑然天成，什么都不需要知道"。当然，这势必不是字面上的意思。譬如贝多芬晚期的很多"技法"，一直被视为登峰造极的典范。

陈其钢：他可以不考虑这些问题，但他可以做到这样的高度。他没有想着去超越谁，或是在技术上多么完美，他想的是如何结构这个作品，把自己想要的表达出来。因此他才那么严格地要求自己，翻来覆去、翻来覆去地写。这样写的目的，并非要表达我的技术比你高，而是要把他自己完完整整地呈现出来。布列兹是很典型的完整地表现一个技术，告诉你：你看我的技术，无论十二音、音响空间控制还是乐队写作我都很行。这远远不够。

张可驹：随着时间的推移，越来越多的人对20世纪音乐创作中某些现代派的潮流提出质疑。你始终直白地表达自己的看法，包括对斯特拉文斯基后期创作的怀疑态度。有时，这让我想到那位著名的指挥家安塞美。他是斯特拉文斯基重要的推广者，却不喜欢作曲家的后期作品。他有一句妙语形容当时的斯特拉文斯基：他本人不再说话，而是请代理出面了。不过听你的作品，人们会感到这位作曲家应该对"代理"非常反感吧。

陈其钢："代理"这个词并不完全确切，事实上是他违背自己的性格和初衷，去做了和他性格不一样的事情。对斯特拉文斯基后期作品的质量是有争论的，有些人非常喜欢，但我个人不太喜欢。梅西安给我上课的时候告诉我，当时斯特拉文斯基和娜迪娅·布朗热的关系非常好，深深受着后者的影响。梅西安认为，这个人给斯特拉文斯基的影响是致命的，改变了他作曲的方向，让他变得非常无聊。这是梅西安的观点。不过我不认识娜迪娅·布朗热，虽然我到法国的时候她还在世。我不知道具体发生了什么，但斯特拉文斯基是个很爱跟风的人，这是肯定的。这样那样的风潮一来，他就可能会跟随。因此他的作品也就反映出很多种风格的变化，和那个时代紧密相关。而有些作曲家，譬如梅西安，有时不得已受别人的压迫，做了一些非常现代的、表示他非常超前的作品,但是骨子里,他是不会改的,就是那个样子,总是很有个性、很独特的语言方式,那就是他。

而对于我,并不是"代理",而是想要超越,我是非常想要超越和突破自己的。我是想,一个人不能一辈子满足于一个状态,一定要一步一步往前走,不断地研究,否则活着也就没有意义了。斯特拉文斯基后来的创作我之所以不喜欢,就是感觉他并非在超越,而是想要证明,证明无论什么风格他都能驾驭。我不想证明,我只是想在自己有生之年,通过一个作品往前走一步,然后再往前走一步,做得要与上一部作品有所不同,但这是非常难的。有时你努力了半天,人们听了,还是说这和过去一样啊。其实你通过努力,已经不一样了,但是局外人看不出来。事实上,即便是一位从事创作数十年的作曲家,都可能无法理解另一位作曲家,普通的音乐爱好者,就更不用说了。欣赏音乐者与写作音乐者之间的鸿沟,或许是永远填不上的。有生之年,如果能碰到知音,我写的作品他喜欢,这就行了。如果不喜欢,那就赶紧躲远,大家不要吵架,吵架是没有用的。音乐就是我在说话,你不愿意听就不听,你愿意听那就很好。

张可驹:正如刚才所提到的,以及你先前的演讲中,都提出了"自我"这个主题。你经常详细地讨论这个主题。请问你如何看待人们称之为"作曲家仿佛隐藏自己的创作风格"?巴洛克时期的很多作品都是典型的,还有古典时期的一部分,譬如海顿的一些音乐。

陈其钢:那是时代决定的,并非这些作曲家希望如此。过去有很多创作都是"匿名的"。当时的作曲家与浪漫主义时代之后那些音乐风格的领军人物完全不同,他们只是那个时代共同认可的宗教音乐功能的参与者。甚至更久远的时期,很多宗教音乐的创作者连名字都找不到。这其实很像过去中国的古琴音乐,不知道是谁写的,像《平沙落雁》,是谁写的呢?还有《阳关三叠》?它们的原始稿在哪里?当时根本没有"创作者"这个概念,都是隐藏在音乐背后的。我估计不是想隐藏,而是那时候还没有知识产权的意识。欧洲文艺复兴前的作曲家就是个干活儿的,我雇用你来,你不仅要写作,还要打扫卫生,还要给我看孩子。其实作曲家对自己的名字有意识,是很后来的事情。大约是从18世纪后期开始,就是说,人们对于个性开始注意和发掘,证明自己和别人不一样,是非常晚才意识到的,是随着音乐生活的社会化出现的。原来在皇宫里,管你是谁啊,给权贵阶层干活而已。吕利在路易十四的皇宫里当宫廷乐长,他写多少东西都是属于宫廷的,不属于他。直到音乐开始社会化了,有音乐厅,有出版商,要印刷了,要传播了,有了音乐批评,有了音乐学校,作曲家的名字就出现了。这些东西让作曲家有了更多的、依据人的本能而产生的"膨胀",让个性的发展越来越极端。到了20世纪,或哪怕在19世纪,要说某个人写音乐"没风格",会被看作对作曲家的侮辱。

张可驹: 同样是关于"自我"的主题,你曾特别指出,"没有社会,没有群体,就没有个人"。但是,作曲家个体的风格和他的时代之间的关联,也一直是学者们讨论的内容。也有不少人认为,这样的关联被过度强调了。请问在你看来,除了你刚才提到的那种时代的巨变之外，在一个相对平静的历史时期里面，作曲家的风格在多大程度上受到时代和环境的影响？

陈其钢： 其实这个问题你都不需要看哪个具体的作曲家受了多少时代影响，你只要看随着时间的推移而产生的音乐变化，你就知道所有作曲家都是深受他们生活的那个社会的影响。所以一个社会一种风格，一个年代一种风格，这是随着时间的推移而变化，逐渐演化出来的。这说明了那个时代对这些人的影响。如果时代永远固定在那个地方，我相信连"风格"都不会产生，但这不可能。不光是音乐，所有的东西都是如此。我个人的体会特别深，我在北京生活一段时间，然后回到法国，就感觉这帮人怎么……不可理喻啊。这就是中国的社会已经潜移默化地给了我某些影响。这种感觉，你说不出来，没法说是谁告诉你的，你就是觉得在这个社会是要这样思考的。同样，我在巴黎生活了半年，再回中国，就感觉：真是受不了，怎么都这么想问题？就是这样，环境给予每一个人的（影响），是非常非常厉害的。我们生活在某个环境里面，就会"不识庐山真面目"，我们在这个社会里面，就是住在"山"中，怎么知道庐山长什么样？我们天天讨论什么"伟大的风格"呀，觉得天经地义就是应该这么干的。可我们到法国，没有人说什么"伟大的法国风格""法国音乐走出去"。你在法国生活一段时间以后，再回来和中国的同行谈问题，就感觉怎么都不能理解。所以说，"井底之蛙"这个说法真是太好了。我们今天在中国的文化环境里，生活在有限的空间之中，看到的就是有限的一个"天"。尤其是当人有了一部分权力的时候，无论这个权力大小，有时往往权力越大眼光越窄,看不清楚。这个问题,无论在哪个国家都存在。

张可驹: 如你所说的,时代影响个人,这样的影响又随时间渐渐显明。查尔斯·罗森在《古典风格:海顿、莫扎特、贝多芬》一书的序言中提出了一个颇有挑战性的观点,他认为真正可以称为某个时代的风格,其实只存在于少数个体身上。在那本书的环境里,就是古典风格,只存在于海顿、贝多芬他们身上,而其他人,包括迪特斯多夫、瓦根赛尔等,他仅仅称之为"无名氏风格"。请问你怎么看待"伟大的个体"与他们整个时代风格的一种关联?

陈其钢: 在我看来,这个问题在音乐中是和美术很像的。我们在谈风格的时候,谈音乐史、美术史的时候,其实我们只能谈人。它是由一个人一个人一个人构成的,而不是由一群乌合之众构成的。只是一个一个的人,代表这个时代的就是一个一个的人,永远都是这样。不是一群人,一群在那儿寻找的人,或是一群捣乱的人,多数是在捣乱。多数人,我们将其统称为庸众,庸众只用过去的标准来评判他们听到和看到的所有的事物,而不是用创造的眼光去看待发生的事情。在艺术史上,自从有了艺术批评之后,有多少批评是支持那些真正有质量的艺术家的?太少了,太少了,几乎都是批评。当你引领时代的时候,一定是很多人一起打上来。让这些人(创作者)经过各种各样的炼狱,或者被打倒,或者更坚强。陀思妥耶夫斯基既是小说家,也算是一位哲学家。他说,我们生活在一个时代,这个时代中绝大多数人就是在欺负那些天才。这些天才必须忍受这些，而天才们在四五十年后，证明他们是对的的时候，又有一帮庸众去维护他、保护他，去打击新产生的代表时代的人。艺术的发展永远是这样，一个大师出来了，一帮人跟上去，不允许其他人与大师不一样，要用大师的标准去衡量其他一切。而另外一个人已经出来了，人们都不注意。所以我说，艺术史的发展永远是一个人、一个人。可到了20世纪后半叶，情况不一样了，因为时代在改变，艺术发展到先前的时代，还处在摸索、积累、模仿、探索的过程中，因此是一个人跟着一个人。可到了某个时间，突然"哗"的一下散掉了，有人说，没什么可摸索的了，都摸索完了，有调性的音乐被穷尽了，现在必须和过去彻底决裂。这个时候开始出了问题，这样才有了各种各样的艺术形式，各色各样的投机分子，才出现那些离经叛道的人，什么《4分33秒》，用各种各样的观念来代替音乐本体，试图寻找一个新的出路，可是出路一直没找到。

张可驹： 一段时间以来，也有些作曲家表现出风格的回归，或者说某种程度的回归吧。而通常，你也被视为其中之一。有件事是题外话了，我曾经访谈钢琴家约格尔·德慕斯，他同时也是一位作曲家，创作风格非常传统。他现在90多岁（文章付梓时，钢琴家已经去世），年轻时同后浪漫派有一些联系。访谈到一半，他很激动地对我说："所以，要创作有调性的音乐！你这篇访谈就以此为标题，就写《要创作有调性的音乐》！"我连忙表示自己一定照办。

陈其钢： 针对这个题目来说，我觉得还是太局限了。

音乐已经走到了无调性,你不能不面对它而坚持只创作有调性的音乐。我刚才提到的里盖蒂,他就完全打破了调性对于他的限制,但他也同样创作出了非常有内涵的音乐。你刚才提到,我属于"回归"或不回归,其实在我脑子里,并没有"回归"的概念。我所在意的,就是自己创作的音乐,如何完完全全地表现我的一种精神。这其中可以用调性,也可以用无调性,这只是一种方式,而并非灵魂。时代变了,如果强调只能是有调性的音乐才是好音乐,这是不一定的。尽管我很喜欢有调性的音乐,而且在我们这个时代,更难的是把有调性的音乐写得有意思,这比把无调性的音乐写得有意思要难多了。

张可驹: 不过,那位钢琴家兼作曲家也仅是一位很激动的老人。正如他曾说过的,毕加索早年画得很美,后来为了赚更多的钱,就画得奇形怪状。事实可能并非如此,他也仅是用这种说法来表达自己的观点。当然有可能,艺术史中也有一些"小人物"——我是说相对于那些绝对伟大的名字,也能起到一些推动作用,而并非单纯是在捣乱?

陈其钢: 哈哈,我也很绝对。我觉得搞艺术的人,不情绪化一点,不绝对化一点,还真难做事情。面面俱到真是很难,一定是有些偏执的人,就和他说一定要有调性一样。

张可驹: 我很高兴能当面向作曲家表达我自己对于《江城子》这部作品的热爱,它确实是感动我很深的一部作品。我自己对于现代音乐的接受度比较低,但接触这

2011年12月16日，第一期国家大剧院《青年作曲家计划》终评暨颁奖音乐会。左起：刘畅、陈平院长、金秋月、杜薇。摄影：甘源

2013年，在第二期《青年作曲家计划》初审中

2013年,法国大使林白(Sylvie Bermann),授予陈其钢法国文学与艺术骑士勋章

2014年,与指挥家帕斯卡尔·罗菲(Pascal Rophe)和卢瓦河谷国家交响乐团排练《五行》。摄影:韩军

2014年2月，小号协奏曲《万年欢》首演前，在小号独奏家艾丽森·巴尔松家中排练

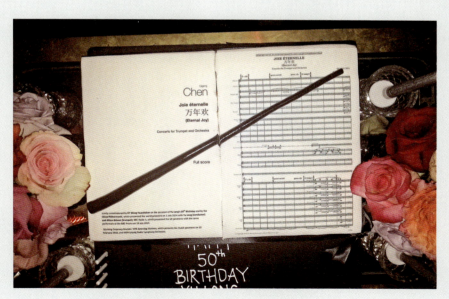

2014年7月，朋友们用《万年欢》总谱做成的蛋糕

2014年4月21日,陈其钢与陈丹青在第三期《青年作曲家计划》媒体见面会上。摄影:肖翊

2015年1月,与余隆排练《失乐园》期间

2015年5月,与张昊晨排练《二黄》期间

2015年7月29日,《蝶恋花》在英国BBC逍遥音乐节演出谢幕,BBC威尔士国家交响乐团,指挥张弦。摄影:克里斯·克里斯托杜鲁

2015年10月2日，第二期"躬耕书院—陈其钢音乐工作坊"全体师生合影

2015年10月，与韩国小提琴家郑京和在重度污染的北京

2015年冬，在躬耕书院前庭

2015年冬，看望罗忠镕老师，左为罗老师的儿子罗铮

2015年12月8日,与西方评委在第三期《青年作曲家计划》终评音乐会后台。左起:彭斯、克里斯蒂安·雅尔维(Kristjan Jarvi)、陈其钢、约翰·麦特卡尔夫(John Metcalf)、飞利浦·寿勒(Philippe Schoeller)。摄影:王小京

2016年4月,与郑明勋(左一)、卡普松排练《逝去的时光》

2017年12月13日,第四期《青年作曲家计划》终评暨颁奖音乐会合影。摄影:牛小北

2018年2月,《逝去的时光》首演二十周年后,巴黎爱乐音乐厅举办陈其钢肖像音乐会。巴黎管弦乐团,指挥哈努·林途(Hannu Lintu),大提琴戈蒂耶·卡普松(Gautier Capucon)

2018年5月,《江城子》英国首演,BBC乐团、合唱团,阿列克桑德·布劳赫(Alexandre Bloch)指挥,孟萌女声独唱

2018年,与小提琴家文格洛夫(Maxim Vengerov)、指挥家马尔库斯·斯坦兹(Markus Stenz)在墨尔本演出《悲喜同源》期间

2018年,与余隆(左一)、文格洛夫在排练中

2018年10月4日,《如戏人生》在荷兰马斯特里赫特世界首演,南尼德兰爱乐乐团,指挥迪米特里·利斯(Dimitry Liss)

2018年11月5日,《如戏人生》法国首演,巴黎爱乐音乐厅、图卢兹国家交响乐团和指挥家索契耶夫(Tugan Sokhiev)

2018年3月《江城子》世界首演排练,与指挥家阿列克桑德·布劳赫

2018年4月28日,《江城子》在国家大剧院演出现场,国家大剧院管弦乐团、合唱团、独唱孟萌,指挥吕嘉

2018年4月29日,《江城子》演出前导赏

2019月1月25日，第四期工作坊全体学员与村里小朋友一起联欢

2019月1月，陈其钢在第四期工作坊讲座

工作坊的讨论，不分师生长幼围坐一团

部作品之后，基本是一天听三遍，一连数日。先前，我现场听过斯图加特室内乐团演奏的《走西口》，而《乱弹》也无疑是了不起的作品。可听了《江城子》，我深感你在其中所做的是完完全全的"另一回事"。能否请作曲家本人谈一谈，《江城子》和你先前的创作之间的不同，应该不仅限于第一次（比较正式地）写作合唱？

陈其钢： 我跟你讲，很多作品分析的东西，我还真没想，这是属于音乐学范畴的问题。而"音乐学范畴的问题"，就是解构它，好像"解剖"一样，把各种细节拿出来对比分析，每个人得出不同的结论。而对我来说有两个挑战，一是在合唱部分如何结构和声方面的技术挑战，这是非常非常难的。一旦攻克这样的困难，就会有一种非常奇特的效果，乐队是做不出来的。另一个技术挑战，是独唱人声的挑战，那个我就想：你们能把独唱人声做到极致，我也可以用我的方式把它做到极致。在独唱人声的排练过程中，孟萌去了躬耕书院四次，每次一星期，每天折腾。我带着她，对她说："你看我怎么喊，你喊得一定要是发自内心的，就是感觉人生真的没有路了，叫天天不应，叫地地不灵的喊法。而不是我喊一个漂亮的声音，证明这声音多好听。"她非常努力，几乎是无人可比地投入，最终她打破了，虽然还没打破到我的程度，但能够有她这样的演员是一种运气。而我的这种喊，并不是录音中所记录的那些示范（《江城子》的唱片中，作曲家为部分段落的演唱效果做出示范的录音也作为补白收入），比那要强烈得多，只有这样与演唱者分享自己的感受，她才能做到后来的程度。

张可驹：这部作品是以苏轼的词作为文本创作的。无论东、西方，根据诗词创作音乐都很常见，请问你如何看待"以音吟诗"这种创作？苏轼虽然是豪放派的代表，但《江城子》原作的意境其实偏婉约。你通过音乐来处理时，却写出带有撕裂感的高潮。

陈其钢：这是我第二次根据苏轼的词来创作，第一次是《水调歌头》，"明月几时有，把酒问青天"。那是我第一次尝试人声的独唱，是我的创作中比较成功的一次尝试，给我积累了很好的经验。其实《江城子》中很多独唱的方式，在当时就已经做过尝试了，但那是从我自己的、男声的思维出发，而《江城子》这次是女声，这是很不一样的，必须考虑到女声的特性。因此我希望有一天我自己录一版《江城子》，我自己唱。但是上台，作为演员我不行，所以希望能够将乐队与合唱团事先录好，我再灌录独唱的部分"贴入"进去。这样的话，效果会很不一样。因为《水调歌头》的那位演员，虽然很好，但他还达不到我的要求。要是我自己唱，一定会唱得更好。

张可驹：其实我正好想问，你先前也提过找不到适合的男性歌唱家，那么如果将来有合适的人选，你会否改写一个男声版《江城子》？

陈其钢：是的，但必须得改调，有些调不适合。女声有女声的高度，高音C、降B这些，男声就不一样。

张可驹：我特别想请作曲家谈一谈你对人声的运用。我看到人们谈起《江城子》，往往提到声乐的困难，合唱部分多么困难，或是独唱者备受煎熬。但其实在我听来，作品给我最鲜明的印象就是声乐写作的自然。虽然合唱部分很难，独唱女高音也被逼到极限的音区，但整体上仍是自然歌唱的效果。在我看来，这是该作最宝贵的品质之一。现在以古典文本创作的音乐不少，但其中某些作品的声腔极端不自然，因此也就难以让我联想到它的文本原作。《江城子》却没这个问题，可以回到原作的意境。

陈其钢：可能这和我从小受的训练有关系。譬如"明月几时有，把酒问青天"，仿佛同音乐没有关系，但我表达的时候，就非常有关系。（之后，作曲家用念白的形式将其念出，而后在"青天"二字上运用唱腔，其自然、熟稔，及让人憬然一惊的魅力，使我愣在当场。接着他又示范了不同的腔，念白的设计的可能性。）这样的声腔的构思当中，其实什么都有，有老生，也有评弹，很多是从小的熏陶。

张可驹：我真的很好奇，究竟是怎样的熏陶让作曲家能如此驾驭中国传统的声腔？尽管《江城子》这部作品乍听之下，并不是以传统风格为苏轼的原作谱曲，但其中对于传统声腔的运用，实在太精彩了。虽然孟萌受过青衣的训练，可作品并不只有青衣的腔，老旦的腔也有，并且你将这些国粹的精华把握得如此到位。而很多人运用一些皮毛，不过是元素的堆砌和拼贴。

陈其钢：其中还有老生的腔。而要说怎么做到，哈哈，只能说这就是我吧，就像生活中一些最自然的动作和反应一样。"运用什么技术手段可以做到这种浑然天成?"我没有这么想。我就是想:"这个话只能这样说",就这么想。而且也要考虑音乐因素,也不是光谈传统戏曲。因为传统戏曲中也没有这样的东西,很多是从传统戏曲中脱胎出来的,但它脱胎到哪里?需要进入我几十年对于生活的感受,再把它化出来。对我而言,所有这些,所有这些声音,都是我自己"说出来"的。如果我自己不说……譬如,作品上来的第一个音(作曲家进行了示范),到目前为止,对歌唱家还是特别难体会,即便是如此简单的一个音,还是不易达到我真正想要的效果。这样的效果是在我心里,我感受到了。所以我说,为何有一天,我自己要唱一版。第一个音,我心中的效果就是,这样一个音,忽悠忽悠就进来了,和乐队完全糅在一起。你不知道它是什么,是个鬼魂,还是其他什么?不知道。中国传统戏曲中是有这些,但它(指传统戏曲)做得没有这么细腻,因为我还结合了(西洋)声乐的东西,还有器乐。我从小是学管乐的,我会想到管乐的气息如何掌握,如何将它做得非常平实,没有颤音。声乐演员不会不用颤音,容易一开腔就(颤)出来了,而且让他/她没有音头就开始唱也太难了,总需要一点"爆破"才能发声。我要求的是最初"没有声音"——从无声到有声。你说理解不了,为何会出这些效果,但其实这些效果对我是如此地自然。

张可驹:那么,你最初是如何开始领会如此丰富的声腔,进而让它们对你成为一种自然?从结果来看,没有很切实的感受,这一切是无法想象的。

陈其钢:小时候,父亲希望我学京剧,当时就教我昆曲和京剧，希望我上北京戏曲学校。我母亲是学西洋音乐的，希望我也朝她那个方向发展。他们一洋一土，都在影响我。然后我有幸于"文化大革命"后期，在浙江工作了五年，当时是在浙江歌舞团。而歌舞团里就有评弹，有样板戏，有管弦乐，什么都有。样板戏也是由管弦乐演出的，《沙家浜》《黄河》这些都在演。那个时期我已经开始学作曲、学和声了，对很多东西都很有兴趣。如果说影响的话，这就是我的一生嘛，各种东西不断地参加进来。我对评弹很有兴趣，想着表现"把酒问青天"的时候，自然出来的是评弹的腔，而不是京戏的腔。可当时，在唱的时候，我又说不出来具体来自哪里。我只是感到这个词，就应该这么唱，并不会想这是来自评弹、京剧，还是昆曲或者话剧。

张可驹：能否请作曲家很简单地谈谈《江城子》这部作品的结构？

陈其钢：哈哈哈，我跟你讲，其实这个就和前面说的声腔一样，我不知道。我只是觉得写到这里，是在心里憋的时间太长了，要出来一些，还不够，要再出来一些，出来之后，这口气要舒展（唱出"小轩窗"一段的旋律），转折一下，然后再重新来，再次纠结，音乐中随之出现呻吟的声音，这样的呻吟，有些是从京剧来的，但合唱团不会，独唱也做不到我那个样子。他们会模仿成另一个样子，但这也很有意思，会丰富这个作品。

张可驹：我刚才听作曲家的演示，才意识到你一定要把你的声腔录下来。虽然每个人也不一定能看到多久之后,但就我最直观的感受而言,《江城子》这个作品应该还是会演下去的。既然作曲家本人的声腔这么出色,为了造福后来的演绎者,当然也为了屏蔽掉一些捣乱的人,一定要录下来。在此,我也很高兴自己有幸能当着作曲家的面表达自己对《江城子》的某些理解,不知是否略微贴合作品的原意。原词分上下两部分,音乐在上半部分"尘满面,鬓如霜"的部分进入某种撕裂的高潮,这也和文字本身相对应。有观点认为,这句是说苏轼自己苍老了(鬓角斑白),如同尘土覆面。但其实,"尘满面"当指亡妻,古人所谓黄土覆面。哪怕再相见,也已经有一种隔膜了。上半部分是这种死亡与分离的核心,而到了(词的)后半部分,很多人都指出,"小轩窗,正梳妆"引出了特别美妙的旋律,尤其在当代音乐的语境中。然而,稍后"相顾无言,惟有泪千行"带出新的痛苦的高潮,尤其是人声的独白到达那种撕裂,也进入极限音区。之后,"尘满面,鬓如霜"又重现了。甚至词的最后一句,你都没有安排旋律,而是用念白,或许再加上一点宣叙调的写法来结束。所以,音乐在极为感动我的同时,给我的感觉是,这个作品真正大胆地叩问生死(现在这个概念被用烂了,但《江城子》是例外),而最终,还是无解的。死亡和分离的问题是作品绝对的中心,但最终作品表达出,这还是无解的。我不知自己的理解是否稍微符合作曲家的原意。

陈其钢:我觉得你讲的比我讲的好。

张可驹:……

陈其钢：哈哈，是表扬的意思。为什么音乐分析很有意思？我们把过去那些作品不断进行分析，越分析，发现越有道理。那些作曲家不可能想到这些的，一定不可能。而且音乐思维和文字思维是不一样的，一定是由音乐逻辑本身推动到那里。就像"小轩窗"那段，我都没想到文字，在我脑中是先出现那段旋律的。然后再把词搁上去，还不能出现倒字（戏曲唱念中的说法，大意是一个字的四声出错），旋律要调整一下，让这个字和那个音韵能够贴上，如果不行，再延长一点，这个字再晚一点出来，让它能够被读懂。前面也是一样的，京剧里要注意不能倒字。我觉得你讲得不错，但是不是这样呢？其实不是十分重要。音乐逻辑能够自圆其说的时候，词的部分，用"尘满面，鬓如霜"结束也是可以的。

张可驹：难道要把最后一句略掉？

陈其钢：不是略掉最后一句，我的意思是，大的情感抒发结构才是主导，然后这个词是否在此需要重复？或者需要重复另外一句词？我是想着到那个时候，应该用哪一句词，能够让他喊出来？哪一句最容易喊出来？是"尘满面，鬓如霜"。

张可驹：2007年的时候，你写了《给年轻人的一封信》，后来也成为你的著名篇章。我当时就读了，后来的这些年里，也会不时体会其中的某些观点。其中有一个观点是振聋发聩的。你当时说："那些权威虽然控制了教科书、大辞典、评论和舞台，却控制不了人们对于音乐的选择，更控制不了历史的发展。"至少在我看来，这可算是至理名言了。很多人会表示，今天人们不接受现代音乐是因为他们的理解力比较低，贝多芬当年也不被接受等。然而，当时的人们很快就选择了贝多芬，而现在，某些著名的现代作曲家也已经故去几十年、近百年，人们还是没有选择他们。因此你提出，人们"选择了"某些音乐，我感到是至关重要的，也正是贝多芬等人伟大的体现。

陈其钢：写那篇的时候，我比较缺失的是尊重每一个人的个性。这一点并不十分强调，所强调的是派别之间的垄断。当时某些东西我还没有完全意识到，现在意识到的更多。但是否现在就对，我也不知道。因为关于个性、关于自我这个话题，我们这个时代是最有发言权的。由于过去的时代，在中国的教育里不存在这个东西。而现在的年轻人就懂了，"90后"就会说：我怎么能和别人一样？我就是我。这个已经非常普遍了。而在那个时代，是没有的！还是大锅饭教育，都是这样，我们都是有理想、有抱负怎么怎么着，所谈的都是成功啊，失败啊，就这些。现在的年轻人可以有选择。譬如，我不选择成功，也无所谓失败，我就到乡村去生活，一个人生活，什么"躺平"，这在过去是没有的。这些带给我新的反思，是一方面，而另一方面，就是那个时候我还没有太多地谈到风格，当时我所想的还是中国风格，还会去强调中国风格，有传统的因素在里面。可现在我发现……有一次我在《南方人物周刊》的访谈中提到，如果你能做一个世界的作曲家，你才牛逼。就是，如果你能做一个音乐是独立的，就够了。不要去贴标签，说你是中国的还是外国的，不需要。这个音乐风格才能真正成立，这个时代才能说：中国这些有个性的作曲家，创作了一些有价值的作品，这样的作品不需要贴标签就可以说服人，就像你刚才说的，贝多芬自然被人们接受。中国作曲家不需要推出去、卖出去，你去租场子，买一个团，自己去录音，然后回来说自己多么伟大，想推销出去。推销不出去！这和某些现代音乐是一样的，推销不出去。一定要这个作品本身有一种自然的归属力，有一种自然的吸引力，让人家凑过来，说：这个东西真不一样，很有意思。一个好的音乐，不需要推销！人们会因它而聚拢来。这才有意思，这才是中国艺术走出去的唯一的出路，没有别的。

张可驹：可坦白说，有时我对当代的年轻人挺失望。在你成长的年代，差不多也就是我父辈这一代，虽然教育中没有涉及个性，但毕竟每个人还是有他的个性在。当时他们被引导去追求一些有价值的东西，当然价值观也随时代改变。但其中一些真正有成就的人，我感到那种追求最终还是融合了他们的个性。当然，整体来说势必也有很多不好的东西。而现在的年轻人，有时我不觉得他们在发扬什么个性。

陈其钢：有机会你到躬耕书院的工作坊来。如果是在十年前，我不认为年轻人可以如此，只有这个时代，才能有这样的知识结构。同过去的时代相比，他们可以从中获得比过去多得多的东西，如果有人思考能力强、过滤能力强，就会和别人不同。每个人参加完一期工作坊，在结束的时候，都必须写一篇总结或感言，如果以后有机会，我可以给你看一篇，有些人写的内容，一看就知道他不是一般人。这种人在我们那个时代是不可能产生的。或者比方说你吧，我们那个时代也没有你这样的人，也只有"80后"的人才会想到这样的问题。

张可驹：那太好了，当这些人真正走出来以后，音乐工作坊也就在历史中获得它的定位了。接下来是最后一个问题，陶渊明在他的《饮酒》诗中写道："鼎鼎百年内，持此欲何成？"就是说人生不过百年，凭借这样的生命又能成就什么事情？彼时陶渊明归隐已久，他所说的成就已无关乎出去干一番事业，而是作为一个人，也是一个进行创作的人，能够成就什么事情？你早已是国际知名的作曲家，尚且表示"我们凡人，无法企及天才"云云，请问你是否会有"创作的价值"方面的人生危机？或者说，如果年轻人有这样的危机，你会对他们说什么呢？

陈其钢："创作的价值"的人生危机，我觉得对于一位创作者来说，天天都会有。如果没有这个问题的话，他就不是一个创作者。在写作的时候思考："我与这个时代，我在做什么，我的价值在哪儿？我做出的思考的价值在哪儿？我生存的意义在哪儿？"这些都是我们必须的。但是……我写作是否有价值这件事，我想或许所有的作曲家都把自己放大了，莫名其妙地认为自己很伟大，莫名其妙地认为自己是永垂不朽的。为什么有些作曲家不容别人批评？就是因为他感觉自己确实就是世界第一！可能所有搞创作的人，脑中都有一种认知偏执。为什么搞艺术的人会痛苦？可能是因为太认可自己了。这和生孩子是一样的，你生个孩子出来能不喜欢吗？总觉得自己的孩子和别人都不一样，是独一无二的。生存的意义，我也时刻诘问自己，或者说自我怀疑，我知道我们容易有放大自己的通病，而如果我也是这样，我就不能往前走了，这才悲惨。应该始终继续、继续探索，只要活着，还有点时间，就应该继续。我的紧迫感非常强，或许我的时间不多了。（张可驹：也不用这么讲……）这就是人生，你刚刚说了，陶渊明的那种疑惑，活在世上，他考虑是没有意义，或是有意义的？我觉得，我很矛盾，因为有时我又感到自己很有幸，成为一个作曲家，能够在我不在了以后，还有我的代言人。是它们——这些作品——让我还可以继续说话。哈哈，这件事情让我觉得很兴奋，就是这样。但是，我已经不知道了，又有什么意义呢？贝多芬的作品还在说话，但贝多芬本人完全不知道，他死了，就像一个普通人一样，已经不在了。现在我们再怎么嚷嚷，他也不知道，这又有什么意义？所以这就是为什么有很多作曲家，或者说很多艺术家是活在当下，千方百计把自己装扮成某种样子，然后活得有声有色，甚至很辉煌，反正过去、将来和他没关系，只把活着这场戏演漂亮了，忽悠了很多人，就显得很伟大。我觉得这是很悲惨的事。

后　记

当写完最后一个字时，我长长地舒了一口气！这是我第一次写如此长的文章。在计划要写自传之初，我因对写作既没有把握，也怕体力不足，只想以口述记录的方式实现。

2021年1月，我邀请中央音乐学院音乐学系研究生赵婉婷来躬耕书院，我们一起工作了五天，感觉对谈小有成效，并拟请她将对谈整理成文。但她走后来信说，这次对谈激发了她重启已经准备放弃的博士论文计划的信心，难有时间和精力来继续我们的口述整理工作了。我自然赞同与鼓励她继续自己的学业，但这同时也激起我自力更生来完成此书的欲望。

一个人的几十年岁月，对于个体来说，是漫长的；但对于历史来说，只是短暂的一瞬间。我慢慢回忆自己几十年的历程：十几岁上中央音乐学院附中，继而进浙江歌舞团，二十几岁上大学……前方雾漫漫，看不清，摸索着向前，走一点就多看到一点，再往前走又多看到一点，年近六十，看清了，惊回首，往事如烟，又是雾漫漫。我就这样一点点地写出来，这是一个整理自己思想的过程。

但随着我越写越接近现在时，蓦然陷入时移世易的无力困境之中，尤其是过去的两三年，整个世界格局的变化造成了思想观念的大分化和各种阵营的大洗牌，很多我过去笃信的道理、认同的标准、佩服的人物，在大背景变换的衬托下，由耀眼变得暗淡，由高大变得渺小，由有趣变得空洞，由自信变得苍白，时代无情地将每一个个体的真实面目暴露出来。与此同时，一些乌合之众借助自媒体的普及，如滔天巨浪下的沉滓般泛起，走上社会舞台的前沿。我们似乎跌进一个无法思辨的旋涡之中，听到一些不着边际的议论、掩盖真相的蛊惑与过分吹嘘的溢美之词。这些迫使我这个在两种文化夹缝中生存的音乐人，重新审视自己几十年来已定格的人生观和专业理念。可我发现自己既缺乏足够丰富的思想和广博的知识，也没有苏格拉底那般舍生取义的勇气，面对各种"新观念""新潮流"，我深感自己疲乏无力。我想，如果那个被人们称为"旧音乐时代的终结者"的布列兹还活着，一定会对自己20世纪50—70年代的音乐预言感到过于自信。而我只能告诉大家：我在这里所做的只是记录我所经历的时代，没有结论，更不敢预言；有些我想说的话，由于众所周知的原因不得不被省略，就权当是记录这个时代的一种方式吧。世事就是这样无情，这只能留下遗憾了！

　　人生是无穷动的过程，回忆中描述的那些人和事已成过去，犹如昙花一现，一切均是一瞬间，包括名利、恩怨情仇、理想、事业、婚姻、家庭，甚至自己的生命，都没有想象的那样绝对，在人生的过程中，想抓住的那些，没有一样可以留住。但人在成长过程中，与之同行的是向往、是梦境；现在转身回看，伴随回忆的是难以触摸与言说的互相交织的温馨与伤感。人们终其一生寻找幸福，最终的结局却是化为灰烬。在痛苦的海洋中，幸福只是一个小点，如同婚礼的一刹那以为幸福从此降临，却只是幻想，随之而来的是为实现理想和活下去的抗争。这么想来，发现在孜孜以求的人生旅程中，理想一旦实现，紧随而来的就是痛苦，没有例外，它们犹如孪生兄弟，就像此书的名字——"悲喜同源"。

最后，我想说明一下，在书稿撰写过程中，认真梳理与吸收了2014年在书院的各种谈话记录的部分素材、2021年初与赵婉婷对谈的部分素材以及我个人读书笔记中的若干往事与感悟。还有，在写作中，得到很多朋友的帮助：广西师范大学文学院李雪梅老师协助统筹全稿，并对文字提出诸多意见；资深编辑和作家黄菊的鼓励与建议，让我在孤军奋战之初建立起信心和勇气；躬耕书院盛蜜、董志琦协助我完成原始录音的文字整理；姐姐陈滨滨、国家大剧院韦兰芬、浙江卫视陈九九等亲友也对初稿提出不少中肯而宝贵的建议，在这里一并致谢！

陈其钢
2022年10月于躬耕书院